谨以此书

致敬所有为中国投资建设事业

奉献智慧和汗水的人们

A GUIDE TO
INVESTMENT
PROJECT MANAGEMENT IN CHINA

投资项目管理

中国指南

韩志峰　赵成峰　等　著

人民出版社

作 者 名 单

主要作者

  韩志峰　赵成峰

主要参与作者（按姓氏笔画排序）

  于 淼　成礼锴　刘 磐　李海超　吴 凡

  吴有红　邱 闯　陈宏能　金 地　郑敬波

  侯 明　曹 勐　崔红永　韩诗梁

前　言

超过 57.2 万亿元的投资总规模，5.1% 的增长速度，50.1% 的经济增长贡献率，近百万个投资项目……这是 2022 年中国固定资产投资的几个关键数据。投资，被称为拉动经济增长的"三驾马车"之一，在经济和社会发展中占据重要地位。规模不一、行业各异的投资项目，构成了投资活动的微观基础。要了解中国投资，必须先读懂投资项目管理。

改革开放以来，我国投资项目管理体制不断改革创新，特别是 2004 年《国务院关于投资体制改革的决定》颁布后，审批、核准、备案制度全面取代单一审批制，《企业投资项目核准和备案管理条例》和《政府投资条例》相继出台，投资项目在线审批监管平台建成运营，投资审批"一网通办"持续深化，基础设施不动产投资信托基金（REITs）等新型投融资模式成效彰显，全过程工程咨询、投资建设数字化转型等新理念不断涌现……从宏观到微观、从理论到实践、从制度到方法，投资项目管理的核心内容发生了许多根本性的重大变化，迫切需要系统梳理总结，以更好引导投资活动，促进投资高质量发展。

本书以《投资项目管理：中国指南》为题，对我国投资项目管理的改革历程、基础概念、制度规则、实务操作等进行了全面梳理和精炼总结，力求构建系统完整的投资项目管理知识体系，涵盖繁杂众多的投资项目管理实务要点，回应投资项目管理实践的迫切需求。本书从起笔到定稿，历时一年有余。来自主管部门、投资主体、咨询单位、金融机构、科研院校的多位专家学者和资深人士，积极参与、献智献力，广泛收集素材，精心构思篇章，反复推敲内容，字斟句酌文字，逐一核对细节，几经打磨，方成此书。

本书立足中国国情，旨在普及投资项目管理的基础知识，为更好开展投资活动提供指引。写作过程中，一是注重基础性，着重阐述投资项目管理的基础概念、基本规则、基本实务，力求概念精准、逻辑清晰、覆盖全面、简明适用；二是注重系统性，聚焦项目决策、融资、建设、运营等主要环节，力求构建形成覆盖项目全生命周期的投资项目管理知识体系；三是注重实用性，聚焦重点难点问题，详细介绍实操要点，诸如前期手续办理、可研报告编制、政府资金安排、权益资金筹措、存量资产盘活、财务会计处理等；四是注重时代性，紧密跟踪投资领域的新政策新变化，地方政府专项债、政策性开发性金融工具、基础设施 REITs、可行性研究报告编写大纲（2023 年版）等，在书中均有涉及。

鉴古而知今，彰往而察来。本书以大事记的方式，系统梳理了 1978—2022 年与投资建设密切相关的重大政策、重大事件，这既是对改革开放以来我国投资建设历程的系统回顾，也有助于读者更好了解投资项目管理的生动实践。

希望本书可以为从事投资建设管理工作的公务人员，咨询、设计、造价、招标、施工、监理等行业的从业人员，国企、民企、外企等各类投资主体和金融机构的从业人员，提供有益帮助；可以为高等院校有关经济、投资、金融、财会、建筑、项目管理等专业的师生和研究人员，提供有益参考；可以为关心中国经济、关注中国投资的所有人士，提供有益借鉴。

投资项目管理涉及面很广且专业性极强，我们虽竭尽所能，力求为读者奉献一本系统、全面、精准、实用的诚意之作，但由于水平和能力所限，疏漏和不足之处在所难免，敬请批评指正。

目　录

第一章　投资项目管理概述

合抱之木，生于毫末；九层之台，起于累土。投资项目管理，是一项十分复杂的系统工程，涉及主体众多，包含内容繁杂。要想系统全面地学习和了解我国投资项目管理的宏观体系和微观实践，就必须从基础知识、基础概念入手，由浅到深，逐步深入。

第一节　基础概念

全面准确地认知和理解固定资产、固定资产投资、固定资产投资项目和固定资产投资项目管理四个基础概念，是学习投资项目管理的前提。

一、固定资产

（一）资产

1. 资产的概念

一般意义上，资产是指由自然人、法人或其他组织拥有或控制，能以货币来计量，预期能够带来经济利益或产生服务潜力的资源。资产首先是一个会计学术语，其他各种用法均源于此。在中国，企业和政府适用不同的会计准则，关于资产的定义也略有区别。

财政部 2006 年发布、2014 年修订的《企业会计准则》规定，资产是指企业过去的交易或者事项形成的，由企业拥有或者控制的，预期会给企业带来经济利益的资源。

财政部 2015 年发布的《政府会计准则》规定，资产是政府会计主体过去的经济业务或者事项形成的，由政府会计主体控制的，预期能够产生服务潜力或者带来经济利益流入的经济资源。

2. 资产的分类

按照资产的不同特点，可以对其进行多种分类。从周转角度，资产可以分为流动资产和非流动资产。流动资产是指预计在 1 年内耗用或者可以变现的资产，包括货币资金、短期投资、应收及预付款项、存货等。非流动资产是指流动资产以外的资产，包括固定资产、在建工程、无形资产、长期投资等。

按投资收益的分配机制，资产可以分为实物资产、金融资产。实物资产通常包括土地、建筑物、机器设备，以及可以用来生产商品和服务的知识等；金融资产则是对实物资产所产生的收益的索取权。实物资产能产生净收益，而金融资产只能决定收益或财富在投资者之间的分配。

此外，按计价方式，资产可以分为货币性资产和非货币性资产。按存在形式，资产可以分为有形资产和无形资产。

（二）固定资产

从资产的概念可以得知，固定资产首先是一个会计学术语。固定资产一般包括房屋、建筑物、机器、机械、运输工具，以及其他与生产经营活动有关的设备、器具、工具等。固定资产可以经历多次周转，其价值以折旧方式回收。

《企业会计准则》规定，企业的固定资产是指同时具有下列特征的有形资产：一是为生产商品、提供劳务、出租或经营管理而持有的；二是使用寿命超过一个会计年度。

《政府会计准则》规定，政府的固定资产是指政府会计主体为满足自身开展业务活动或其他活动需要而控制的，使用年限超过 1 年（不含 1 年）、单位价值在规定标准以上，并在使用过程中基本保持原有物质形态的资产。

二、固定资产投资

（一）固定资产投资的概念

1. 投资的概念

萨缪尔森在《经济学》中讲道："投资的意义总是实际的资本形成——增

加存货的生产，或新工厂、房屋和工具的生产，只有当物质资本形成产生时，才有投资。"① 《投资学精要》提出，投资是为获得未来更大的收益而进行的现期资源的投入。② 投资分为实物投资和金融投资，实物资产形成主要是通过实物投资即固定资产投资来实现。在内涵上，投资既指为获得预期效益的一定量货币、资金，也指这种预期效益实现的过程；在外延上，投资既指固定资产投资及实体资产的形成，同时又指金融资产投资及虚拟资本的运动。③

　　在中国，投资主要是指固定资产投资，是一定量的货币为了获得预期经济收益，通过生产运营活动而不断转化为资产的活动。④ 投资作为一种经济活动包含四个基本要素：投资主体、投资目的、投资手段（或投资方式）、投资结果（或投资形态）。⑤

　　2. 固定资产投资的概念

　　资产和固定资产是存量概念，而固定资产投资则是流量概念。通常意义上，固定资产投资是指以货币形式表现的、特定主体（包括政府、企业或其他组织）建造和购置固定资产的工作量，以及与此有关的费用变化情况。

　　"固定资产投资"一词被中国人大量使用，特别在经济领域更是为人们所熟知，这是中国特定背景的产物。英文中一般称作"固定投资"或"固定资本投资"，很少使用"固定资产投资"的称谓。

　　固定资产投资活动可以增加全社会固定资产总量，扩大社会再生产规模，提高社会生产的技术水平，调整经济结构，改变生产力的区域布局，提升国家经济实力，改善和提高人民的物质和文化生活水平。

　　固定资产投资对经济增长具有两方面的作用：短期的需求效应和长期的供给效应。投资构成当期需求，拉动当前的经济增长，提高产品制造能力，增加企业和居民收入，提高人民生活水平。同时，投资又形成未来的供给能力，对

---

① ［美］保罗·萨缪尔森等：《经济学》，萧琛等译，华夏出版社 1999 年版，第 341 页。

② 参见［美］兹维·博迪等：《投资学精要》（第 11 版），张婷婷、钟俊虹译，中国人民大学出版社 2021 年版，第 3 页。

③ 参见刘立峰：《宏观投资学》，企业管理出版社 2021 年版，第 3 页。

④ 参见汪同三主编：《中国投资体制改革 40 年》，经济管理出版社 2019 年版，第 59 页。

⑤ 参见彭道宾、朱红根：《固定资产投资效应论》，经济日报出版社 2013 年版，第 8 页。

长期增长和结构调整产生影响。国际经验表明，投资率较高的国家有利于保持较高的经济增长水平。

（二）基本建设、技术改造与固定资产投资

中国的"固定资产投资"概念与"基本建设"概念密不可分。"基本建设"源于俄文，20 世纪 20 年代初期，苏联开始使用这个术语，说明社会主义经济中基本的、需要耗用大量资金和劳动的固定资产的建设，以区别流动资产的投资和形成过程。新中国成立后，开始了大规模的社会主义经济建设，也沿用了这一术语。

1952 年，政务院财政经济委员会《基本建设工作暂行办法》规定：凡固定资产扩大再生产的新建、改建、扩建、恢复工程及与之连带的工作为基本建设。这是新中国成立后首次对基本建设所作的解释。基本建设工作内容包括：建筑工程，安装工程，机器设备及属于固定资产的工具等用品的购置，设计、探勘及与之有关的地质调查和技术研究工作，其他基本建设工作。

1978 年 4 月，根据五届全国人大一次会议的决定成立了国家经济委员会，其主要职责之一是负责管理企业的技术改造活动。1983 年，国务院办公厅转发国家计委、国家经委《关于技术改造和技术进步工作的分工意见》，明确了国家计委和国家经委在技术改造管理上的职责分工，由此逐渐形成了国家计委负责基本建设、国家经委负责技术改造的"二龙治水"局面，并一直延续到2003 年，其间虽有机构设置变动、部门职责调整等情况，但基本格局未变。2003 年国务院机构改革时，原国家经贸委的技术改造管理职能并入国家发展改革委，此后在投资管理中统一使用固定资产投资的称谓，一般不再做"基本建设"和"技术改造"的区分。

2003 年以后，有时还会根据建设性质对"技术改造"予以区分。例如，按照《固定资产投资统计报表制度（2021）》，固定资产投资统计中将改建和技术改造作为一类，与新建、扩建并列。

（三）固定资产投资的资产形成

1. 固定资产投资的资本化

固定资产投资活动形成的资产可分为固定资产、无形资产、其他资产。固定资产投资是否能予以资本化，取决于其是否能为项目主体带来经济利益，且该固定资产的成本是否能够可靠计量。如该投资投入后，延长了固定资产的寿命，或实质性提高了产品或服务的质量，或成本有实质性降低，使可能流入项目主体的经济利益增加，那么该固定资产投资应予以资本化，即应计入固定资产原值，并计提折旧。否则该投资只能费用化，列入运营期总成本费用，不形成新的固定资产原值。

2. 固定资产形成的确认

《基本建设财务规则》规定，资产交付是指项目竣工验收合格后，将形成的资产交付或者转交生产使用单位的行为。交付使用的资产包括固定资产、流动资产、无形资产等。

固定资产依据《政府会计准则第 3 号——固定资产》《企业会计准则第 4 号——固定资产》进行确认。固定资产同时满足下列条件的，应当予以确认：一是与该固定资产相关的服务潜力很可能实现或者经济利益很可能流入会计主体；二是该固定资产的成本或者价值能够可靠地计量。

除了通过项目建设形成固定资产外，在项目运营中也可以形成固定资产。有些项目在运营期需要投入一定的固定资产投资才能得以维持正常运营，如设备更新费、油田开发费等，这也可以形成固定资产。

3. 固定资产投资与固定资本形成

固定资产投资完成额和支出法国内生产总值（GDP）中的固定资本形成额密切相关，但二者在核算范围上并非完全一致，主要差别在于固定资产投资包含土地购置费、旧设备购置费和旧建筑物购置费，固定资本形成则不包含上述内容。固定资本形成总额还包含非农户 500 万元（这一数额会根据有关规则进行调整）以下项目的固定资产投资、房地产项目商品房销售增值和无形固定资本（主要是矿藏勘探、计算机软件等获得减处置的价值）形成总额。[①]

二者计算关系可表现为：固定资本形成＝固定资产投资－土地购置费、旧建筑物和旧设备购置费＋500 万元以下项目的固定资产投资＋矿藏勘探、计算机

_____

① 参见徐文柯：《准确理解投资概念　积极改进投资数据质量》，2020 年 9 月 7 日，见 https：//www.ndrc.gov.cn/xxgk/jd/wsdwhfz/202010/t20201030_ 1249478_ ext.html。

软件等无形固定资本+商品房销售增值。

2003 年以前，全社会固定资产投资完成总额与固定资本形成总额之间的差距不大，但 2003 年以后，两者之间的差距不断拉大。到 2012 年，全社会固定资产投资完成总额比固定资本形成总额高出 30%以上。究其原因，一方面是随着房地产市场的发展，土地出让价格不断提升，土地购置费在固定资产投资完成额中所占比重逐年提高；另一方面则是固定资产投资完成额存在一定的虚报情况，而固定资本形成额的数据则较为真实。党的十八大以来，党中央印发了《关于深化统计管理体制改革提高统计数据真实性的意见》等重要文件，以"零容忍"态度严厉打击统计违纪违法行为。与此同时，随着房地产市场调控力度的不断加大，土地出让价格涨速放缓。2017 年之后，全社会固定资产投资完成总额与固定资本形成总额之间的差距开始明显缩小，更接近于真实水平。

三、固定资产投资项目

（一）项目

在现实经济和社会活动中，"项目"一词应用十分广泛，远不局限于固定资产投资领域。但至今国内外均未对"项目"一词形成统一、标准的定义。按照《项目管理知识体系指南（PMBOK ® 指南）（第六版）》① 一书的定义，项目是为创造独特的产品、服务或成果而进行的临时性工作；项目是组织创造价值和效益的主要方式；开展项目是为了通过可交付成果达成目标；可交付成果可能是有形的，也可能是无形的。

（二）固定资产投资项目

在实际工作中，从不同角度、不同阶段，对固定资产投资项目有不同的称谓，包括建设项目、工程项目、建设工程项目、投资项目等。

---

① ［美］项目管理协会（Project Management Institute）：《项目管理知识体系指南（PMBOK ® 指南）（第六版）》，电子工业出版社 2018 年版，第 4 页。

在《工程项目管理导则（试行）》[①] 中，使用了工程项目的概念。工程项目是指为形成特定的生产能力或使用效能而进行投资建设，含建筑安装工程和设备购置，并形成固定资产的各类项目。

在《建设工程项目管理规范》（GB/T 50326-2017）中，使用了建设工程项目的概念。建设工程项目是指为完成依法立项的新建、扩建、改建工程而进行的、有起止日期的、达到规定要求的一组相互关联的受控活动，包括策划、勘察、设计、采购、施工、试运行、竣工验收和考核评价等阶段。

在《工程项目组织与管理》[②] 中，将固定资产投资项目简称为投资项目，是指为实现特定目的，投入资金和资源，在规定的期限内建造或购置固定资产的一整套活动。书中还提出了建设项目的概念，建设项目是指按照一个主体设计进行建设并能独立发挥作用的工程实体。

2020 年国家发展改革委等 18 个部门联合颁布的《固定资产投资项目代码管理规范》，将固定资产投资项目定义为：在中国境内建设的，有一个主体功能、有一个总体设计、经济上独立核算、按照《政府投资条例》《企业投资项目核准和备案管理条例》管理的建设单位（活动）。

现有关于固定资产投资项目的各种概念，主要将其限定在项目决策和建设实施范围内，不包括项目运营。本书所说的固定资产投资项目，包括项目决策、建设、运营的全过程，是指为实现特定目的，投入资金和资源，经济上独立核算，建造或购置固定资产、相关无形资产和其他资产，并开展持续运营活动，以提供产品或服务的各类项目。为了阐述方便，有时会将其简称为投资项目、项目等。

（三）项目总投资

1. 项目总投资的构成

项目总投资是投资项目管理中一个非常重要的概念，贯穿于投资项目的全

[①] 中国工程咨询协会编：《工程项目管理导则（试行）》，天津大学出版社 2010 年版，第 1 页。

[②] 全国咨询工程师（投资）职业资格考试参考教材编写委员会编：《工程项目组织与管理》（2021 修订版），中国统计出版社 2021 年版，第 1 页。

生命周期。项目总投资在不同阶段有不同的称谓，项目建议书阶段为投资匡算，可行性研究阶段为投资估算，初步设计阶段为投资概算，施工图阶段为投资预算，竣工阶段为投资决算。

根据《建设项目经济评价方法与参数（第三版）》①，项目总投资包括建设投资、建设期利息和流动资金。

（1）建设投资由三部分构成，分别为：工程费用（建筑工程费、设备购置费、安装工程费）、工程建设其他费用、预备费（基本预备费、涨价预备费）。

（2）建设期利息是指筹措债务性资金时在建设期内发生并按规定允许在投产后计入固定资产原值的利息，即资本化利息。

（3）流动资金是指运营期内长期占用并周转使用的营运资金，不包括运营中需要的临时性营运资金。流动资金等于流动资产与流动负债的差额。

1996 年《国务院关于固定资产投资项目试行资本金制度的通知》规定，"作为计算资本金基数的总投资，是指投资项目的固定资产投资与铺底流动资金之和，具体核定时以经批准的动态概算为依据"，"对投资项目概算要实行静态控制、动态管理"。依据这一规定，作为计算项目资本金基数的总投资包括建设投资、建设期利息、铺底流动资金。通常把项目经济评价中全部流动资金的 30% 称为铺底流动资金。

2. 建设投资的构成

（1）工程费用

工程费用包括建筑工程费、设备购置费和安装工程费。建筑工程费指各种房屋、建筑物的建造工程所发生的费用。设备购置费为购置或自制的，达到固定资产标准的设备、工具、器具的费用；以经营租赁方式购置的设备不应纳入固定资产投资。安装工程费指各种设备、装置在安装过程中发生的费用。

（2）工程建设其他费用

工程建设其他费用指在固定资产建造和购置过程中发生的，除建筑工程

---

① 国家发展改革委、建设部发布：《建设项目经济评价方法与参数（第三版）》，中国计划出版社 2006 年版，第 7 页。

费、设备购置费和安装工程费以外的，应当分摊计入固定资产投资的费用，如项目前期费、建设管理费、土地使用权取得费用等。

（3）预备费

预备费包括基本预备费和涨价预备费。基本预备费是为不可预见因素引起的投资额增加做的预备。涨价预备费是为建设期内价格变动引起的投资额增加做的预备。涨价预备费在概算阶段又称为"价差预备费"，1999 年《国家计委关于加强对基本建设大中型项目概算中"价差预备费"管理有关问题的通知》发布后，在项目初步设计概算中价差预备费按零计取。

3. 静态投资和动态投资的构成

在《投资项目可行性研究指南（试用版）》① 和《工程项目组织与管理》② 中提出了建设投资分为静态投资部分和动态投资部分的构成方式。静态投资部分一般是指去除涨价预备费后的建设投资，即工程费用、工程建设其他费用、基本预备费之和。动态投资部分包括涨价预备费、建设期贷款利息等。

静态投资和动态投资的内容虽然有所区别，但二者又有密切联系，静态投资是动态投资的计算基础。据此，项目总投资可以理解为静态投资部分、动态投资部分、流动资金之和。

四、固定资产投资项目管理

（一）项目管理

项目管理是将知识、技能、工具与技术应用于项目活动，以满足项目的要求。③ 项目管理对项目实现目标非常重要，有效的项目管理能够帮助个人、群体，以及公共和私人组织达成业务目标，满足相关方期望，提高可预测性和成功概率。管理一个项目通常包括（但不限于）：识别项目需求，处理相关方的

---

① 《投资项目可行性研究指南》编写组：《投资项目可行性研究指南（试用版）》，中国电力出版社 2002 年版，第 42 页。
② 全国咨询工程师（投资）职业资格考试参考教材编写委员会编：《工程项目组织与管理》（2021 修订版），中国统计出版社 2021 年版，第 224 页。
③ 参见［美］项目管理协会（Project Management Institute）：《项目管理知识体系指南（PMBOK® 指南）（第六版）》，电子工业出版社 2018 年版，第 10 页。

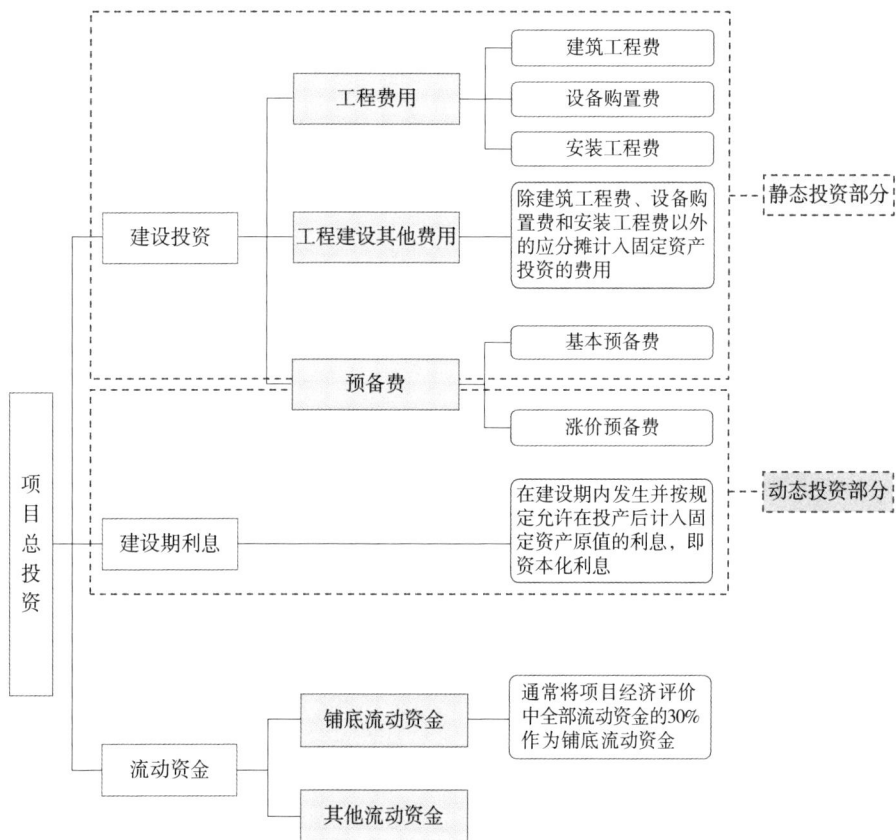

图1　项目总投资构成

各种需要、关注和期望，与相关方建立并维护积极的沟通，管理资源，平衡相互竞争的项目制约因素（如范围、质量、进度、成本、资源、风险等）。

《建设工程项目管理规范》（GB/T 50326-2017）对建设工程项目管理概念进行了明确，指运用系统的理论和方法，对建设工程项目进行的计划、组织、指挥、协调和控制等专业化活动。

本书所说的固定资产投资项目管理，可以从狭义和广义两个角度来理解。从狭义角度，指的是项目法人对投资项目的决策、建设、运营等各阶段的管理；从广义角度，还包括了行政机关依据有关法律法规对投资项目实施的管理活动。

（二）投资项目的责任主体

计划经济体制下，工程建设指挥部负责制是大中型投资项目所采用的一种基本组织模式，它主要是以政府派出性质的工程建设指挥部对项目建设进行管理和监督，曾在我国工程建设史上发挥了重要作用。但是，工程建设指挥部不是一个独立的经济实体，对投资的使用和回收不承担任何经济责任，管理的专业化水平也难以保证，建设和运营管理脱节严重。

为适应建立社会主义市场经济体制的要求，克服工程建设指挥部负责制的相关弊端，1992 年国家计委发布《关于建设项目实行业主责任制的暂行规定》，建立项目业主责任制。项目业主，是指由投资方派代表组成的项目（企业）管理方，从建设项目的筹划、筹资、设计、建设实施直至生产经营、归还贷款及债券本息等全面负责并承担投资风险。

1996 年国家计委发布《关于实行建设项目法人责任制的暂行规定》，对投资项目由项目法人进行全过程管理作出明确规定，取代了之前"业主责任制"的相关规定。该《暂行规定》明确国有单位经营性基本建设大中型项目在建设阶段必须组建项目法人，非经营性大中型和小型基本建设项目要参照执行。项目法人责任制的实施，强化了"谁投资、谁决策、谁承担风险"的原则，奠定了项目法人管理项目的基础。

1997 年《公路法》规定，"公路建设项目应当按照国家有关规定实行法人负责制、招标投标制度和工程监理制度"，第一次将"项目法人责任制"上升到立法层面。2004 年《国务院关于投资体制改革的决定》明确要求，"严格执行投资项目的法人责任制、资本金制、招标投标制、工程监理制和合同管理制"。

随着社会主义市场经济体制的逐步建立和投资体制改革的不断深入，《关于实行建设项目法人责任制的暂行规定》的有关规定已不再适应新的形势要求。2016 年 1 月，国家发展改革委发布第 31 号令，废止了这一暂行规定，但这并不意味着项目法人责任制不再施行。2016 年 7 月发布的《中共中央　国务院关于深化投融资体制改革的意见》明确提出，"依法落实项目法人责任制"。因此，项目法人责任制这一要求是投资项目必须遵守和执行的。

（三）企业投资项目管理

企业投资项目管理是指企业对项目的内部管理，即项目法人、工程承包单位和项目管理服务单位等相关方，对项目投资、建设、运营活动实施的管理。企业作为项目法人，是项目管理的总策划者、总组织者和总集成者。企业为实现投资目标，运用所有者的权力，组织或委托有关单位，按照有关法规制度和标准规范要求，对项目进行筹划、建设、运营等活动。

在决策阶段，企业根据战略规划和主业定位谋划发起项目，进行可行性研究后，由企业经理层、董事会、股东大会等履行内部决策程序，通过全国投资项目在线审批监管平台履行核准或备案手续。在建设实施阶段，以市场化方式进行资金筹措，取得土地使用权后开展工程勘察、设计、造价等准备工作；通过招标等方式选定工程总承包单位、材料设备供应商、工程监理单位等，完成项目报建手续后实施工程建设，竣工验收后进行竣工决算。在运营阶段，依法依规对项目进行运营管理，持续稳定地提供产品或服务，并履行安全生产、环保、能耗等监管要求。

项目法人责任制已经成为投资项目管理的基础制度，企业作为项目法人，是项目全过程的责任承担主体。在项目管理实践中，还存在项目业主、建设单位、投资主体、项目公司等概念，与项目法人的概念有一定交叉重合。

（四）政府投资项目管理

1. 对企业投资项目的管理

企业是企业投资项目的投资主体，企业投资项目由企业自主决策。《企业投资项目核准和备案管理条例》规定，各级政府在权限范围内按照《政府核准的投资项目目录》对企业投资项目进行核准管理，目录外的项目一律实行备案管理。按照《企业投资项目事中事后监管办法》，政府对企业投资项目进行事中、事后管理和服务。对于需要政府投入资金支持的企业投资项目，按照《中央预算内投资补助和贴息项目管理办法》实施投资补助、贷款贴息等资金支持。

2. 对政府投资项目的管理

有关政府机构按照职责分工，对政府投资项目的决策、建设、运营全过程实行严格管理。《政府投资条例》规定，对政府投资项目要审批项目建议书、可行性研究报告、初步设计。《中央预算内直接投资项目管理办法》《中央预算内投资资本金注入项目管理办法》等规章文件分别针对不同类型的政府投资项目，对其管理内容和程序等作了全面规定。

3. 对投资项目的公共监管

在投资项目的决策、建设、运营全过程中，各级发展改革、财政、住房城乡建设、自然资源、生态环境、交通运输、水利等政府机构按照职责分工，依法对项目进行公共监管。

投资项目决策阶段，项目须满足各类决策条件，通常包括用地、规划、环评、节能评估等，以及社会稳定风险评估、水土保持评估、地质灾害危险性评估、压覆重要矿产资源评估、文物保护评估等。

投资项目建设阶段，项目须满足各项建设管理要求，通常包括土地和房屋征收、资本金筹措、施工许可、竣工验收、资金监管等。

投资项目运营阶段，项目须满足有关公共和行业部门的监管要求，通常包括市场监督、税务、价格监管、取水许可、排污许可等。

第二节　投资项目分类

对于固定资产投资项目，可以从不同角度进行分类，如按行业领域分类、按实施主体分类、按建设性质分类、按所有制分类、按投资目的分类等。通过对不同类型项目的具体阐述，可以进一步加强对固定资产投资项目管理的认识和理解。

一、按行业领域分类

在全社会固定资产投资中，基础设施投资、制造业投资、房地产开发投资占比较高，2021 年以来，三类投资合计在固定资产投资总额中所占比重超过80%。因此，其规模、结构和质量对固定资产投资和国民经济平稳健康发展具有重要作用。

（一）基础设施投资项目

基础设施是社会赖以生存和发展的基本条件。所谓基础设施投资项目，是指建造和购置为社会生产和生活提供基础性、大众性服务的工程和设施的投资项目。按照我国现行统计口径，基础设施投资包括交通运输、邮政业，信息传输和相关服务业，水利、环境和公共设施管理业三个主要行业的投资。从广义上看，基础设施投资还包括公用事业领域的投资（电力、热力、燃气及水生产和供应业的投资）。

随着经济社会发展和技术进步，近年又出现了信息基础设施等新型基础设施项目。新型基础设施（以下简称"新基建"）是以新发展理念为指引，以技术创新为驱动，以信息网络为基础，面向高质量发展需要，提供数字转型、智能升级、融合创新等服务的基础设施体系。① 关于新型基础设施的范围，目前还没有统一权威的定义，大致可分为信息基础设施、融合基础设施、创新基础设施三类②，其中信息基础设施包括通信网络基础设施、新技术基础设施、算力基础设施等；融合基础设施包括智能交通基础设施、智慧能源基础设施等；创新基础设施则包括重大科技基础设施、科教基础设施、产业技术创新基础设施等。

（二）制造业投资项目

经物理变化或化学变化后成为新的产品，不论是动力机械制造或手工制作，也不论产品是批发销售或零售，均视为制造。在国民经济行业分类和代码中，制造业包括 31 大类，既有黑色金属冶炼和压延加工、金属制品、通用设备制造、仪器仪表制造等传统行业，也有汽车制造、医药制造、计算机、通信等高技术产业，还有食品制造、纺织、家具制造等轻工业。制造业是国民经济的主体，是立国之本、兴国之器、强国之基。我国已经建成了门类齐全、独立完整的产业体系，是全球制造业第一大国。

---

① 参见全国咨询工程师（投资）职业资格考试参考教材编写委员会编：《宏观经济政策与发展规划》（2021 修订版），中国统计出版社 2021 年版，第 218 页。

② 参见《2020 年国家发展改革委 4 月份新闻发布会实录》，国家发展改革委官方网站，2020 年 4 月 20 日，见 https：//www.ndrc.gov.cn/xwdt/xwfb/202004/t20200420＿1226031＿ext.html。

所谓制造业投资，是指在制造业相关领域，为了建造、购置或更新生产性和非生产性固定资产，为发展国民经济的物质基础而进行的经济活动和开支。制造业投资体量大，在民间投资中占比高，是稳定全社会投资、激活民间投资的关键；制造业劳动生产率高、吸纳就业人口多，是提振实体经济、解决就业问题的关键；制造业研发投入强度大、创新活跃度高，是经济从高速增长转向高质量发展的关键；制造业对外开放度高，是吸引外商投资、加强国际合作的关键。

（三）房地产投资项目

通常意义上，房地产投资是以房地产为对象，为获得预期效益而对土地和房屋进行开发建设和经营，以及购置房地产等进行的投资。在我国的投资管理和投资统计中，房地产开发投资指的是房地产开发企业用于房屋建设工程、土地开发工程，以及公益性建筑和土地购置等的投资。房地产投资项目，即是指房地产开发投资形成的项目。

从房地产投资的用途角度，可以将其分为地产投资、住宅房地产投资、商业房地产投资等。所谓地产投资，即单独地投资于土地，利用土地的买卖差价和进行土地开发后出售或出租经营来获取投资收益。住宅房地产投资，即投资建设商品住宅，既可以直接出售，也可以进行租赁经营。商业房地产投资，主要投资于写字楼、商场、酒店和有关娱乐设施等，以出租经营为主。此外，商业化开发建设的仓储物流设施、工业厂房等，也被称为广义的房地产开发投资。

（四）其他投资项目

基础设施、制造业、房地产之外的其他行业的投资项目，可统称为其他投资项目，主要包括农、林、牧、渔业项目，采矿业项目，批发和零售业、住宿和餐饮业、金融业、科学研究和技术服务业项目，教育、卫生、文化、体育和娱乐业项目，公共管理、社会保障和社会组织项目等。这些项目类型众多、领域广泛，对于经济和社会发展同样发挥着十分重要的作用。

二、按实施主体分类

按实施主体，可以将投资项目分为政府投资项目和企业投资项目。不同实施主体的投资项目，其投资目标、资金来源、投向领域、管理方式等，均有所不同。

（一）政府投资项目

《政府投资条例》规定，政府投资是指在中国境内使用预算安排的资金进行固定资产投资建设活动，包括新建、扩建、改建、技术改造等。所谓政府投资项目，是指政府采取直接投资方式、资本金注入方式投资的项目。这类项目，政府履行投资人角色，由政府直接组织或主导建设，建成后有关资产和产权归属国家，政府对项目决策和实施进行较多的直接管理。

（二）企业投资项目

《企业投资项目核准和备案管理条例》规定，企业投资项目是指企业在中国境内投资建设的固定资产投资项目，包括国有企业投资项目、民营企业投资项目、外商企业投资项目等。企业投资项目，由企业自主决策、自主建设、自担风险，政府区别不同情况实行核准或备案管理。如果企业投资项目申请使用了政府投资补助、贷款贴息、财政奖补资金等，依然属于企业投资项目，政府侧重于预算资金的管理，不会干预项目的具体决策和实施。

三、按建设性质分类

按照建设性质，可以将固定资产投资项目分为新建项目、扩建项目、改建和技术改造项目。建设性质是指固定资产再生产的性质，按整个建设项目的具体情况确定。在固定资产投资统计上，一个建设项目只能有一种建设性质。

（一）新建项目

新建项目指从无到有"平地起家"开始建设的项目。如果有的单位原有基础很小，经过建设后新增的固定资产价值超过该单位原有固定资产价值（原值）三倍以上的，在统计上也作为新建项目。固定资产投资建设的许多重大任务，如扩大社会生产能力、加强基础设施建设、调整生产力布局、开发新资源、增强公共服务能力等，主要靠新建项目来实现。

（二）扩建项目

扩建项目指为扩大原有产品的生产能力（或效益）或增加新的产品生产

能力，而增建的生产车间（或主要工程）、分厂、独立的生产线等项目。行政、事业单位在原单位增建业务性用房（如学校增建教学用房、医院增建门诊部和病房等）也属于扩建。现有单位在扩建的同时进行一些更新改造工程的，也应作为扩建。

（三）改建和技术改造项目

改建项目包括项目法人为适应市场变化的需要而改变主要产品种类的建设项目；原有产品生产作业线由于各工序（车间）之间能力不平衡，为填平补齐、充分发挥原有生产能力而增建但不增加主要产品生产能力的建设项目。

技术改造项目是指在现有基础上用先进的技术代替落后的技术，用先进的工艺和装备代替落后的工艺和装备，以改变企业落后的技术经济面貌，实现以内涵为主的扩大再生产，达到提高产品质量、促进产品更新换代、节约能源、降低消耗、扩大生产规模、全面提高社会经济效益目的的固定资产投资项目。[1]

在实际投资活动中，改建与技术改造往往同时发生，即改建时会进行技术改造、进行技术改造时也通常需要进行改建，因此固定资产投资统计上把改建项目和技术改造项目合并为"改建和技术改造"项目。

四、按所有制分类

按项目法人的所有制性质，可以将投资项目分为国有投资项目、民营投资项目、外商投资项目。国有投资项目主要分布在基础设施和公共服务领域，民营投资项目主要分布在制造业、房地产开发和商业服务领域，外商投资项目主要集中在制造业和服务业领域。通过该分类，国家可以清晰了解与掌握不同所有制主体的投资状况，有针对性地制定鼓励民营投资发展、吸引外商投资的政策和措施。

（一）国有投资项目

国有投资项目：指具有国有性质或由国家控股（包括国有绝对控股、国有相对控股和国家实际控制）的单位建造或购置固定资产的投资项目，包括

---

[1] 参见《固定资产投资》，国家统计局官方网站，2019 年 12 月 2 日，见 http://www.stats.gov.cn/tjsj/zbjs/201912/t20191202_1713051.html。

行政机关、事业单位投资的项目，国有企业、国有控股企业投资的项目。

（二）民营投资项目

民营投资项目：指具有集体、私营、个人性质的内资企事业单位以及由其控股（包括绝对控股和相对控股）的企业单位建造或购置固定资产的投资项目。

（三）外商投资项目

外商投资项目：指境外资本在中华人民共和国境内通过各种形式的投资活动（包括独资、合资经营、合作经营等）建造或购置固定资产的投资项目，包括港澳台商资本投资的项目与外国资本投资的项目。

五、按投资目的分类

1993 年，《中共中央关于建立社会主义市场经济体制若干问题的决定》提出，将投资项目分为公益性、基础性和竞争性三类，分别采用政府投资建设、政府投资为主、企业投资建设的方式。

参考《建设项目经济评价方法与参数（第三版）》[①]，按照项目目的或者目标，可以将项目分为经营性项目、准经营性项目、非经营性项目。

（一）经营性项目

经营性项目都是竞争性项目，通过投资以实现所有者权益的市场价值最大化为目标，以竞争性方式向市场销售产品或服务，以投资盈利为行为趋向，由项目法人自负盈亏。绝大多数的生产或流通领域的投资项目都属于经营性项目。

（二）准经营性项目

准经营性项目一般指项目产出直接为公众提供基本生产或生活服务，本身有生产经营活动和营业收入，但生产经营和产品定价等往往受到一定程度的政府管控、不能单纯通过市场自发竞争的项目。有些准经营性项目通过直接收费可以回收全部投资成本，有些不能回收全部投资成本，需要政府补贴才能维持

---

① 国家发展改革委、建设部发布：《建设项目经济评价方法与参数（第三版）》，中国计划出版社 2006 年版，第 80 页。

运营。

准经营性项目的产品或服务定价一般受政府管控或引导。政府通过制定和调整政府定价目录等方式，间接管理准经营性项目，既使其具有一定的运营和生存能力，又要保障社会公众利益。

准经营性项目主要包括竞争性的基础设施和公益项目，如部分能源（电力、石油）、公用事业（自来水、污水和垃圾处理）、交通运输（公路运输、地铁）、成人和职业教育（私立学校）等项目。

（三）非经营性项目

非经营性项目旨在实现社会目标和环境目标，为社会公众提供公共产品或服务。非经营性项目不以追求盈利为目标，无法或者不应收费，包括社会公益事业（如义务教育、公共卫生）项目、某些环境保护与污染治理（如大气和黑臭水体污染治理）项目、部分公用基础设施（如市政道路、城市绿化）项目，以及政法基础设施、党政机关自身建设等项目。这类项目的投资一般由政府安排，维护运营资金也由政府支出。

按照《政府投资条例》，政府投资资金应当投向市场不能有效配置资源的社会公益服务、公共基础设施、农业农村、生态环境保护、重大科技进步、社会管理、国家安全等公共领域的项目，以非经营性项目为主。

近年来，为了提高公共服务效率，各级政府通过公共产品价格市场化改革、运营期财政补贴或财政奖励等方式，可以将一些具备条件的非经营性项目转为准经营性项目，将部分准经营性项目转为经营性项目。

第三节　全生命周期管理

为了保证投资项目顺利实施并达到预期目标，在固定资产投资项目管理中，通常将一个投资项目划分为若干不同阶段，分别进行相应管理。本节以新建工程项目为主体，将投资项目的全生命周期划分为项目决策、项目建设、项目运营三个主要阶段，分别阐述各阶段的主要任务、可交付成果、需履行的行政许可手续等。

一、全生命周期概念

（一）全生命周期概念

按照《项目管理知识体系指南（PMBOK® 指南）（第六版）》[1] 的定义，项目生命周期指项目从开始到完成所经历的一系列的阶段。所有项目都可分成若干阶段，每一个项目阶段是一组具有逻辑关系的项目活动的集合，通常以一个或多个可交付成果的完成为结束。项目阶段的名称、数量和持续时间，取决于参与项目的多个组织的管理或控制需要、项目本身的特征及所在的应用领域。每个阶段都有时限，有一个起始点、结束点或控制点。

所有项目无论大小，都有一个类似的生命周期结构。通常意义上，项目的生命周期结构都要包括启动项目、组织与准备、执行项目工作、结束项目这四个阶段。通用的生命周期结构一般具有以下三个特征：一是成本与人力投入在开始时较低，在执行期间逐渐增加，并在项目快要结束时迅速回落；二是项目开始时风险最大，随着决策的制定与可交付成果的验收，风险会逐步降低；三是在不显著影响成本和进度的前提下，相关方改变项目产品最终特性的能力在项目开始时最大，并随着项目的进展而减弱。相关方作出变更和纠正错误的成本，通常会随着项目越来越接近完成而显著提高。

（二）固定资产投资项目生命周期

国内相关法律法规和政策文件均未对投资项目生命周期作出明确规定。按照《工程项目管理导则（试行）》[2] 与《工程项目组织与管理》[3] 的相关定义，工程项目周期是指项目从提出投资设想，经过前期论证、投资决策、建设准备、建设实施、竣工验收，直至投产运营所经历的全过程。这一定义不包含项目的运营阶段。

---

[1]　［美］项目管理协会（Project Management Institute）：《项目管理知识体系指南（PMBOK® 指南）（第六版）》，电子工业出版社 2018 年版，第 547 页。

[2]　中国工程咨询协会编：《工程项目管理导则（试行）》，天津大学出版社 2010 年版，第 3 页。

[3]　全国咨询工程师（投资）职业资格考试参考教材编写委员会编：《工程项目组织与管理》（2021 修订版），中国统计出版社 2021 年版，第 3 页。

本书对投资项目生命周期的定义，既包含了上述的工程项目周期，即从提出投资设想到竣工验收为止的全过程，也包含了项目运营和结束阶段。

二、全生命周期阶段

固定资产投资项目管理中，阶段划分的数量和必要性及每个阶段所需的控制程度，取决于项目的规模、复杂程度和潜在影响。

本书以新建工程项目为主线，参考《政府投资项目全生命周期项目管理》[1]《建设工程项目全生命周期管理》[2]对工程项目全生命周期的阶段划分，将投资项目的全生命周期划分为投资项目决策阶段、投资项目建设阶段、投资项目运营阶段。

（一）投资项目决策阶段

投资项目决策是指最终作出是否投资建设某个项目的决定。项目目标、项目建设规模和产品（服务）方案、建设场（厂）址、技术和设备方案、项目融资方案、项目收益目标的确定等，都属于投资项目决策的范畴。投资项目决策阶段的主要工作，是完成项目发起、可行性研究、项目评估与决策，以及相应的行政审批手续等。

1. 项目发起

项目发起阶段的主要任务，是解决项目投资建设的必要性和可能性问题。政府投资项目通常要编制项目建议书（或初步可行性研究报告），对拟建项目提出框架性总体性设想；如果项目已列入经批准的相关规划，可不再编制项目建议书。企业投资项目通常要开展投资机会研究，编制项目策划报告或商业计划书，也可用企业发展规划等替代。

2. 可行性研究

可行性研究是对投资项目在技术上和经济上是否可行所进行的科学分析和

---

①　周和生、尹贻林主编：《政府投资项目全生命周期项目管理》，天津大学出版社2010年版，第20页。

②　杨英楠主编：《建设工程项目全生命周期管理》，中国建筑工业出版社2022年版，第11页。

论证。进行可行性研究时，要在全面认真调查的基础上，通过市场分析、技术分析、财务分析和国民经济分析，对投资项目的技术可行性与经济合理性进行综合评价，对其投产后的经济效果进行预测，并进行建设方案的论证选择，以便最合理地利用资源，达到预定的社会效益和经济效益。可行性研究工作质量对项目效益的影响很大，可行性研究工作的不足，很可能会导致决策失误，造成重大投资损失。

在可行性研究的基础上，应编制完成项目可行性研究报告；实行核准制的企业投资项目，应编制完成项目申请书。

3. 评估与决策

项目评估与决策的主要任务，是对可行性研究的主要成果进行评估，依据可行性研究报告分析的项目技术经济可行性、经济社会效益、主要建设条件落实情况等，确认项目建设的可行性，对可行性研究提出的方案进行决策。对经济社会发展、社会公众利益有重大影响或者投资规模较大的政府投资项目，须委托有相应评估能力的第三方机构实施评估；企业投资项目由企业自主评估或者委托第三方评估。政府投资项目应按照审批权限完成项目决策。企业投资项目应按照公司章程等规定，完成经理层决策、董事会决策、股东大会决策等程序。

4. 行政审批手续

在行政审批方面，政府投资项目须完成项目建议书批复、可行性研究报告批复。实行核准制的企业投资项目须完成项目核准手续。

（二）投资项目建设阶段

投资项目建设阶段的主要工作包括项目决策后的建设准备、建设实施、建设完成，以及建设资金筹措和使用管理等。

1. 建设准备

建设准备的主要任务是落实和准备项目建设实施所需的各项建设条件。本阶段是项目决策的具体化，为落实项目可行性研究提出的指标性目标制定实施计划。建设准备工作包括资金筹措、勘察设计、土地及房屋征收、招标采购等。在这个阶段要编制完成初步设计和概算，签署融资协议，选定工程承包方、设备供应商及监理单位等。建设准备阶段的工作质量很大程度上决定了建设实施的成败及效率，影响着工程建设的进度控制、质量控制和成本控制。

项目决策后应开始筹措建设资金，项目建设实施阶段要实现资金到位，主要工作是完成资本金出资落实、签署贷款合同等。政府投资项目须完成财政预算资金出资的批复文件，企业投资项目须完成有关方资本金出资决定。企业投资项目需要申请政府投资资金的，应编制和上报资金申请报告，由政府相关部门批复。项目融资工作以完成全部资金闭合为结束。

行政审批方面，政府投资项目应按规定完成初步设计的批复；各类投资项目均应按照国家有关管理规定，完成建设用地预审与选址、建设用地规划许可、环境影响评价、节能审查等审批手续。

2. 建设实施

建设实施的主要任务是将建设投入要素进行组合，形成实物形态，实现投资项目的工程目标。通过详细的勘察设计、施工组织等活动，在规定的工程内容、工期、费用、质量范围内，按设计要求高效率地实现工程。本阶段在投资项目全生命周期中工作量最大，投入的人力、物力和财力最多，项目管理的难度也最大。

本阶段须完成详细勘察、施工图设计等，进行施工组织设计，开展工程施工，履行工程监理等建设管理制度。应取得的行政许可文件包括建设工程施工许可证等，还应按有关规定办理建设工程质量安全监督登记。

3. 建设完成

建设完成的主要任务是对完工的建设内容进行联动试车、试运行，验证合格后予以竣工，实现工程目标。本阶段应组织竣工验收，编制完成试运行报告、竣工验收报告、工程决算报告等。应取得的行政审批文件包括建设工程竣工规划验收合格证（或规划认可文件），以及消防验收、环保验收等手续；国有投资项目还应按规定取得工程决算报告的认定。

（三）投资项目运营阶段

投资项目运营阶段主要是项目建设完成后的资产移交、运营管理、更新改造及项目结束。不同于项目决策和建设实施，运营阶段主要是持续性的运营管理，要重点关注产品的持续生产或服务的持续提供，管理好各种输入（如材料、能源和劳动力等）转变为输出（产品或服务）的过程，尽可能使用最优资源投入来最大限度地满足用户要求，从而实现项目的投资价值。

1. 资产移交

资产移交的主要任务是为项目运营提供准备条件。本阶段建设单位应为项目设施办理相关的产权文件，完成项目设施交接清单等；运营单位应制定运营方案，做好运营前的人员、物资准备等工作。建设单位与运营单位共同做好资产移交工作，运营单位按照政策法规要求办理合法运营的必要手续后，项目进入运营期。

2. 运营管理

运营管理的主要任务是在满足相关法律法规和行业管理要求下，项目能够持续稳定的提供产品或服务，并获取相应的运营收益。主要工作包括项目设施的日常运行管理、项目运行过程的评价、项目设施的维修维护等。须编制完成运行监测报告、维修报告、财务年度报告等。运营管理过程中须满足行业管理、市场监管、公共管理等方面的一系列监管要求。

3. 更新改造

运营过程中，由于厂房、设备等使用年限到期，或者行业监管标准提高导致设施无法达标等原因，需要对项目设施进行更新改造。更新改造主要是对既有项目设施进行设计、改造，须完成改造资金筹集、改造方案设计、报建报审、改造工程实施、设施运行方案完善等。一般情况下，更新改造完成后形成的设施与原有设施会实行统一的运行管理。

4. 项目结束

正常情况下，项目结束阶段的主要任务是在项目设施达到设计使用寿命后，对项目设施的拆除以及旧建筑、旧设备的资源化再利用等。非正常情形下，是在项目达到经济寿命后，实施终止、破产清算等。

决策阶段	项目发起	解决项目投资建设的必要性和可能性问题。政府投资项目通常要编制项目建议书，企业投资项目通常要开展投资机会研究
	可行性研究	对投资项目在技术上和经济上是否可行所进行的科学分析和论证
	评估与决策	对可行性研究的主要成果进行评估，对可行性研究提出的方案进行决策
建设阶段	建设准备	资金筹措、勘察设计、土地及房屋征收、招标采购等
	建设实施	完成详细勘察、施工图设计，进行施工组织设计，组织工程施工、工程监理等
	建设完成	组织竣工验收，编制完成试运行报告、竣工验收报告、工程决算报告等
运营阶段	资产移交	办理相关产权文件，完成项目设施交接清单，制定运营方案，做好人员、物资准备等工作
	运营管理	日常运行管理、运行过程评价、设施维修维护等
	更新改造	对既有项目设施进行设计、改造，须完成改造资金筹集、改造方案设计、报建报审、改造工程实施、设施运行方案完善等
	项目结束	正常情况：项目拆除、旧建筑、旧设备的资源化再利用等 非正常情况：实施终止、破产清算等

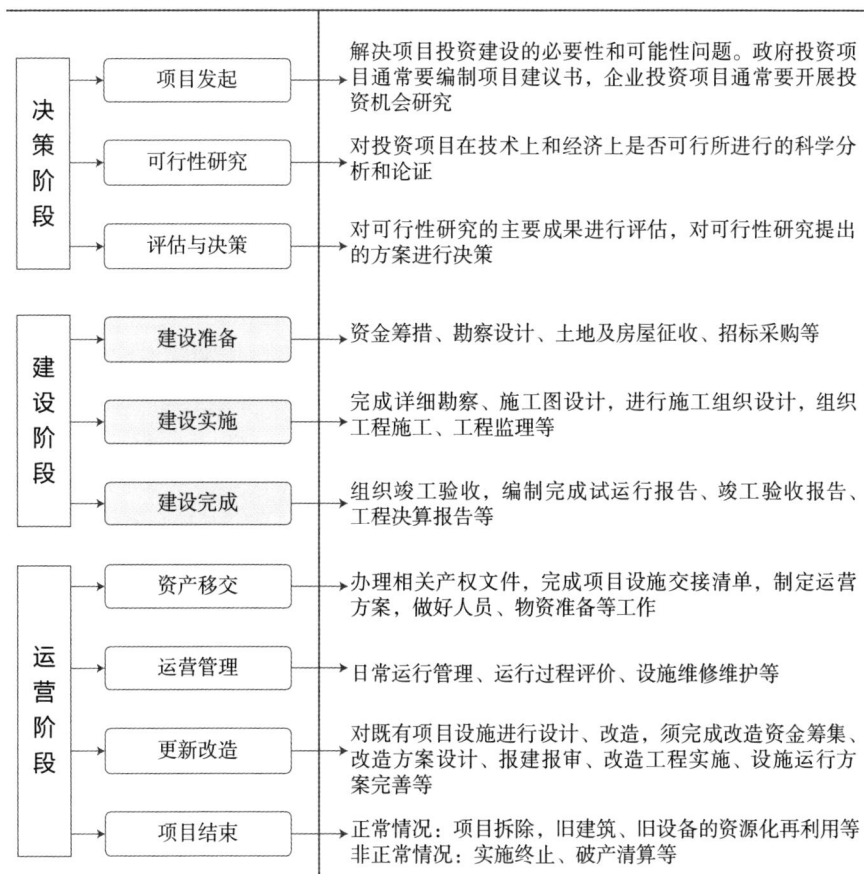

图2　投资项目全生命周期

第四节　固定资产投资统计

固定资产投资统计是经济社会统计的重要组成部分。真实准确的固定资产投资统计数据，对精准判断投资走势、科学进行投资决策、制定投资调控政策、推动经济平稳发展，都具有重要意义。

一、投资统计概念

统计上的固定资产投资，是以货币形式表现的、在一定时期内建造和购置

25

固定资产的工作量以及与此有关费用的总称，是对一定时期全社会建造和购置固定资产活动的数量方面的描述。固定资产投资统计包括一系列的具体指标，是反映固定资产投资规模和速度、固定资产投资结构和比例、固定资产投资资金来源、固定资产投资效果等的综合性指标体系，也是观察工程进度和考核投资效果的重要依据。

固定资产投资统计可以及时全面地揭示投资运行情况和宏观经济政策执行情况，为政府准确判断投资形势、科学制定投资调控政策提供有力支撑。同时，高质量的固定资产投资统计数据，也可以为市场主体准确把握经济脉动、研判行业投资形势、正确作出投资决策提供扎实可靠的判断依据。

二、投资统计范围

我国的固定资产投资统计范围发生过多次变化。在 20 世纪 80 年代，我国全社会固定资产投资统计范围包括国有经济单位投资、城乡集体经济单位投资、各种经济类型的单位投资和城乡居民个人投资。2004 年，调整为城镇投资、农村（包括农村非农户和农户）投资两大部分。2011 年，国家统计局将月度投资统计的范围从城镇扩大到农村企事业组织，并将这一统计范围定义为"固定资产投资（不含农户）"。全社会固定资产投资由固定资产投资（不含农户）和农户投资两部分组成。全社会固定资产投资每年发布一次，固定资产投资（不含农户）每月发布一次。

截至 2022 年底，固定资产投资项目统计的起点，共进行过三次调整。1988 年，由项目计划总投资 2 万元及以上提高到 5 万元及以上；1997 年，由项目计划总投资 5 万元及以上提高到 50 万元及以上；2011 年，由项目计划总投资 50 万元及以上提高到 500 万元及以上。

综上所述，全社会固定资产投资，包括固定资产投资（不含农户）和农户投资。其中，固定资产投资（不含农户）是指城镇和农村各种登记注册类型的企业、事业、行政单位及城镇个体户进行的计划总投资 500 万元及以上的建设项目投资和房地产开发投资，该口径自 2011 年起开始使用。农户投资是指以农户为单位进行的房屋建设（主要指住宅建设）投资，农户对农、林、牧、渔及其服务行业进行的投资，以及农户购买生产性固定资产的投资。根据农村固定资产投资调查规定，农户房屋建筑物、机器设备、器具等固定资产价值统计标准为 1000 元以上，使用年限为 2 年及以上。

三、投资统计分类

为了更好地分析和研判投资运行状况，可以根据不同标准对固定资产投资统计数据进行分类。

（一）按行业、产业领域、区域分类

1. 固定资产投资按国民经济行业分类

现行行业分类标准依据的是由国家质检总局、国家标准委于 2017 年发布的《国民经济行业分类》（GB/T 4754-2017），共有制造业、建筑业、批发和零售业等 20 个门类，纺织业、土木工程建筑业、零售业等 97 个大类，棉纺织及印染精加工、架线和管道工程建筑、综合零售等 473 个中类，棉织造加工、地下综合管廊工程建筑、百货零售等 1382 个小类。一般情况下，一个建设项目只能属于一种国民经济行业，应根据建成投产后的主要产品种类或主要用途及社会经济活动种类来划分。

2. 固定资产投资按产业类别分类

可分为第一产业、第二产业、第三产业。具体来讲，第一产业是指农、林、牧、渔业（不含农、林、牧、渔专业及辅助性活动）；第二产业以工业为主，是指采矿业（不含开采专业及辅助性活动），制造业（不含金属制品、机械和设备修理业），电力、热力、燃气及水生产和供应业，建筑业；第三产业即服务业，是指除第一产业、第二产业以外的其他行业，包括交通运输、仓储和邮政业、住宿和餐饮业、房地产业、金融业等。

3. 固定资产投资按领域分类

制造业投资，主要包括以下行业投资：食品制造业，烟草制品业，纺织业，造纸和纸制品业，石油、煤炭及其他燃料加工业，化学原料和化学制品制造业，医药制造业，橡胶和塑料制品业，非金属矿物制品业，黑色金属冶炼和压延加工业，有色金属冶炼和压延加工业，通用设备制造业，专用设备制造

业，汽车制造业，铁路、船舶、航空航天和其他运输设备制造业，电气机械和器材制造业，计算机、通信和其他电子设备制造业，仪器仪表制造业，废弃资源综合利用业等。

基础设施投资，主要包括以下行业投资：铁路运输业、道路运输业、水上运输业、航空运输业、管道运输业、多式联运和运输代理业、装卸搬运业、邮政业、电信广播电视和卫星传输服务业、互联网和相关服务业、水利管理业、生态保护和环境治理业、公共设施管理业。

房地产开发投资，即房地产开发企业本年完成投资，指报告期内完成的全部用于房屋建设工程、土地开发工程的投资额以及公益性建筑和土地购置费等的投资。需要说明的是，按国民经济行业分类的房地产业投资统计范围要大于房地产开发投资，还包括建设单位自建房屋以及物业管理、中介服务和其他房地产投资。

其他投资，指上述领域之外的其他类型投资。

4. 固定资产投资按区域分类

可分为东部地区、中部地区、西部地区和东北地区。其中，东部地区包括北京、天津、河北、上海、江苏、浙江、福建、山东、广东和海南 10 省（市）；中部地区包括山西、安徽、江西、河南、湖北和湖南 6 省；西部地区包括内蒙古、广西、重庆、四川、贵州、云南、西藏、陕西、甘肃、青海、宁夏和新疆 12 省（区、市）；东北地区包括辽宁、吉林和黑龙江 3 省。

（二）按构成或性质分类

固定资产投资按构成分类，主要包含以下四种：

(1) 建筑工程，指各种房屋、建筑物的建造工程。这部分投资额必须兴工动料，通过施工活动才能实现，是固定资产投资额的重要组成部分。

(2) 安装工程，指各种设备、装置的安装工程。在安装工程中，不包括被安装设备本身价值。

(3) 设备工器具购置，指报告期内购置或自制的，达到固定资产标准的设备、工具、器具的价值。新建单位及扩建单位的新建车间，按照设计或计划要求购置或自制的全部设备、工具、器具，不论是否达到固定资产标准，均计入"设备工器具购置"中。

（4）其他费用，指在固定资产建造和购置过程中发生的，除建筑安装工程和设备、工器具购置投资完成额以外的应当分摊计入固定资产投资的费用，不指经营中财务上的其他费用。

固定资产投资按建设性质分类，一般分为新建、扩建、改建和技术改造等。农户投资不划分建设性质。

（三）按注册类型分类

全社会固定资产投资按登记注册类型，可分为国有、集体、联营、股份制、私营和个体、港澳台商、外商、其他等。

民间固定资产投资，指具有集体、私营、个人性质的内资企事业单位以及由其控股（包括绝对控股和相对控股）的企业单位，在中华人民共和国境内建造或购置固定资产的投资。

（四）按资金来源分类

全社会固定资产投资按资金来源分类，可分为国家预算资金、国内贷款、利用外资、自筹资金和其他资金。

国家预算资金。国家预算包括一般公共预算、政府性基金预算、国有资本经营预算和社保基金预算。各类预算中用于固定资产投资的资金全部作为国家预算资金填报。各级政府债券也应归入国家预算资金。

国内贷款。指报告期固定资产投资项目单位向银行及非银行金融机构借入用于固定资产投资的各种国内借款，包括银行利用自有资金及吸收存款发放的贷款、上级拨入的国内贷款、国家专项贷款，地方财政专项资金安排的贷款、国内储备贷款、周转贷款等。

利用外资。指报告期收到的境外（包括外国及中国港澳台地区）资金（包括设备、材料、技术在内），包括对外借款（外国政府贷款、国际金融组织贷款、出口信贷、外国银行商业贷款、对外发行债券和股票）、外商直接投资、外商其他投资（包括补偿贸易、国际租赁、外商投资收益的再投资资金等）。不包括我国自有外汇资金。

自筹资金。指在报告期内筹集的用于项目建设和购置的资金，包括自有资金、股东投入资金和借入资金，但不包括各类财政性资金、从各类金融机构借入资金和国外资金。

其他资金。指在报告期内收到的除以上各种资金之外的用于固定资产投资的资金，包括社会集资、个人资金、无偿捐赠的资金及其他单位拨入的资金等。

四、投资统计方法

（一）固定资产投资统计制度方法改革情况

改革开放以来，固定资产投资统计制度虽然经历了一系列调整，但计算方法主要以形象进度法为主。2017年，国家统计局印发《关于开展2017年固定资产投资统计制度方法改革试点工作的通知》，对固定资产统计制度方法进行改革试点，从之前按项目以形象进度法统计，转向按单位以财务支出法采集固定资产投资数据。

形象进度法是针对建筑工程投资和安装工程投资设计的计算方法，这种计算方法是根据已经完成的实物工作量乘以预算单价计算的，比较复杂，关于投资的实物工作量具有一定的判断成分，而且较难核查，为干预固定资产投资数据提供了可能性。

财务支出法通过调查固定资产投资所需要的财务收支指标，并由政府统计部门的专业人员计算得出数据，可以减轻基层单位填报人员的工作负担，并且由于固定资产财务收支资料便于填报与核查，有利于进一步提高固定资产投资统计数据质量。

改革试点以现行固定资产投资统计制度确定的投资项目和房地产开发项目为试点调查对象，设置《财务支出法固定资产投资情况》和《财务支出法房地产开发项目投资情况》表格，采集固定资产投资项目和房地产开发项目的固定资产投资财务支出数据，填报"在建工程""固定资产原价""土地使用权""其他资产""房屋开发成本"等主要指标的报告期及上年同期数据。

（二）现行全社会固定资产投资统计调查方法

现行国家统计制度根据调查对象的状况和要求，对全社会固定资产投资统计采取以下三种调查方法：

（1）固定资产项目投资和房地产开发投资均采用全面调查的方法，其中：固定资产投资项目的统计范围是各种登记注册类型的企业、事业、行政单位及个体户的计划总投资500万元及以上的建设项目；房地产开发投资的统计范围是全部房地产开发经营法人单位及所属的产业活动单位进行的固定资产投资活动。

（2）军工、国防项目统一由中央军委后勤保障部通过纸介质形式报送数据。

（3）农户投资采取抽样调查的方法，通过农村经济调查和农村住户调查取得相关统计资料。

第二章　投资宏观管理

投资宏观管理是根据经济社会发展目标和客观形势要求，对全社会投资活动进行的调节和引导，旨在发挥好投资对经济增长的关键作用，推动经济社会高质量发展。投资宏观管理的手段和方式，既包括直接的投资调控政策，偏重短期性和阶段性，也包括战略规划、产业政策、土地管理等相对稳定的管理措施，其力度和方向通常不依投资形势而变化。投资宏观管理通过实施长期短期结合、总量结构配合的一系列法规制度和政策措施，对投资活动进行调控和引导，进而影响投资项目的决策、建设和运营。

第一节　投资调控政策

投资调控政策具有短期性、阶段性等多重属性，要统筹兼顾短期经济波动和中长期经济增长，在着重解决短期经济波动性问题的同时，也要注意调节中长期的结构性和趋势性变化。

一、周期性调控政策

周期性调控分为逆周期调控和跨周期调控。逆周期调控的"逆"体现在对经济周期波动的反作用上，跨周期调控的"跨"体现在政策跨年度安排上。做好跨周期和逆周期调控政策有机结合，有利于熨平经济波动、避免大起大落，保持经济运行在合理区间。投资政策是做好跨周期和逆周期调控政策有机结合的重要工具。

当出现投资过热时，为避免通货膨胀加剧，实现经济平稳较快增长，往往要强化投资调控，控制投资过快增长势头。例如，2003—2004 年，全国固定资产投资增速过猛、在建规模偏大问题凸显，2003 年全国城镇固定资产投资同比增长 28.4%，2004 年前两个月同比增长 53%，达到 1994 年以来同期增幅最高水平。部分行业投资过热现象尤为突出，2003 年钢铁、电解铝、水泥投资分别增长了 96.6%、92.9%、121.9%。针对投资过热形势，2004 年政府工作报告中明确提出要"适当控制固定资产投资规模，坚决遏制部分行业和地区盲目投资、低水平重复建设"，国家发展改革委随后出台了一系列投资调控政策。比如，原则上不再批准新建钢铁联合企业和独立炼铁厂、炼钢厂，确有必要的，必须按照规定的准入条件，经过充分论证和综合平衡后报国务院审批；除淘汰自焙槽生产能力置换项目和环保改造项目外，原则上不再审批扩大电解铝生产能力的建设项目。上述投资调控政策取得了明显成效，2004 年上半年全国城镇固定资产投资同比增速回落至 31%。

面临经济下行压力时，实施积极扩大有效投资政策，可以实现扩大当期需求和稳定经济增长的政策效果。例如，2008 年 9 月，国际金融危机全面爆发，我国经济增速快速回落，出口出现负增长，经济面临硬着陆的风险。为了应对危机，我国实施了强有力的投资扩张政策，着力加大重点领域投入，包括保障性安居工程，农村民生工程和农村基础设施，铁路、公路和机场等重大基础设施，医疗卫生、教育、文化等社会事业，节能减排和生态建设，自主创新和产业结构调整，灾后恢复重建等。从总量效应来看，投资扩张计划的顺利实施，有力带动了固定资产投资增长，投资对经济增长的拉动作用显著扩大。2009 年各月累计投资增速基本在 30%以上，全年全社会固定资产投资增长 29.9%。2001—2008 年，资本形成对 GDP 的贡献率大都为 40%—50%，而 2009 年资本形成对 GDP 的贡献率迅速提升到 87.6%。从结构效应来看，投资对扩大内需和补短板强弱项发挥了重要作用，支持了一大批符合经济发展和民生需要的重大项目建设，自主创新和节能减排投资显著加强，汶川地震灾后恢复重建取得重大成就。

近些年来，受新冠肺炎疫情和国际局势动荡等因素影响，我国经济增长动能亟须重塑，各类风险逐步显现。在此背景下，2020 年 7 月，中共中央政治局会议指出，要完善宏观调控跨周期设计和调节，实现稳增长和防风险长期均衡。稳定有效投资有利于把加快调整结构与持续扩大内需结合起来，保持经济平稳健康发展。2022 年 6 月，国务院决定设立政策性开发性金融工具，用于补充包括新型基础设施在内的重大项目资本金，或为地方政府专项债项目资本金搭桥，中央财政按实际股权投资额予以适当贴息。这一措施对于解决重大项目资本金筹措困难、稳定投资增长，发挥了很好的作用。

二、结构性投资调控政策

在调节投资总量的同时，还要兼顾投资结构调整。所谓结构性投资调控政策，是指从宏观调控的总体要求和目标出发，对投资的区域、行业等结构进行调节的一系列政策。通过实施有保有压的结构性投资调控政策，可以促进投资结构优化，提高投资质量，更好发挥投资对优化供给结构的关键性作用。从广义来看，能够对投资结构产生调节效应的发展规划、产业政策、土地管理等政策，也属于结构性投资调控政策。

（一）补短板政策

补短板是深化供给侧结构性改革的重点任务。改革开放以来，我国基础设施建设取得了重大进展，有力支撑了经济和社会发展，但部分领域仍然存在较为明显的短板现象，难以更好适应和满足促进城乡和区域协调发展、改善民生等方面的要求。为此，2018 年，国务院办公厅印发《关于保持基础设施领域补短板力度的指导意见》，提出要聚焦关键领域和薄弱环节，保持基础设施领域补短板力度，进一步完善基础设施和公共服务，提升基础设施供给质量。基础设施补短板的具体内容，在实际推进过程中不断丰富和完善，大致可以概括为以下几个方面：

一是脱贫攻坚领域。深入推进易地扶贫搬迁工程，大力实施以工代赈，加强贫困地区基础设施和基本公共服务设施建设。大力支持革命老区、民族地区、边疆地区和资源枯竭、产业衰退地区加快发展。

二是交通运输领域。加快推进铁路"八纵八横"主通道项目，进一步完善铁路骨干网络，加快国土开发性铁路和城际铁路规划建设。加快国家高速公路网待贯通路段项目和对"一带一路"建设、重大区域发展战略等有重要支撑作用的地方高速公路建设，推动长江干线、京杭运河等航道整治工程。重点推进一批国际枢纽机场和中西部支线机场项目前期工作，力争尽早启动建设。

三是水利领域。加快建设一批引调水、重点水源、江河湖泊治理、大型灌区等重大水利工程，推进引江济淮、滇中引水等重大项目建设，加快推进中小河流治理等灾后水利薄弱环节建设。

四是能源领域。加快金沙江拉哇水电站等重大水电项目建设，推动实施一批特高压输电工程。加快实施新一轮农村电网改造升级工程，做好重点地区应急储气能力建设，积极推进一批油气产能、管网等重点项目。

五是农业农村领域。大力实施乡村振兴战略，加大高标准农田、特色农产品优势区等农业基础设施建设力度。持续推进农村产业融合发展。扎实推进农村人居环境整治三年行动，推进村庄综合建设。

六是生态环境保护领域。加大对天然林资源保护、重点防护林体系建设、水土保持等重点工程支持力度。支持城镇生活污水、生活垃圾、危险废物处理设施建设，支持煤炭减量替代等重大节能工程。

七是社会民生领域。支持教育、医疗、卫生、文化、体育、养老、婴幼儿托育等设施建设，推进保障性安居工程和城镇公共设施、城市排水防涝设施建设。

（二）扩大战略性新兴产业投资政策

战略性新兴产业具有战略先导性、经济主导性、技术传导性，是引领国家未来发展的重要力量，是重大突破性技术的主要载体，是促进新旧动能接续转换的关键所在。战略性新兴产业发展的重点方向和主要任务根据发展需要、发展规律和产业基础决定。2010 年，国务院出台《关于加快培育和发展战略性新兴产业的决定》，提出重点培育和发展节能环保、新一代信息技术、生物、高端装备制造、新能源、新材料、新能源汽车等七大产业。《"十三五"国家战略性新兴产业发展规划》提出，要进一步发展壮大新一代信息技术、高端装备制造、新材料、生物、新能源汽车、新能源、节能环保、数字创意等战略性新兴产业。《中华人民共和国国民经济和社会发展第十四个五年规划和 2035

年远景目标纲要》提出，要着眼于抢占未来产业发展先机，培育先导性和支柱性产业，推动战略性新兴产业融合化、集群化、生态化发展。

为扩大战略性新兴产业投资，国家出台了一系列支持政策，加大扶持力度，引导和鼓励社会资金投入。

一是构建产业创新体系。打造众创、众包、众扶、众筹平台，支持建设"双创"示范基地，发展专业化众创空间，深入开展"大众创业，万众创新"。强化重大科技基础设施投入，实施一批重大科技项目和重大工程，支持建设关键技术研发平台，统筹部署国家重大科技基础设施等创新平台建设。实施国家技术创新工程，加强企业技术中心能力建设。

二是提高企业直接融资比重。积极支持符合条件的战略性新兴产业企业上市或挂牌融资，大力发展创业投资和天使投资，鼓励保险公司、社会保险基金和其他机构投资者合法合规参与战略性新兴产业创业投资和股权投资基金，开展投贷联动试点等。

三是创新财税政策支持方式。发挥财政资金引导作用，创新支持方式吸引社会投资，设立国家新兴产业创业投资引导基金，带动社会资本设立一批创业投资基金，加大对战略性新兴产业的投入。

（三）"房住不炒"政策

住房问题既是民生问题也是发展问题，建立和完善房地产市场平稳健康发展的长效机制，是解决房地产领域面临的各类问题、满足人民群众美好生活居住需要的重要手段。自 2016 年底中央经济工作会议首次明确"房子是用来住的、不是用来炒的"定位以来，"房住不炒"一直是房地产市场调控政策的主基调。

一是不把房地产作为短期刺激经济的手段。在经济短期波动和财政压力加大的情况下，一些地方政府可能出现放松调控甚至刺激市场的冲动，从而导致房地产市场大起大落。坚持"房住不炒"的定位不动摇，就是要抑制房地产市场投资投机性炒作，全面实施稳地价、稳房价、稳预期的房地产长效机制。

二是因城施策用足用好政策工具箱。房价上涨压力大的城市要合理增加土地供应，提高住宅用地比例，盘活城市闲置和低效用地，支持刚性和改善性住房需求。房地产库存过多的城市要把去库存和促进人口城镇化结合起来，提高三四线城市和特大城市间基础设施的互联互通，提高教育、医疗等公共服务水平，增强对农业转移人口的吸引力。

三是建立健全购租并举的住房制度。2015年，中央经济工作会议明确了深化住房制度改革方向，以满足新市民住房需求为主要出发点，以建立购租并举的住房制度为主要方向。《"十四五"公共服务规划》提出，人口净流入的大城市要大力发展保障性租赁住房，主要解决符合条件的新市民、青年人等群体的住房困难问题。

（四）去产能政策

现阶段，我国供给能力总量不足问题已经基本解决，但同时出现了供需结构错配问题，部分行业产能过剩，有效供给不足。这种情况下，不能一味扩大投资、增加总量，而是要优化投资结构，加快培育新的发展动能，改造提升传统产能。2016年以来，投资与产业、土地、环保、财政、金融、价格等政策协调配合，重点领域化解过剩产能工作扎实推进，取得了明显成效。2016—2018年，累计压减粗钢产能1.5亿吨以上，退出煤炭落后产能8.1亿吨，淘汰关停落后煤电机组2000万千瓦以上。2020年6月，国家发展改革委等六部门联合印发《关于做好2020年重点领域化解过剩产能工作的通知》，提出了重点领域化解过剩产能的具体举措。

一是对于钢铁行业，要加强钢铁产能项目备案指导，促进钢铁项目落地的科学性和合理性，严禁以任何名义、任何方式新增钢铁冶炼产能，加快大气污染防治重点区域钢铁企业超低排放改造。

二是对于煤炭行业，持续推进煤炭上大压小、增优汰劣，引导低效无效产能有序退出，合理有序释放先进产能，实现煤炭新旧产能有序接替。

三是对于煤电行业，积极稳妥推进优化升级，淘汰关停不达标落后煤电机组，按需有序核准建设煤电项目，按需适度新增煤电产能，持续推进燃煤电厂超低排放和节能改造。

三、特定领域调控政策

除了周期性调控政策、结构性调控政策外，还有针对重点领域和关键环节的投资调控政策，例如鼓励和促进民间投资、加强地方政府融资平台公司管理等。

（一）促进民间投资

改革开放以来，我国民营企业蓬勃发展，民营经济从小到大、由弱变强，在稳定增长、促进创新、增加就业、改善民生等方面发挥了重要作用，成为推动经济社会发展的重要力量，民间投资也已成为我国投资领域不可或缺的主要力量。党的十八大以来，为激发民间投资活力，党中央、国务院出台了一系列政策措施。

一是坚持"两个毫不动摇"，明确政策导向。2022年12月召开的中央经济工作会议明确提出，针对社会上对我们是否坚持"两个毫不动摇"的不正确议论，必须亮明态度，毫不含糊。要从制度和法律上把对国企民企平等对待的要求落下来，从政策和舆论上鼓励支持民营经济和民营企业发展壮大。依法保护民营企业产权和企业家权益。

二是放宽市场准入，吸引民间资本进入。针对制约民间投资的"玻璃门""弹簧门""旋转门"等隐性壁垒问题，积极采取有针对性的措施，保护民营企业合法权益，持续放宽市场准入。2014年11月，国务院印发《关于创新重点领域投融资机制鼓励社会投资的指导意见》，选择生态环保、农业水利、市政、交通、能源、信息、社会事业等重点领域，就吸引社会资本特别是民间资本参与提出了一系列改革措施。2018年10月，国务院进一步要求充分发挥市场配置资源的决定性作用，积极鼓励民间资本参与补短板项目建设，调动各类市场主体的积极性、创造性。

三是细化政策措施，增强民营企业政策获得感。2017年9月，国务院办公厅印发《关于进一步激发民间有效投资活力促进经济持续健康发展的指导意见》，从支持民间投资创新发展、降低企业经营成本、构建"亲""清"新型政商关系等10个方面提出措施。针对融资难融资贵问题，2019年2月，中共中央办公厅、国务院办公厅印发《关于加强金融服务民营企业的若干意见》，从加大金融政策支持力度、完善绩效考核和激励机制、积极支持民营企业融资纾困等方面提出15条措施。

四是打造市场化、法治化、国际化营商环境。2019年底，中共中央、国务院印发《关于营造更好发展环境支持民营企业改革发展的意见》，从优化公平竞争的市场环境等7个方面提出了具体意见。从2020年起，《优化营商环境条例》正式实施，针对我国营商环境的突出短板和市场主体反映强烈的痛点难点堵点问题，对标国际先进水平，从完善体制机制的层面作出相应规定。

（二）加强地方政府融资平台公司管理

地方政府融资平台公司通过举债融资，为地方经济和社会发展筹集资金，在加强基础设施建设以及应对国际金融危机冲击中发挥了积极作用。与此同时，也出现了融资平台公司举债融资规模迅速膨胀、地方政府违规或变相提供担保等问题。2010年，国务院印发《关于加强地方政府融资平台公司管理有关问题的通知》，开始对融资平台公司进行清理规范。国务院相关部委随后陆续出台了多项旨在加强融资平台公司管理的政策措施。

一是剥离融资平台公司政府融资职能。《关于加强地方政府融资平台公司管理有关问题的通知》明确要求，只承担公益性项目融资任务且主要依靠财政性资金偿还债务的融资平台公司不得再承担融资任务；承担公益性项目融资任务，同时还承担公益性项目建设、运营任务的融资平台公司，在落实偿债责任和措施后不再保留融资平台职能。2014年，《国务院关于加强地方政府性债务管理的意见》再次明确，"剥离融资平台公司政府融资职能，融资平台公司不得新增政府债务"。

二是严禁新设融资平台公司。厘清政府和市场边界，防止地方国有企业和事业单位"平台化"。制止地方政府及其部门将公立学校等公益性事业单位演变为融资平台，公益性事业单位不得为地方政府建设项目融资或提供担保。

三是规范融资平台公司融资管理。严禁融资平台公司融资与地方政府信用挂钩，地方政府不得承诺将储备土地预期出让收入作为融资平台公司偿债资金来源，金融机构为融资平台公司提供融资时不得要求或接受地方政府及其所属部门以担保函、承诺函、安慰函等任何形式提供担保。

四是化解融资平台公司存量隐性债务。符合条件的融资平台公司的债务，经批准可以在地方政府债务限额内发行地方政府债券置换。在不增加地方政府隐性债务规模的前提下，对存量隐性债务难以偿还的，允许融资平台公司采取适当展期、债务重组等方式维持资金周转。

第二节　统一规划体系

规划是政府对未来行动的一种谋划、安排、部署，具有综合性、系统性、长期性等特点，是政府履行职能、制定政策的重要依据。2018 年，中共中央、国务院印发《关于统一规划体系更好发挥国家发展规划战略导向作用的意见》，提出要建立以国家发展规划为统领，以空间规划为基础，以专项规划、区域规划为支撑，由国家、省、市、县各级规划共同组成的规划体系。统一规划体系为投资宏观管理提供了遵循，引导了公共资源在投资领域的配置方向，规范了市场主体投资行为。

一、国家发展规划

（一）功能定位

在统一规划体系中，国家发展规划居于最上位，是其他各级各类规划的总遵循。国家发展规划，即国民经济和社会发展五年规划纲要，主要阐明国家战略意图、明确政府工作重点、引导规范市场主体行为，描绘经济社会发展的宏伟蓝图，是全面建设社会主义现代化强国奋斗目标在规划期内的战略部署和具体安排，是政府履行经济调节、市场监管、社会管理、公共服务、生态环境保护等职能的重要依据。

我国从 1953 年开始编制实施第一个"五年计划"。从"十一五"起，"五年计划"改为"五年规划"。至今，我国已先后编制实施了 14 个五年规划（计划）。通过一个个规划（计划）的分步实施、接力推进、滚动落实，一以贯之地朝着既定的战略目标前进，我国在一穷二白的基础上迅速建立起比较完整的工业体系和国民经济体系，人民生活实现了由解决温饱到总体小康再到全面小康的历史性跨越。

（二）国家"十四五"规划确定的重点任务

党的十九届五中全会审议通过《中共中央关于制定国民经济和社会发展第十四个五年规划和二〇三五年远景目标的建议》，为编制规划纲要指明了方向、提供了遵循。按照党中央、国务院决策部署，国家发展改革委具体组织编制了《中华人民共和国国民经济和社会发展第十四个五年规划和2035年远景目标纲要（草案）》（以下简称《纲要》），并经十三届全国人大四次会议审查通过。

《纲要》提出了17个方面的战略任务和重大举措，着力解决经济社会发展中面临的大事难事，兼顾"国家大事"和"关键小事"。重点任务包括坚持创新驱动发展，加快发展现代产业体系；形成强大国内市场，构建新发展格局；全面推进乡村振兴，完善新型城镇化战略；优化区域经济布局，促进区域协调发展；全面深化改革开放，持续增强发展动力和活力；推动绿色发展，促进人与自然和谐共生；持续增进民生福祉，扎实推进共同富裕；统筹发展和安全，建设更高水平的平安中国。

（三）国家发展规划对投资的影响

《纲要》在第十九篇"加强规划实施保障"部分中明确要求，中央财政性资金优先投向本规划确定的重大任务和重大工程项目，坚持项目跟着规划走，资金和要素跟着项目走。投资工作要服务于国家发展规划明确的战略部署和具体安排，并据此确定投资方向和重点任务，积极推进发展规划实施。"十四五"期间，要聚焦推动产业转型升级、完善基础设施体系、优化区域布局、改善民生、畅通国内国际双循环、推动生态文明建设等《纲要》确定的重点任务，合理扩大有效投资，充分发挥投资对优化供给结构的关键性作用。

重大项目是落实发展规划任务、实现发展规划目标的重要支撑。国家发展规划根据目标要求和重大任务部署了一系列重大工程，这些重大工程要进一步细化落实到具体项目，形成项目清单。例如，《纲要》部署了102项重大工程，涵盖科技前沿领域攻关工程、国家重大科技基础设施工程、制造业核心竞争力提升工程等。为确保规划目标和任务落到实处，要将102项重大工程细化成项目清单，并根据项目特点明确可衡量、可考核的具体任务。相关部门要加强用地用海用能、金融支持等各类资源要素保障，强化督导协调，扎实推动重大项目实施。

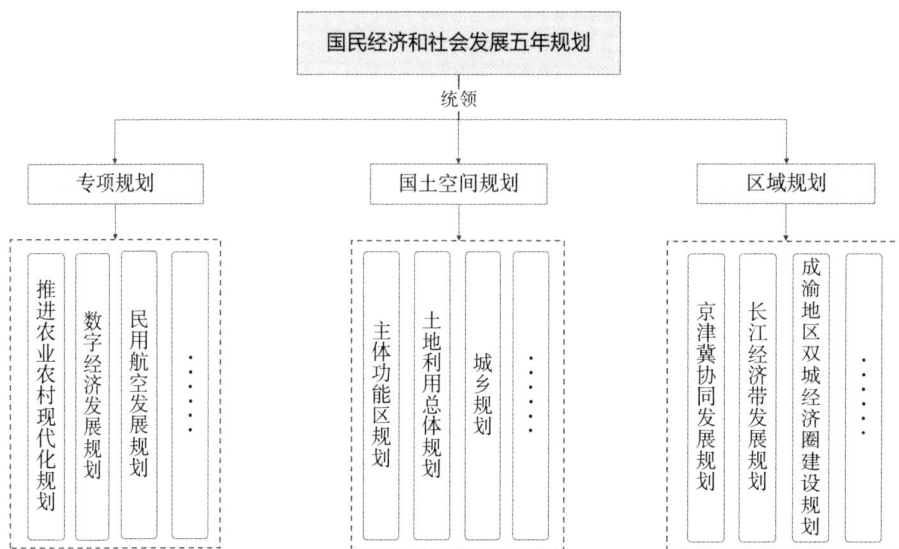

图3　统一规划体系

二、专项规划

（一）功能定位

专项规划在规划体系中具有特定的功能，与经济社会发展具有更为直接的联系，是发展规划在特定领域的细化深化，能够有效贴近特定行业、特定地区最迫切的发展需求，是政府进行重大决策的重要依据，因此具有非常重要的地位。

（二）领域与内容

专项规划的重点领域通常包括水利、能源、交通等重大基础设施建设，水、海洋、煤炭、石油、天然气等重要资源的开发利用和保护，生态环境保护和治理、防灾减灾、科技、教育、文化、卫生等公共事业和公共服务体系建设，需要政府扶持或调控的关键领域和重大产业发展，发展规划确定的重大战略任务和重大工程，以及法律法规规定的其他领域。

专项规划一般包括现状、趋势、方针、目标、任务、布局、项目、实施保障措施，以及法律法规规定的其他内容。专项规划要围绕发展规划在特定领域提出的重点任务，制定细化落实的时间表和路线图，提高针对性和可操作性。对需要安排政府投资的规划，要充分论证并事先征求投资主管部门及其他相关部门的意见。

国家级专项规划原则上限定于关系国民经济和社会发展全局且需要中央政府发挥作用的市场失灵领域。其中，国家级重点专项规划要与国家发展规划同步部署、同步研究、同步编制。

（三）专项规划对投资的影响

专项规划是具体领域重大项目审批核准的重要依据。农业、能源、交通、工业、高新技术等领域专项规划涉及产业布局、重要资源保护开发、资源要素和环境容量约束等，有些专项规划还会直接明确到具体项目。因此，审批、核准相关领域重大项目时，需要与专项规划做好衔接，满足专项规划明确的生产力布局、重要资源配置等方面要求。

专项规划是具体领域安排政府投资资金的重要依据。《政府投资条例》明确规定，政府投资资金应当投向市场不能有效配置资源的社会公益服务、公共基础设施、农业农村、生态环境保护、重大科技进步、社会管理、国家安全等公共领域的项目，这些项目通常会列入具体领域专项规划。有关方面要依据发展规划、专项规划等，明确政府投资资金的具体支持方向和重点，促进专项规划发展目标和重点任务的落实。

三、国土空间规划

2019 年，中共中央、国务院印发《关于建立国土空间规划体系并监督实施的若干意见》，提出将主体功能区规划、土地利用总体规划、城乡规划等空间规划融合为统一的国土空间规划，实现"多规合一"，强化国土空间规划对各专项规划的指导约束作用。目前，我国第一部全国国土空间规划纲要已编制完成，总体形成了"多规合一"国土空间规划体系，为协调各类建设活动的空间需求提供了基本遵循。

（一）功能定位

国土空间规划是在综合考虑人口分布、经济布局、国土利用、生态环境保护等因素的基础上，对一定区域国土空间开发保护在空间和时间上作出的安排。国土空间规划是国家空间发展的指南、可持续发展的空间蓝图，是各类开发保护建设活动的基本依据，在统一规划体系中发挥着基础作用。国土空间规划聚焦空间开发强度管控和主要控制线落地，全面摸清并分析国土空间本底条件，划定城镇、农业、生态空间，以及生态保护红线、永久基本农田、城镇开发边界，并以此为载体统筹协调各类空间管控手段。

（二）主要内容

国土空间规划包括总体规划、详细规划和相关专项规划。国家、省、市县编制国土空间总体规划，各地结合实际编制乡镇国土空间规划。相关专项规划是指在特定区域（流域）、特定领域，为体现特定功能，对空间开发保护利用作出的专门安排，是涉及空间利用的专项规划。国土空间总体规划是详细规划的依据、相关专项规划的基础。相关专项规划要相互协同，并与详细规划做好衔接。

全国国土空间规划是对全国国土空间作出的全局安排，是全国国土空间保护、开发、利用、修复的政策和总纲，侧重战略性。省级国土空间规划是对全国国土空间规划的落实，指导市县国土空间规划编制，侧重协调性。市县和乡镇国土空间规划是本级政府对上级国土空间规划要求的细化落实，是对本行政区域开发保护作出的具体安排，侧重实施性。

（三）国土空间规划对投资的影响

国土空间规划为发展规划确定的重大战略任务落地实施提供空间保障，对其他规划提出的基础设施、城镇建设、资源能源、生态环保等开发保护活动提供指导和约束，将对今后的投资项目土地利用、空间布局产生深远影响。

投资项目用地要符合国土空间规划和用途管制要求。国土空间规划是国土空间分区分类用途管制的依据。在城镇开发边界内的建设，实行"详细规划+规划许可"的管制方式；在城镇开发边界外的建设，按照主导用途分区，实行"详细规划+规划许可"和"约束指标+分区准入"的管制方式。对以国家公园为主体的自然保护地、重要海域和海岛、重要水源地、文物等实行特殊保护制度。

此外，国土空间规划将为优化现行建设项目用地（海）预审、规划选址，以及建设用地规划许可、建设工程规划许可等审批流程，进一步提高审批效能和监管服务水平提供重要支撑。

四、土地利用总体规划

土地利用总体规划是国家空间规划体系的重要组成部分。目前，"多规合一"改革还在推动过程中，土地利用总体规划仍是投资工作的重要依据。

（一）功能定位

土地利用总体规划是指在各级行政区域内，依据国民经济和社会发展规划、国土整治和资源环境保护的要求、土地供给能力，以及各项建设对土地的需求，对今后一段时期内土地利用的总体安排和布局。国家通过编制土地利用总体规划，落实土地用途管制制度，规定土地用途，严格限制农用地转为建设用地，控制建设用地总量，对耕地实行特殊保护。

（二）主要内容

土地利用总体规划包括下列内容：现行规划实施情况评估；规划背景与土地供需形势分析；土地利用战略；耕地保有量、基本农田保护面积、建设用地规模和土地整理复垦开发安排等规划主要目标；土地利用结构、布局和节约集约用地的优化方案；土地利用的差别化政策；规划实施的责任与保障措施。

（三）土地利用总体规划对投资的影响

土地利用总体规划对中长期内的新增建设用地总规模进行了规划和管制，决定了中长期内新增建设用地投放的总量和速度，成为对投资需求总量进行扩张性或收缩性调控的重要手段。同时，土地利用总体规划对有限的土地资源在国民经济部门间进行配置（包括数量、质量、区位），对各产业和各经济部门用地、不同区域用地的结构进行安排和布局，从而引导投资需求结构的调整优化。

五、城乡规划

城乡规划是政府调控城乡空间资源、指导城乡发展与建设、维护社会公平、保障公共安全和公众利益的重要公共政策之一，对投资建设活动具有重要影响。

(一) 功能定位

城乡规划是指对一定时期内城市、镇、乡、村庄的经济和社会发展、土地利用、空间布局，以及各项建设的综合部署、具体安排和实施管理。按照法定程序批准的城乡规划，是城乡建设和管理的法定依据。

《城乡规划法》规定，城乡规划包括城镇体系规划、城市规划、镇规划、乡规划和村庄规划。城市规划、镇规划分为总体规划和详细规划。详细规划分为控制性详细规划和修建性详细规划。

(二) 主要内容

城市总体规划、镇总体规划的内容包括城市、镇的发展布局，功能分区，用地布局，综合交通体系，禁止、限制和适宜建设的地域范围等。规划区范围、规划区内建设用地规模、基础设施和公共服务设施用地、水源地和水系、基本农田和绿化用地、环境保护、自然与历史文化遗产保护、防灾减灾等内容，是城市总体规划、镇总体规划的强制性内容。

乡规划、村庄规划的内容包括规划区范围，住宅、道路、供水、排水、供电、垃圾收集、畜禽养殖场所等农村生产、生活服务设施、公益事业等各项建设的用地布局、建设要求，以及对耕地等自然资源和历史文化遗产保护、防灾减灾等的具体安排。

(三) 城乡规划对投资的影响

城乡规划对城乡建设规模、时序、空间布局等具有显著影响。根据城乡规划，城市的建设和发展要优先安排基础设施以及公共服务设施的建设，妥善处理新区开发与旧区改建的关系。城市新区的开发和建设要合理确定建设规模和时序，充分利用现有市政基础设施和公共服务设施，严格保护自然资源和生态环境，体现地方特色。旧城区的改建要保护历史文化遗产和传统风貌，合理确定拆迁和建设规模，有计划地对危房集中、基础设施落后等地段进行改建。城市地下空间的开发和利用要与经济和技术发展水平相适应，充分考虑防灾减灾、人民防空和通信等需要。

城乡规划是办理建设项目选址和规划许可等手续的基本依据。按照国家规定需要有关部门批准或者核准的建设项目，以划拨方式提供国有土地使用权的，建设单位在报送有关部门批准或者核准前，应申请核发选址意见书，并在建设项目经有关部门批准、核准、备案后办理建设用地规划许可证。在城市、镇规划区内以出让方式取得国有土地使用权的建设项目，出让地块的位置、使用性质、开发强度等规划条件是国有土地使用权出让合同必不可少的组成部分，建设单位在取得项目批准、核准、备案文件和签订国有土地使用权出让合同后，向城乡规划主管部门领取建设用地规划许可证。此外，建设单位或者个人在城市、镇规划区内进行建筑物、构筑物、道路、管线和其他工程建设的，应办理建设工程规划许可证；在乡、村庄规划区内进行乡镇企业、乡村公共设施和公益事业建设的，应办理乡村建设规划许可证。

第三节　区域重大战略

我国幅员辽阔、人口众多，各地区自然资源禀赋差别很大。为适应区域高质量发展的新形势新要求，我国在实践中逐步探索形成了重大战略引领的区域经济发展新模式、新路径。党的十八大以来，积极推进京津冀协同发展、长江经济带发展、粤港澳大湾区建设、长三角区域一体化发展、黄河流域生态保护和高质量发展等一系列区域重大战略，成为新时代完善我国发展新格局的重要支撑。

重大区域发展战略是引领区域经济发展的全局性、系统性、战略性谋划。投资工作要以重大区域发展战略为引领，谋划和实施一批重大项目，优化投资布局，扩大有效投资，促进重大区域发展战略的贯彻落实。

一、京津冀协同发展

2015 年 5 月，《京津冀协同发展规划纲要》出台实施，描绘了京津冀协同发展的宏伟蓝图。推动京津冀协同发展战略的核心是有序疏解北京非首都功能，调整经济结构和空间结构，走出一条内涵集约发展的新路子，探索出一种人口经济密集地区优化开发的模式，促进区域协调发展，形成新增长极。

京津冀区域整体定位是以首都为核心的世界级城市群、区域整体协同发展改革引领区、全国创新驱动经济增长新引擎、生态修复环境改善示范区。按照这一整体定位，要深入推进北京非首都功能疏解，稳妥有序启动实施一批标志性疏解项目。高起点规划、高标准建设雄安新区，加快建设北京城市副中心，加快"微中心"建设，构建"多点一城"空间布局。推进交通一体化，建设高效密集轨道交通网，完善便捷通畅公路交通网，打通国家高速公路"断头路"，全面消除跨区域国省干线"瓶颈路段"，加快构建现代化的津冀港口群。加强生态环境保护和治理，扩大区域生态空间，推进华北地区地下水超采治理，谋划建设一批环首都国家公园和森林公园。加强科技创新和产业转移升级，加快推进北京国际科技创新中心建设，带动津冀传统行业改造升级。

二、长江经济带发展

2016 年 9 月，《长江经济带发展规划纲要》出台实施，明确了长江经济带发展的战略定位、主要目标和重点任务。长江经济带发展是围绕生态优先、绿色发展的理念，依托长江黄金水道的独特作用，发挥上中下游地区的比较优势，用好海陆东西双向开放的区位资源，统筹江河湖泊丰富多样的生态要素，确定四大战略定位，即生态文明建设的先行示范带、引领全国转型发展的创新驱动带、具有全球影响力的内河经济带、东中西互动合作的协调发展带。

按照长江经济带生态优先、绿色发展的战略定位和共抓大保护、不搞大开发的战略导向，要加强生态环境系统保护修复，加强长江干支流污水排放及流域环境治理，大力推进长江防护林体系建设等生态保护修复工程，建设沿江绿色生态廊道。要依托长江黄金水道建设综合立体交通走廊，全面推进干支线航道系统化治理建设，促进港口合理布局，加快铁路建设步伐，加快建设高等级广覆盖公路网，建设全国性综合交通枢纽。要强化创新驱动产业转型升级，培育和壮大战略性新兴产业，推进新一代信息基础设施建设，促进信息化与产业融合发展，强化创新基础平台建设，建设承接产业转移平台。要强化城市交通、城际铁路建设，增强城市综合承载能力，推进美丽乡村建设。

三、粤港澳大湾区发展

2019 年 2 月，中共中央、国务院印发《粤港澳大湾区发展规划纲要》，对推进大湾区建设作出全面部署。粤港澳大湾区是我国开放程度最高、经济活力最强的区域之一，在国家发展大局中具有重要战略地位。《粤港澳大湾区发展规划纲要》确定了五大战略定位，即充满活力的世界级城市群、具有全球影响力的国际科技创新中心、"一带一路"建设的重要支撑、内地与港澳深度合作示范区和宜居宜业宜游的优质生活圈。

按照粤港澳大湾区的战略定位，要加快建设现代化的综合交通运输体系，以沿海主要港口为重点，完善内河航道与疏港铁路、公路等集疏运网络，建设世界级机场群，加快构建连接泛珠三角区域和东盟国家的陆路国际大通道，构建城际快速交通网络。构建新一代信息基础设施，建设全面覆盖、泛在互联的智能感知网络以及智慧城市时空信息云平台等。建设清洁、低碳、安全、高效的能源供给体系，加强主干电网建设，加快推进大型石油储备基地、国家煤炭储备基地建设。强化水资源安全保障，完善水利基础设施，加快推进珠三角水资源配置工程建设，加强珠江河口综合治理与保护。实施重要生态系统保护和修复重大工程，强化深圳河等重污染河流治理，推进城市黑臭水体环境综合整治。

四、长三角区域一体化发展

2019 年 12 月，中共中央、国务院发布《长江三角洲区域一体化发展规划纲要》，推动实施长三角一体化发展战略。该纲要明确了长江三角洲区域一体化发展的战略定位，即全国发展强劲活跃增长极、全国高质量发展样板区、率先基本实现现代化引领区、区域一体化发展示范区和新时代改革开放新高地。

紧扣长江三角洲"一体化"和"高质量"两个关键，要提高政策协同，促进高质量发展。深化长三角与长江中上游区域的合作交流，加强沿江港口、高铁和高速公路联动建设。统一规划建设路、水、电、气、邮、信息等基础设施，加快大通道、大枢纽建设，提高城乡基础设施互联互通和便捷高效水平。推动省际毗邻区域协同发展，共建省际产业合作园区，联合推动跨界生态文化旅游发展。加快建设现代轨道交通运输体系，共建轨道上的长三角。加快省际高速公路建设，提升省际公路通达能力。合力打造世界级机场群，协同推进港口航道建设。合力保护重要生态空间，共同保护森林、河湖、湿地等重要生态系统，实施湿地修复治理工程、重要水源地保护工程等。

五、黄河流域生态保护和高质量发展

2021 年 10 月，中共中央、国务院印发《黄河流域生态保护和高质量发展规划纲要》，确定了黄河流域生态保护和高质量发展的四大战略定位，即大江大河治理的重要标杆、国家生态安全的重要屏障、高质量发展的重要实验区和中华文化保护传承弘扬的重要承载区。

根据《黄河流域生态保护和高质量发展规划纲要》部署，要加强全流域生态保护。强化上游水源涵养能力建设，恢复重要生态系统，强化水源涵养功能；加强中游黄土高原等水土保持，加大水土流失综合治理力度，改善中游地区生态面貌；建设黄河下游绿色生态走廊，促进黄河下游河道生态功能提升和入海口生态环境改善。加强全流域水资源节约集约利用，强化环境污染系统治理。以汾河、湟水河、涑水河、无定河等为重点，加强黄河支流及流域腹地生态环境治理，净化黄河"毛细血管"。加强基础设施互联互通，完善跨区域重大基础设施体系，提高上中下游、各城市群、不同区域之间互联互通水平，促进人流、物流、信息流自由便捷流动。构建区域城乡发展新格局，补齐民生短板和弱项。

除了上述五项重大区域发展战略外，我国还积极推进东北地区等老工业基地全面振兴、成渝地区双城经济圈建设，实施乡村振兴战略等，这些也都在不同范围内、不同程度上影响着投资活动。

第四节　产业政策

产业政策旨在引导产业发展方向、推动产业结构升级，是政府调节产业经济活动、弥补市场失灵、有效配置资源的重要手段，也是市场主体开展产业投资的重要依据。目前，我国已经建立了以产业结构调整指导目录、市场准入负面清单、产业发展规划、行业标准等主要工具和手段构成的产业政策体系。

一、产业结构调整指导目录

（一）主要内容

根据《国务院关于发布实施〈促进产业结构调整暂行规定〉的决定》，我国自 2005 年起开始发布产业结构调整指导目录。指导目录由鼓励、限制和淘汰三类组成，不属于以上三类且符合国家有关法律、法规和政策规定的为允许类，不列入指导目录。对鼓励类项目，按照有关规定审批、核准或备案；对限制类项目，禁止新建，现有生产能力允许在一定期限内改造升级；对淘汰类项目，禁止投资并按规定期限淘汰。

迄今为止，我国已多次修订产业结构调整指导目录。最新版本是《产业结构调整指导目录（2019 年本）》（以下简称《目录（2019 年本）》）。① 《目录（2019 年本）》的政策导向和重点内容主要体现在以下四个方面:②

一是推动制造业高质量发展。把制造业高质量发展放到更加突出的位置，加快传统产业改造提升，大力培育发展新兴产业。《目录（2019 年本）》中与制造业相关的条目共 900 多条，占总条目数的 60% 以上。

二是促进形成强大国内市场。重点是加强农业农村基础设施建设，改善农

---

① 2021 年，国家发展改革委对《产业结构调整指导目录（2019 年本）》作了部分修改，在淘汰类"一、落后生产工艺装备""（十八）其他"中增加第 7 项。

② 曹敏:《加快传统产业改造　破除无效供给——国家发展改革委产业发展司负责人就〈产业结构调整指导目录（2019 年本）〉答记者问》，《中国经贸导刊》2019 年第 23 期。

村人居环境，促进农村一二三产业融合发展；提高现代服务业效率和品质，推动公共服务领域补短板，加快发展现代服务业；促进汽车、家电、消费电子产品等更新消费，积极培育消费新增长点。

三是大力破除无效供给。适度提高限制和淘汰标准，新增或修改限制类、淘汰类条目近 100 条。同时，对现有条目不能完全覆盖，且不符合法律法规和行业标准的，在限制类和淘汰类中分别设置了兜底条款。

四是提升科学性、规范化水平。对限制类、淘汰类条目，明确品种和参数，突出可操作性；对鼓励类条目，发展方向比较明确的领域，尽可能明确指标参数，方向尚不明确的新产业新业态，则"宜粗不宜细"，仅作方向性描述。同时，把市场能有效调节的经济活动从限制类中删除。

（二）产业结构调整指导目录对投资的影响

产业结构调整指导目录可以合理引导投资方向。指导目录旨在鼓励和支持发展先进生产能力，限制和淘汰落后生产能力，防止盲目投资和低水平重复建设，切实推进产业结构优化升级，从而合理引导社会资本更多投向鼓励类产业，减少限制类产业投资，避免投向淘汰类产业。由此，逐渐优化产业投资结构，推动落后和低端低效产能退出，加快存量产能改造升级。

二、市场准入负面清单

（一）主要内容

2015—2017 年，我国在部分地区试行市场准入负面清单制度，从 2018 年起正式实行全国统一的市场准入负面清单制度，确立了市场准入环节的负面清单管理模式，实现了"非禁即入"。市场准入负面清单并非一成不变，而是要根据新形势新要求开展动态调整。目前，最新版市场准入负面清单是 2022 年由国家发展改革委和商务部联合印发的《市场准入负面清单（2022 年版）》，主要内容体现为以下几个方面：

一是市场准入负面清单事项类型和准入要求。市场准入负面清单分为禁止和许可两类事项。对禁止准入事项，市场主体不得进入，行政机关不予审批、核准，不得办理有关手续；对许可准入事项，包括有关资格的要求和程序、技术标准和许可要求等，或由市场主体提出申请，行政机关依法依规作出是否予以准入的决定，或由市场主体依照政府规定的准入条件和准入方式合规进入；对市场准入负面清单以外的行业、领域、业务等，各类市场主体皆可依法平等进入。《市场准入负面清单（2022 年版）》列有禁止准入事项 6 项，许可准入事项 111 项，共计 117 项。

二是市场准入负面清单管理措施适用范围。市场准入负面清单依法列出我国境内禁止或经许可方可投资经营的行业、领域、业务等。针对非投资经营活动的管理措施、准入后管理措施、备案类管理措施、职业资格类管理措施、只针对境外市场主体的管理措施，以及针对生态保护红线、自然保护地、饮用水水源保护区等特定地理区域、空间的管理措施等，不列入市场准入负面清单。

三是市场准入负面清单一致性要求。按照党中央、国务院要求编制的涉及行业性、领域性、区域性等方面，需要用负面清单管理方式出台相关措施的，应纳入全国统一的市场准入负面清单。产业结构调整指导目录、政府核准的投资项目目录纳入市场准入负面清单。地方国家重点生态功能区和农产品主产区产业准入负面清单（或禁止限制目录）及地方按照党中央、国务院要求制定的地方性产业结构禁止准入目录，统一纳入市场准入负面清单。各地区、各部门不得另行制定市场准入性质的负面清单。

（二）市场准入负面清单对投资的影响

实施市场准入负面清单制度有利于激发市场主体投资活力。市场准入负面清单制度实施后，无论国有企业、民营企业，内资企业、外资企业，都一视同仁，享有同等的市场准入条件待遇，妨碍市场主体特别是民营企业公平准入的隐性壁垒得到清理破除，逐步形成各类企业平等竞争、健康发展的投资环境。

实施市场准入负面清单制度可以规范投资行为。列入清单的市场准入管理措施，由法律、行政法规、国务院决定或地方性法规设定，具有很强的约束力。落实好市场准入负面清单综合监管制度，可以防止资本无序扩张、野蛮生长、违规炒作，引导增量投资项目更好处理其与环境、资源的关系。

三、产业发展规划

（一）主要内容

产业发展规划是对未来一定时期内产业定位、发展目标、空间布局、重点任务、重大工程项目等作出的科学谋划，为指导产业合理有序发展、推动区域产业优势组合、促进资源合理配置、优化完善产业结构提供重要依据。

产业发展规划的主要内容一般包括发展背景、产业发展现状、发展定位、发展目标、产业领域、空间布局与保障措施。

产业发展规划对产业领域的引导侧重于两类[①]：一类是鼓励类领域，如《"十四五"生物经济发展规划》提出发展生物医药、生物农业、生物质替代、生物安全四大重点发展领域；另一类是禁止类领域，对产能过剩、高污染、高耗能领域明确禁止。除此之外，非禁即入，充分发挥市场配置资源的决定性作用，鼓励企业按照市场需求自主开发设计产品、选择技术方案、优化商业模式。

产业发展规划还要落实产业空间布局。包括重大建设工程项目落地，产业园区、集聚区等产业发展平台的总体布局安排，市政设施、环保配套、绿化工程等配套设施的布局等。

（二）产业发展规划对投资的影响

产业发展规划可以引导社会资本投向。产业发展规划通常反映了某具体产业的发展现状、发展方向、发展重点和公共资源配置导向，这些信息蕴含着发展机遇和投资机会、未来挑战和资源约束，是社会资本投资决策的重要依据。政府可通过专项产业规划引导社会资本合理投资、审慎决策、优化布局，从而推动实现特定产业的发展目标。

产业发展规划是政府配置公共资源和制定招商引资等相关政策的重要依据。政府以产业发展规划为依据，制定和实施财税、价格、投资、土地等具体政策。对于产业发展规划重点支持的产业，政府出台配套的支持政策，并在配

[①] 中国工程咨询协会：《发展规划咨询理论方法和实践》，中国计划出版社 2014 年版，第 145 页。

置公共资源时予以倾斜。招商引资时，政府根据产业发展规划明确的方向和重点，着力招选强支撑、促升级、补短板、增后劲的重大产业项目。

四、行业标准

（一）主要内容

行业标准是在全国某个行业范围内统一的标准，明确了特定行业领域需要统一的技术要求，是我国标准体系的重要组成部分。行业标准的制定，意味着一个行业的规范与成熟，有利于实现科学管理、提高管理效率。标准化可以使资源合理利用，可以简化生产技术、实现互换组合，为调整产品结构和产业结构创造条件。行业标准不得与有关国家标准相抵触，当同一内容的国家标准公布后，该内容的行业标准即行废止。行业标准由行业标准归口部门统一管理。

"十四五"时期，我国将围绕生产、分配、流通、消费，加快关键环节、关键领域、关键产品的技术攻关和标准研制应用；着力提升产业标准化水平，加强核心基础零部件（元器件）、先进基础工艺、关键基础材料与产业技术基础标准建设，加大基础通用标准研制应用力度；实施高端装备制造标准化强基工程，健全智能制造、绿色制造、服务型制造标准，形成产业优化升级的标准群，部分领域关键标准适度领先于产业发展平均水平；推进服务业标准化建设，重点加强食品冷链、现代物流、电子商务、物品编码、批发零售、房地产服务等领域标准化；实施新产业标准化领航工程，开展新兴产业、未来产业标准化研究。[1]

（二）行业标准对投资的影响

制定和实施行业标准有助于筑牢产业发展基础，推进产业优化升级，引领新产品新业态新模式快速健康发展，增强产业链供应链稳定性和产业综合竞争力，既提高了产业投资回报水平，也拓宽了"赛道"、丰富了产业投资机会。行业标准还有助于消除技术壁垒，促进国际经贸发展和科学、技术交流与合作，可以减少不符合行业标准、不适应国际产业发展态势的低效投

---

[1]　参见《中共中央国务院印发〈国家标准化发展纲要〉》，人民出版社 2021 年版，第 1—15 页。

资。行业标准在保障产品质量安全、促进产业转型升级和经济提质增效、服务外交外贸等方面发挥着越来越重要的作用，有助于进一步提升产业投资质量和效益。

第五节　财政、土地与金融管理

财政、土地与金融管理直接关系到投资项目的要素保障和经济效益，对投资方向和布局起到引导和规范作用，是投资宏观管理的重要组成部分。

一、财政管理

政府投资是使用预算安排的资金进行的固定资产投资建设活动，受到财政管理制度的约束。科学规范的财政管理，有利于促进经济发展和改善民生，有利于规范政府投资资金使用、防范和化解财政风险。

（一）与投资活动密切相关的财政管理内容

1. 预算管理

为规范政府收支行为，强化预算约束，建立健全全面规范、公开透明的预算制度，2014 年以来，我国修订了《预算法》和《预算法实施条例》，明确规定政府的全部收入和支出都应当纳入预算，包括一般公共预算、政府性基金预算、国有资本经营预算、社会保险基金预算，实行全口径预算。2021 年，《国务院关于进一步深化预算管理制度改革的意见》提出，加大预算收入统筹力度，规范政府收入预算管理，合理安排支出预算规模，大力优化财政支出结构，强化预算执行和绩效管理，增强预算约束力。

2. 资金支付管理

根据《国务院关于进一步深化预算管理制度改革的意见》，要强化预算对执行的控制，坚持先有预算后有支出，严禁超预算、无预算安排支出或开展政府采购；严禁以拨代支，除已按规定程序审核批准的事项外，不得对未列入预算的项目安排支出。对政府全部收入和支出实行国库集中收付管理，具体分为财政直接支付和财政授权支付两种支付方式。

3. 地方政府债务管理

地方政府只能通过发行地方政府债券的方式举借债务。对地方政府债务余额实行限额管理，年度地方政府债务限额等于上年地方政府债务限额加上当年新增债务限额（或减去当年调减债务限额），具体分为一般债务限额和专项债务限额。一般债务纳入一般公共预算管理，主要以一般公共预算收入偿还，当赤字不能减少时可采取借新还旧的办法。专项债务纳入政府性基金预算管理，通过对应的政府性基金或专项收入偿还；政府性基金或专项收入暂时难以实现，如收储土地未能按计划出让的，可先通过借新还旧周转，收入实现后即予归还。

地方政府专项债券必须用于有一定收益的公益性建设项目，实行专项债券项目全生命周期收支平衡机制，专项债券项目对应的政府性基金收入、专项收入应当及时足额缴入国库。

（二）财政管理对投资的影响

规范政府投资资金的安排和使用。《政府投资条例》明确要求，应当根据国民经济和社会发展规划、中期财政规划和国家宏观调控政策，结合财政收支状况，统筹安排使用政府投资资金的项目，规范使用各类政府投资资金。一方面，政府投资和预算要做好衔接。根据年度预算规模，确定政府投资年度计划，统筹安排各行业领域政府投资项目，财政部门则根据经批准的预算及时、足额办理政府投资资金拨付。另一方面，政府投资资金的支付使用要遵循财政预算的有关法律法规，不得随意转移、侵占或挪用。

规范地方政府融资行为。地方政府为满足经济社会发展的需要，在其自身财力不能满足其需要时，借助政府信用对外举债，这是客观现象，也符合代际公平的原则。然而，地方政府融资要受到财政管理制度特别是债务管理制度的刚性约束。地方政府债务管理制度，一方面规定了政府依法合规举债"前门"，另一方面禁止了违法违规举债"后门"。地方政府须在债务管理制度框架下，通过合法合规的方式进行举债融资，防范化解债务风险。

二、土地管理

土地是投资项目的关键要素，对投资项目边界、布局、用途、成本等诸多方面具有举足轻重的影响。

（一）与投资活动密切相关的土地管理内容

1. 土地利用计划管理

土地利用计划管理是实行建设用地总量控制的基本手段。自然资源部会同国家发展改革委根据未来 3 年全国新增建设用地计划指标控制总规模，编制全国土地利用年度计划草案，纳入国民经济和社会发展计划草案，报国务院批准，提交全国人民代表大会审议确定后，下达各地执行。省级自然资源主管部门根据省级重点建设项目安排、建设项目用地预审和市县建设用地需求，合理确定预留省级的土地利用计划指标和下达市县的土地利用计划指标。新增建设用地计划指标实行指令性管理，不得突破。①

2020 年以来，自然资源部改革了土地计划管理方式，明确以真实有效的项目落地作为配置计划的依据，按照"土地要素跟着项目走，既算增量账、更算存量账"的原则，统筹安排新增和存量建设用地，切实保障有效投资用地需求。其中，对纳入国家重大项目清单的项目用地和省级人民政府重大项目清单的单独选址的能源、交通、水利、军事设施、产业项目用地，实行计划指标重点保障，在批准用地时直接配置计划指标。

2. 建设用地审批

建设项目需要使用土地的，应当符合国土空间规划、土地利用年度计划和用途管制，以及节约资源、保护生态环境的要求，并严格执行建设用地标准。建设用地审批是实现上述要求的基本手段。

建设项目需要使用土地的，建设单位须办理建设用地审批手续。建设项目批准、核准前或者备案前后，由自然资源主管部门对建设项目用地事项进行审查，核发建设项目用地预审与选址意见书。以出让方式取得国有土地使用权的，在签订国有建设用地使用权出让合同后，自然资源主管部门向建设单位核发建设用地规划许可证；以划拨方式取得国有土地使用权的，经有建设用地批准权的人民政府批准后，自然资源主管部门向建设单位同步核发建设用地规划

---

① 《土地利用年度计划管理办法》，国土资源部令第 66 号。

许可证、国有土地划拨决定书。

建设项目占用土地，涉及农用地转为建设用地的，应当办理农用地转用审批手续。永久基本农田转为建设用地的，由国务院批准；不涉及占用永久基本农田的，由国务院或者国务院授权的省级政府批准。农用地转用涉及征收土地的，还应当依法办理征收土地手续。

3. 建设用地配置方式

建设单位使用国有土地应当以有偿使用方式取得（法律、行政法规规定可以以划拨方式取得的除外①），具体方式包括国有土地使用权出让、国有土地租赁、国有土地使用权作价出资或者入股。国有土地使用权出让、国有土地租赁等应当依照国家有关规定通过公开的交易平台进行交易，并纳入统一的公共资源交易平台体系。除依法可以采取协议方式外，应当采取招标、拍卖、挂牌等竞争性方式确定土地使用者。

近年来，国家积极鼓励优化产业用地配置方式，例如，鼓励采用长期租赁、先租后让、弹性年期供应等方式供应产业用地；优化工业用地出让年期，完善弹性出让年期制度；支持产业用地实行"标准地"出让，提高配置效率；支持不同产业用地类型合理转换，完善土地用途变更、整合、置换等政策；探索增加混合产业用地供给；支持建立工业企业产出效益评价机制，加强土地精细化管理和节约集约利用。

（二）土地管理对投资的影响

土地利用计划配置可以调节投资项目用地需求。土地利用计划管理是以土地供应引导需求，促进土地利用结构优化和经济增长方式转变，提高土地节约集约利用水平的基本手段。通过管理土地利用计划，可以调节地方政府向市场投放建设用地的节奏、规模和结构等变量。在控制总量的前提下，分类保障投资项目的土地利用计划指标，还可以调节投资项目用地需求结构。

① 《土地管理法》第五十四条规定，下列建设用地，经县级以上人民政府依法批准，可以以划拨方式取得：（一）国家机关用地和军事用地；（二）城市基础设施用地和公益事业用地；（三）国家重点扶持的能源、交通、水利等基础设施用地；（四）法律、行政法规规定的其他用地。

建设用地配置方式影响投资项目用地成本和效率。对企业而言，土地是关键生产要素，用地成本在投资成本中占比较大。然而，按不同方式取得建设用地的情况下，企业的用地成本差别很大。例如，如果统一按50年的最高年限进行招拍挂出让产业用地，可能给一些企业特别是轻资产、创新型企业造成资金周转困难，不利于项目启动和企业长远发展。若采用先租后让、弹性年期供应等多种方式供应土地，能有效降低企业投资的初期成本。

三、金融管理

金融是现代经济的核心，是经济运行的血脉。近年来，我国金融业紧紧围绕服务实体经济、防控金融风险、深化金融改革三大目标，在一定程度上缓解了实体企业面临的融资约束，提升了金融服务的覆盖面、可获得性和可持续性。

（一）与投资活动相关的金融管理内容

1. 利率政策

在较长时期内，我国银行发放贷款时参照贷款基准利率定价，特别是个别银行通过协同行为以贷款基准利率的一定倍数（如0.9倍）设定隐性下限，对市场利率向实体经济传导形成了阻碍。[①] 针对贷款基准利率和市场利率并存的"利率双轨"问题，为进一步深化利率市场化改革，2019年，中国人民银行推出贷款市场报价利率（LPR）形成机制改革举措，旨在提高LPR的市场化程度，发挥好LPR对贷款利率的引导作用，促进贷款利率"两轨合一轨"。LPR报价方式改为按照公开市场操作利率加点形成，其中，公开市场操作利率主要指中期借贷便利利率，中期借贷便利期限以1年期为主，反映了银行平均的边际资金成本，加点幅度则主要取决于各行自身资金成本、市场供求、风险溢价等因素。

2. 债券发行

债券市场作为资本市场的重要组成部分，其重要性日渐凸显。党的十八届

---

① 《中国人民银行有关负责人就完善贷款市场报价利率形成机制答记者问》，2019年8月18日，见http://www.gov.cn/zhengce/2019-08-18/content_5422200.htm。

三中全会决议提出，要发展并规范债券市场，提高直接融资比重。"十三五"规划纲要指出，要完善债券发行注册制和债券市场基础设施，加快债券市场互联互通，稳妥推进债券产品创新。"十四五"规划纲要指出，要完善市场化债券发行机制，稳步扩大债券市场规模，丰富债券品种，发行长期国债和基础设施长期债券。2021年末，我国债券市场规模约130万亿元，为全球第二大债券市场。目前，我国债券业务实行分市场、分券种多头监管，不同债券品种在发行方式、交易规则等方面存在一定差异。

3. 资本市场

目前，我国已经形成各市场、各板块特色突出的多层次资本市场体系，沪深主板更加突出"大盘蓝筹"的特色，科创板更加突出"硬科技"的特色，创业板凸显"三创四新"的特点，北交所和新三板注重于创新型的中小企业。[①] 我国资本市场已实现核准制向注册制的跨越，发行市场化程度、审核注册效率和可预期性大幅提升，交易、退市等关键制度不断健全。2022年末，沪深两市上市公司4900多家，总市值达78万亿元。

（二）金融管理对投资的影响

一是影响各类市场主体从金融体系获得资金的成本、规模和结构。LPR形成机制的改革完善，提高了利率传导效率，打破贷款利率隐性下限，降低了实体经济融资成本。总量型货币政策工具是货币总闸门，决定流动性充裕程度，中国人民银行运用公开市场操作、常备借贷便利、再贷款、再贴现等多种货币政策工具，提供充足流动性，可以引导金融机构增加贷款投放，扩大实体经济信贷总量。结构性货币政策工具的运用可以影响金融机构信贷结构，进而影响特定领域和行业获得中长期融资和信用贷款的规模。特别是普惠金融、绿色发展、科技创新等国民经济发展当中的重点领域和薄弱环节，可以借助结构性货币政策工具的有效运用获得更大支持力度。

二是影响投资领域资本要素市场化配置效率和金融服务能力。多层次资本市场体系的不断完善，拓展了服务实体经济的广度深度，增强了资本市场对实

---

① 《中国这十年·系列主题新闻发布 | 李超：多层次市场体系日益完善》，2022年6月23日，见 http://www.news.cn/politics/2022-06-23/c_1128769940.htm。

体经济的适配性，畅通科技、资本和实体经济的高水平循环。同时，常态化退市机制等配置制度的实施，产生了优胜劣汰效应，高质量市场主体更容易从资本市场获得融资支持，从而形成资本市场和实体经济的良性互动。多层次、广覆盖、有差异、大中小合理分工的银行机构体系的建立以及金融服务业市场准入放宽，可以优化金融资源配置，提升金融服务的覆盖面、可得性和满意度。

三是规范市场主体融资行为。金融风险预防、预警、处置、问责制度体系的建立，对系统重要性金融机构和金融控股公司等金融集团的监管强化，有助于健全防范化解风险长效制度，促进房地产、基础设施等重要领域的融资行为更加规范有序。同时，金融严监管会降低市场风险偏好，金融机构信贷投放趋于谨慎，可能加大融资主体分化情况，在部分企业和项目融资难度降低的同时，政策限制的领域融资难度和成本将会上升。

第六节　利用外资和境外投资管理

完善利用外资政策旨在鼓励和促进外商投资，保护外商投资合法权益，规范外商投资管理，持续优化外商投资环境，推进更高水平对外开放。完善境外投资政策旨在加强境外投资宏观指导，优化境外投资综合服务，完善境外投资全程监管，促进境外投资持续健康发展，维护我国国家利益和国家安全。

一、利用外资政策

（一）外商投资法

1979—1988 年，我国先后出台了《中外合资经营企业法》《外资企业法》《中外合作经营企业法》（统称"外资三法"），为对外开放和引进外资提供了法律规范。在新的形势下，"外资三法"的相关规范已逐步为《公司法》《合伙企业法》《民法典》等市场主体和市场交易方面的法律所涵盖，而且外商管理模式也发生了新的变化。2013 年，国务院批准《中国（上海）自由贸易试验区总体方案》，借鉴国际通行规则，在自贸区内对外商投资试行准入前国民待遇加负面清单的管理制度，对负面清单之外的领域，将外商投资项目由核准制改为备案制。

为适应对外开放和利用外资面临的新形势，我国开始研究制定新的外商投资法律制度，替代"外资三法"。《外商投资法》及其实施条例自 2020 年 1 月 1 日起施行，主要规定对外商投资实行准入前国民待遇加负面清单管理制度，国家支持企业发展的各项政策同等适用于外商投资企业，外商投资企业平等参与标准化工作和政府采购活动，外商投资企业可以依法通过公开发行股票、公司债券等证券，以及其他方式进行融资等。

（二）鼓励外商投资产业目录

改革开放以来，我国坚持开放发展，实施了一系列促进外商投资的政策措施，其中包括外商投资产业指导目录和中西部地区外商投资优势产业目录。外商投资产业指导目录最早于 1995 年发布，此后经过数次修订。中西部地区外商投资优势产业目录将未列入外商投资产业指导目录，但确能发挥相关地区优势的行业和领域列入其中，适用鼓励类政策，于 2000 年首次颁布，当时仅适用中西部地区，后来增加了辽宁省和海南省，扩大至 22 个省（区、市）。实践表明，两个目录对促进外商投资、优化外资产业和区域结构发挥了积极作用。

在保持鼓励外商投资政策连续性、稳定性基础上，适应经济全球化新形势，结合产业发展新情况、新特点，2019 年，国家发展改革委会同商务部发布了《鼓励外商投资产业目录（2019 年版）》，《外商投资产业指导目录（2017 年修订）》鼓励类和《中西部地区外商投资优势产业目录（2017 年修订）》同时废止。

为进一步稳外资，又先后修订出台了《鼓励外商投资产业目录（2020 年版）》和《鼓励外商投资产业目录（2022 年版）》，在保持已有鼓励政策基本稳定的基础上，不断扩大鼓励外商投资范围，重点增加制造业、生产性服务业、中西部地区条目，引导外资投向，提振外资信心，促进外资基本盘稳定和产业链供应链稳定。

（三）外商投资准入负面清单和外商投资安全审查

2015 年，国务院办公厅出台《自由贸易试验区外商投资准入特别管理措施（负面清单）》。2018年，国家发展改革委会同商务部发布《外商投资准入特别管理措施（负面清单）（2018年版）》。此后，我国连续缩减外资准入负面清单，不断健全外商投资准入前国民待遇加负面清单管理制度，持续提升对外开放水平。目前，《自由贸易试验区外商投资准入特别管理措施（负面清单）（2021年版）》《外商投资准入特别管理措施（负面清单）（2021年版）》是最新版本。

外商投资国家安全审查是国际通行的外资管理制度。《外商投资法》及其实施条例对外商投资安全审查制度作出了规定，明确对影响或者可能影响国家安全的外商投资进行安全审查。2020年12月，国家发展改革委、商务部发布实施《外商投资安全审查办法》，建立外商投资安全审查工作机制，明确了外商投资安全审查的范围和基本程序。

（四）利用外资政策对投资的影响

一是为外商投资营造良好的营商环境。无论是《外商投资法》及其实施条例还是《鼓励外商投资产业目录》，都会给外商投资一颗"定心丸"，一方面在市场准入限制上"做减法"，另一方面在优惠政策上"做加法"，为境外投资者维护自身合法权益提供更加坚实的法律保障，使我国的外商投资环境更加公开、公平、透明，更加法治化、国际化、便利化。

二是调整优化外商投资产业结构。例如，《鼓励外商投资产业目录（2022年版）》继续将制造业作为鼓励外商投资的重点方向，提升产业链供应链水平，同时将促进服务业和制造业融合发展作为修订重点。在技术服务领域，新增低碳环保绿色节能节水的先进系统集成技术及服务、环境友好型技术开发应用、海上风电装备设计研发等条目；在商务服务领域，新增或修改传统能源清洁运营、工程施工及技术服务等条目。

三是引导外资投向中西部地区。例如，《鼓励外商投资产业目录（2022年版）》中，根据中西部地区的劳动力、特色资源等比较优势和产业发展需求，在江西、安徽、河南、贵州、甘肃、宁夏、广西等省（区）新增劳动密集型加工贸易相关产业条目，在重庆、四川、湖北、湖南、陕西等省（市）新增装备制造等条目。同时，对于符合条件的西部地区和海南省鼓励类产业的外商投资企业，减按 15% 征收企业所得税。

二、境外投资政策

（一）政策历史演变

20 世纪 80 年代至 90 年代初，国家计委、外经贸部和外汇管理局颁布的相关政策法规逐渐确立了较为规范的境外投资审批管理制度。这一时期的审批管理制度较为严格，对企业境外投资限制较多。2004 年《国务院关于投资体制改革的决定》标志着境外投资管理由审批制改为核准制。随着我国境外直接投资规模不断扩大，核准范围逐步缩小。2014 年国家发展改革委发布《境外投资项目核准和备案管理办法》，提出对一般境外投资项目普遍施行备案制管理，核准范围大幅缩小、程序大幅简化，标志着境外投资管理由"核准为主"转变为"备案为主、核准为辅"。2017 年国家发展改革委发布《企业境外投资管理办法》，对各类境外投资实行全口径管理，成为现阶段境外投资管理的基础性制度。

为推动境外投资持续健康发展，2017 年 8 月，国务院办公厅转发了国家发展改革委等四部门《关于进一步引导和规范境外投资方向的指导意见》，明确了鼓励、限制和禁止三类境外投资活动。国家发展改革委等部门相继印发《民营企业境外投资经营行为规范》《企业境外经营合规管理指引》等文件，建立双多边产能和投资合作机制，建立健全全国境外投资管理和服务网络系统等公共服务平台，发布境外投资核准备案常见问题解答等政策信息，举办境外投资提质效防风险培训班、企业境外经营合规管理研修班等培训活动，加强对企业境外投资的精准指导、风险提示和综合服务。

（二）境外投资政策对投资的影响

一是企业境外投资便利化水平显著提升。境外投资管理不断简化，更好满足了企业"走出去"的现实需要，有利于优化生产力布局，充分利用两个市场两种资源。

二是企业境外投资行为更加规范有序。全面实施《企业境外投资管理办法》，通过境外投资真实性、合规性审查，切实防范虚假、违规投资行为。建立项目完成情况报告、重大不利情况报告等制度，开展监督检查，完善境外投资全过程监管，更好维护国家利益和国家安全。

三是企业境外投资质量效益稳步提高。双多边投资合作机制广泛建立，国际产能合作和第三方市场合作深入开展。我国企业稳步"走出去"配置资源、开拓市场，境外投资流量自 2012 年起稳居全球前三位，境外投资存量从 2012 年末不到 0.6 万亿美元上升至 2021 年末超过 2.7 万亿美元，一批境外投资重大项目落地见效。境外投资结构不断优化，在获取资金收益、扩大国际市场、保障资源供给、加快技术进步、促进互联互通等方面取得显著成效。

第三章 投资项目管理体制

投资项目管理体制，指的是有关行政机关依据法律法规对投资项目进行管理的制度体系。它是经济体制的有机组成部分，是投资项目赖以存在和发展的制度空间。改革开放以来，我国投资项目管理体制不断改进和演变，2004 年以后逐步定型，目前基本形成了以投资项目分类分级管理为特点、以统一法规政策体系为保障、以多部门协同并联为依托、以投资项目在线审批监管平台为支撑、以投资建设市场化为基础，具有中国特色的固定资产投资项目管理体制。

第一节 分类分级管理

改革开放以来，顺应经济建设和投资管理需要，我国逐步形成了投资项目的分类分级管理模式。从横向上看，区分政府投资项目和企业投资项目进行分类管理；从纵向上看，由中央和地方政府实行分级管理。随着投融资体制改革的深化，这一投资项目管理模式也不断改进创新。

一、投资项目分类管理

2004 年以前，我国实行的是不分投资主体、不分资金来源、不分项目性质，一律由政府有关部门审批的投资项目审批制。2004 年 7 月印发的《国务院关于投资体制改革的决定》明确，改革项目审批制度，落实企业投资自主权，对企业投资项目一律不再实行审批制，区别不同情况实行核准制和备案制，政府投资项目继续实行审批管理。

（一）企业投资项目实行核准或备案制

根据《企业投资项目核准和备案管理条例》，企业投资项目是指企业在中国境内投资建设的固定资产投资项目，既包括企业全部使用自筹资金建设的项目，也包括企业申请使用了政府投资补助或贷款贴息资金的项目。该《条例》规定，对企业投资项目实行核准制或备案制管理。无论适用哪种管理方式，企业投资项目的市场前景、经济效益、资金来源和产品技术方案等均由企业自主决策、自担风险。

1. 核准制

对关系国家安全、涉及全国重大生产力布局、战略性资源开发和重大公共利益等企业投资项目，实行核准管理。具体项目范围以及核准机关、核准权限依照《政府核准的投资项目目录》执行。《政府核准的投资项目目录》由国务院投资主管部门会同国务院有关部门提出，报国务院批准后实施，并适时调整。企业投资建设实行核准制的项目，应当向核准机关提交项目申请书。核准机关主要从是否危害经济安全、社会安全、生态安全等国家安全，是否符合相关发展建设规划、技术标准和产业政策，是否合理开发并有效利用资源，是否对重大公众利益产生不利影响等角度，对项目进行审查。对项目予以核准的，应当向企业出具核准文件；不予核准的，应当书面通知企业并说明理由。企业投资项目核准属于行政许可事项，应严格按照《行政许可法》等有关法律法规执行。

2. 备案制

对《政府核准的投资项目目录》以外的企业投资项目，实行备案管理。除国务院另有规定的，实行备案管理的项目按照属地原则备案，备案机关及其权限由省、自治区、直辖市和计划单列市人民政府规定。

《企业投资项目核准和备案管理条例》规定，实行备案的项目，企业应当在开工建设前，将企业基本情况，项目名称、建设地点、建设规模、建设内容，项目总投资额，项目符合产业政策的声明等信息，通过投资项目在线审批监管平台告知项目备案机关，项目备案机关收到全部信息即为完成备案。根据2015 年 12 月以来全国投资项目在线审批监管平台汇总的数据统计，超过 96%

的企业投资项目实行备案管理。

（二）政府投资项目实行审批制

根据《政府投资条例》，所谓政府投资，是指在中国境内使用预算安排的资金进行固定资产投资建设活动；所谓政府投资项目，是指政府采取直接投资方式、资本金注入方式投资的项目。政府投资项目实行审批制。项目单位应当编制项目建议书、可行性研究报告、初步设计，按照政府投资管理权限和规定程序，报投资主管部门或者其他有关部门审批。

投资主管部门或者其他有关部门应当根据国民经济和社会发展规划、相关领域专项规划、产业政策等，对项目建设的必要性、技术经济可行性、社会效益、项目资金等主要建设条件落实情况、是否符合国家有关标准和规范等进行审查，作出是否批准的决定。对相关规划中已经明确的项目、为应对自然灾害等突发事件需要紧急建设的项目等，可以按有关规定简化报批文件和审批程序。

二、投资项目分级管理

对于政府投资项目，根据事权划分和资金来源，实行中央和地方分级决策管理。对于企业投资项目，根据《政府核准的投资项目目录》和国务院有关规定，由中央和地方分别实行核准、备案管理。中央和地方分级管理情况大致如下：

一是事权属于中央，主要由中央筹措资金的政府投资项目，由中央决策。主要包括两类：第一，以直接投资方式安排的中央本级（包括中央部门及其派出机构、垂直管理单位、所属事业单位，全国人大，全国政协，最高人民法院，最高人民检察院，民主党派中央，全国总工会、全国妇联等人民团体）固定资产投资项目；第二，采取资本金注入方式给予中央投资支持的跨行业、跨地区、跨领域和涉及综合平衡的固定资产投资项目。这些项目分别由国家发展改革委、国家机关事务管理局、中直机关事务管理局和有关部门按权限审批，一些特别重大的项目须报国务院审批。

二是事权虽然属于地方，但需要中央实行特殊管理的政府投资项目，也需要中央决策。如新建运输机场项目，由国务院、中央军委审批；省（区、市）及计划单列市本级党政机关办公用房建设项目，由国家发展改革委核报国务院审批；城市轨道交通（如地铁）建设项目，须纳入城市轨道交通建设规划才能建设，城市轨道交通建设规划由国家发展改革委会同住房城乡建设部核报国务院批准。

三是对于一些影响重大的企业投资项目，由中央实行核准管理。例如，根据《政府核准的投资项目目录（2016 年本）》，核电站、新建运输机场、特大型主题公园项目，涉及跨界河流、跨省（区、市）水资源配置调整的库容 10 亿立方米及以上或者涉及移民 1 万人及以上的水库项目，在跨界河流、跨省（区、市）河流上建设的单站总装机容量 300 万千瓦及以上或者涉及移民 1 万人及以上的水电站项目，由国务院核准。还有一些项目分别由国务院投资主管部门、行业管理部门核准，其中较为重要的一些项目须报国务院备案。列入国家批准的相关规划中的新建（含增建）铁路项目，以国铁集团为主出资的由其自行决定并报国务院投资主管部门备案。

四是事权属于地方，主要由地方筹措资金的政府投资项目，由地方决策。这涵盖了绝大部分的社会公共事业、市政基础设施项目，如公立学校、医院、体育场馆、文化设施，城市供水供热、市政道路、污水垃圾处理，以及农村公路、防洪水利设施等。

五是政府核准的投资项目目录中规定由省级政府或者地方政府核准的企业投资项目，以及实行备案管理的企业投资项目，均由地方政府行使相应管理职责。明确实行核准管理之外的其他城建项目、社会事业项目，地方政府可自行确定实行核准或者备案管理。无论实行核准还是备案，对所有企业投资项目都要加强发展规划、产业政策和准入标准把关。

三、投资项目管理的改革创新

在实行投资项目分类分级管理的同时，有关方面还不断改进和创新投资项目管理的方式方法，持续提高投资便利化程度。

（一）串联审批改为并联审批

2014 年以前，企业投资项目要先依次办理规划选址、用地预审、环境影响评价、节能审查等多项审批手续，然后才能办理项目核准手续，前置审批手续烦琐、效率低下，拉长了审批时间，影响了企业投资活动。为解决上述问题，国务院办公厅于 2014 年印发《精简审批事项规范中介服务实行企业投资项目网上并联核准的工作方案》，精简核准前置审批事项，除法律法规规定的极少数事项外，其他报建审批事项与项目核准实行"并联办理"，在开工前完成即可。与此相适应，政府投资项目也同步推行了"并联审批"制度改革。

目前，企业投资项目核准的前置事项压减为用地预审与选址意见书 1 项，政府投资项目可行性研究报告审批的前置事项，由 30 多项压减为用地预审与选址意见书、节能审查、社会稳定风险评估、航道通航条件影响评价，以及大中型水利项目的移民安置规划审核等 5 项，项目的整体审批、核准时间大幅压减。

改"串联审批"为"并联审批"后，为继续打通项目开工前"最后一公里"、进一步降低制度性交易成本，国务院于 2016 年印发《清理规范投资项目报建审批事项实施方案》，对报建审批手续予以清理、整合、规范。报建审批，是指投资项目在项目申请书核准或者可行性研究报告批复之后、开工建设之前，由相关部门和单位依据法律法规向项目单位作出的行政审批事项。纳入清理规范的 65 项报建审批事项中，有 34 项得以保留，有 24 项被整合为 8 项；有 2 项改为部门间征求意见；另外，还有涉及安全的强制性评估 5 项，不列入行政审批事项。清理规范后，报建审批事项减少为 42 项。2019 年 2 月，国家发展改革委等 15 部门联合印发《全国投资项目在线审批监管平台投资审批管理事项统一名称和申请材料清单》，统一规范项目开工前需要办理的 42 项事项名称，并明确了 258 项申报材料，推动实现"清单之外无审批"。

（二）企业投资项目承诺制改革

企业投资项目承诺制，是指投资管理部门在办理企业投资项目核准事项时，以书面形式将法律法规等规定的材料、事项、标准等一次性告知申请人，由申请人书面进行承诺，已经符合这些条件、标准和要求，同时也愿意承担承诺不实的法律责任，投资管理部门据此直接予以核准，申请人后续再按要求补充提交材料。

根据《中共中央　国务院关于深化投融资体制改革的意见》中"在一定

领域、区域内先行试点企业投资项目承诺制"的要求，2017 年，国家发展改革委分别批复山西省、浙江省作为试点，开展企业投资项目承诺制改革探索，同时指导各地方互学互鉴。2021 年，在总结山西、浙江试点省和有关地方创新经验基础上，国家发展改革委印发《关于进一步推进投资项目审批制度改革的若干意见》，要求按照政府定标准、企业作承诺、过程强监管、信用有奖惩的原则，规范有序实施以"告知承诺+事中事后监管"为核心的企业投资项目承诺制改革。

（三）区域评估改革

"区域评估"是指在工业园区、开发区、产业集聚区等特定区域范围内，由政府部门就项目审批过程中涉及的有关前置性评估评审事项，统一组织开展评估或审批工作，形成整体性、区域化的评估评审结果，提供给进入该区域的投资项目免费共享使用，单个投资项目审批时简化相关环节、申请材料可不再进行评估评审。如浙江、广东、青海等地，将规划环境影响评价报告、地质灾害危险性评估、压覆重要矿产资源评估、水土保持方案、考古勘探和文物影响评价报告等事项，由政府统一论证、统一付费，评估结果由区域内的投资项目共享。

通过开展区域评估，将投资项目评估评审的按项目把关变为按区域把关、事后评审变为事前服务、有偿服务变为无偿共享，在一定程度上解决了投资项目评估评审手续长、审批慢、费用负担重等问题，既提高了审批效率、减轻了企业负担，也节约了社会资源，有利于加快投资项目落地实施。

第二节　政策法规体系

目前，我国已经构建形成了以《中共中央　国务院关于深化投融资体制改革的意见》和《国务院关于投资体制改革的决定》两部纲领性文件为引领，以《政府投资条例》《企业投资项目核准和备案管理条例》两部行政法规为骨干，以有关部门规章、地方性法规和规范性文件为配套的"全面覆盖、有序衔接、纵横联动"的投资法规政策体系，再加上与投资活动密切相关的财政预算、自然资源、城乡规划、生态环境影响、金融监管、招标投标、建筑施工、行业管理等方面的法律法规,共同为推进投资管理法治化提供了有力制度保障。

一、两部纲领性文件

(一)《国务院关于投资体制改革的决定》

2004 年 7 月印发的《国务院关于投资体制改革的决定》,奠定了我国现行投资管理体制的根基,是一部十分重要、具有里程碑意义的纲领性文件。该《决定》提出,要确立企业在投资活动中的主体地位,规范政府投资行为,保护投资者的合法权益,营造有利于各类投资主体公平、有序竞争的市场环境。该《决定》最重要的改革成果,是按照"谁投资、谁决策、谁收益、谁承担风险"的原则,彻底改革此前不分投资主体、不分资金来源、不分项目性质,一律实行审批的做法,改为区分政府投资项目和企业投资项目,分别实行审批、核准和备案制度。这一分类管理的制度设计一直沿用至今,并不断深化。

该《决定》颁布之前,传统的投资项目审批制曾被广为诟病,甚至被称为"计划经济体制的最后一块堡垒"。审批制、核准制和备案制甫一推出,也曾引起较多争议,有人质疑这是"新瓶装旧酒""换汤不换药"。但随着投资体制改革的不断深入,随着审核备制度的不断完善,这一制度设计日益深入人心。

(二)《中共中央 国务院关于深化投融资体制改革的意见》

2016 年 7 月印发的《中共中央 国务院关于深化投融资体制改革的意见》,是指导我国投融资体制改革的另外一部十分重要的纲领性文件,是 2004 年《国务院关于投资体制改革的决定》的深化和延展。该《意见》突出投资领域的"放管服"改革,提出了坚持企业投资核准范围最小化、试点企业投资项目承诺制、建设投资项目在线审批监管平台、实行并联审批核准、简化整合投资项目报建手续等一系列影响深远的改革措施。为拓展投资项目融资渠道,该《意见》提出支持有真实经济活动支撑的资产证券化,盘活存量资产,设立政府引导、市场化运作的产业(股权)投资基金,支持省级政府依法依规发行政府债券用于公共领域重点项目建设,充分发挥政策性、开发性金融机构积极作用等。此外,该《意见》还要求优化政府投资安排方式、加强政府投资监管、建立健全政银企社合作对接机制等。

二、两部行政法规

（一）《企业投资项目核准和备案管理条例》

《企业投资项目核准和备案管理条例》2016 年 11 月颁布、自 2017 年 2 月 1 日起施行。该《条例》是我国固定资产投资领域的第一部行政法规，是政府管理企业投资项目的基础法律制度。该《条例》在系统总结 2004 年以来企业投资项目核准备案制改革实践的基础上，明确了企业投资项目核准和备案管理的主要程序、期限要求、核准审查内容、事中事后监管要求，以及相应的法律责任等，实现了企业投资活动有法可循、政府对企业投资项目的管理有法可依。特别是，该《条例》将备案制由原来的事前审查式备案改为事后告知性备案，进一步便利了企业的投资活动，激发了社会投资活力。

（二）《政府投资条例》

《政府投资条例》2019 年 4 月颁布、自 2019 年 7 月 1 日起施行。该《条例》是政府投资管理领域的第一部行政法规，是长期以来我国政府投资实践的科学总结，是政府投资管理的基本依归。该《条例》规定了政府投资范围和资金使用方式，规范了政府投资决策管理，明确了政府投资年度计划编制要求，并对政府投资项目实施和政府投资监督管理等作出制度性安排。该《条例》还特别明确了政府投资年度计划与财政预算之间的关系，有利于加强部门协作、提高管理效率。该《条例》的颁布实施，对于依法规范政府投资行为、充分发挥政府投资作用、提高政府投资效益、加强政府投资监管，具有十分重要的意义。

《企业投资项目核准和备案管理条例》与《政府投资条例》的相继颁布实施，实现了我国投资管理领域法治建设的全覆盖，彻底改变了长期以来投资管理无法可依的局面。

三、配套管理制度

（一）政府核准的投资项目目录

政府核准的投资项目目录明确了需要政府核准的企业投资项目范围和核准

机关，经国务院批准后实施。未经国务院批准，各地区、各部门不得擅自增减政府核准的投资项目目录规定的范围。政府核准的投资项目目录最早的版本是2004年本，作为《国务院关于投资体制改革的决定》附件印发。

党的十八大以后，国务院持续推动政府转变职能、简政放权和优化服务，加大投资审批事项取消、下放力度，于2013年、2014年、2016年连续三次修订政府核准的投资项目目录，中央层面核准的企业投资项目事项大幅削减。就国家发展改革委负责核准的事项而言，与2013年本相比，2016年本的《政府核准的投资项目目录》压减（取消或下放）一半以上，由30项压减（取消或下放）至14项。

（二）投资项目资本金制度

为了深化投资体制改革，建立投资风险约束机制，有效控制投资规模、提高投资效益，国务院于1996年印发《关于固定资产投资项目试行资本金制度的通知》，决定对投资项目试行资本金制度。此后，国务院根据投资管理需要，对投资项目资本金比例进行了多次调整。2004年，对钢铁、电解铝、水泥、房地产开发行业项目资本金比例进行调整；2009年，对交通运输、煤炭、电解铝、房地产开发等行业项目资本金比例进行调整；2015年，对城市和交通基础设施、房地产开发，以及部分工业项目资本金比例进行下调。2019年，为促进有效投资和风险防范紧密结合、协同推进，国务院印发《关于加强固定资产投资项目资本金管理的通知》，进一步完善了投资项目资本金制度，鼓励依法依规多渠道筹措重大投资项目资本金，并适当降低了基础设施项目最低资本金比例。

（三）国家发展改革委有关规章文件

为了将两部纲领性文件和两部行政法规的有关要求落实落细，切实加强和改善投资管理，国家发展改革委制定印发了一系列配套规章文件。

政府投资项目管理方面，先后颁布实施《中央预算内直接投资项目管理办法》《中央预算内投资资本金注入项目管理办法》，以及《国家发展改革委关于审批地方政府投资项目的有关规定（暂行）》《中央预算内直接投资项目概算管理暂行办法》《中央政府投资项目后评价管理办法》等。

政府投资资金管理方面，相继制定实施《中央预算内投资计划编制管理暂行办法》《中央预算内投资补助和贴息项目管理办法》，以及一系列的中央预算内投资专项管理办法，仅 2021 年就先后印发了《污染治理和节能减碳中央预算内投资专项管理办法》《排水设施建设中央预算内投资专项管理暂行办法》《城乡冷链和国家物流枢纽建设中央预算内投资专项管理办法》等。

企业投资项目管理方面，制定印发了《企业投资项目核准和备案管理办法》《企业投资项目事中事后监管办法》等部门规章，以及企业投资项目申请报告通用文本和核准文件格式文本等，不断健全企业投资项目申请、管理和事中事后监管等制度体系。

投资决策咨询方面，指导有关方面编制出版了《投资项目可行性研究指南（试用版）》，印发了《投资项目可行性研究报告编写大纲及说明（2023 年版）》；联合建设部编制修订了《建设项目经济评价方法与参数》；为落实先评估、后决策的要求，规范投资决策过程中的咨询评估工作，印发了《投资咨询评估管理办法》；颁布实施《工程咨询行业管理办法》《工程咨询单位资信评价标准》，促进工程咨询行业发展。

此外，还联合有关部门印发《全国投资项目在线审批监管平台运行管理暂行办法》《全国投资项目在线审批监管平台投资审批管理事项统一名称和申请材料清单》《固定资产投资项目代码管理规范》等，规范投资项目在线审批监管平台的建设、应用和管理。

（四）地方配套制度规范

各地方政府按照国家统一要求，制定出台了一系列投资管理方面的地方性法规、政府规章和规范性文件，共同构建形成了上下联动、有序衔接的投资管理法规政策体系。企业投资项目管理方面，各省普遍出台了企业投资项目管理规定、本地区政府核准的投资项目目录。政府投资项目管理方面，很多地方根据《政府投资条例》，修订或新出台了本地区的政府投资项目管理制度。例如，天津市出台了《天津市政府投资管理条例》，广州、珠海、郑州、洛阳等城市出台了政府投资管理地方性法规，山西、浙江、江西、河南、重庆、贵州、陕西等省（市）出台了政府投资管理地方政府规章。

四、相关法律规章

除了上述投资法规政策外，投资项目还必须遵循财政预算、自然资源、城乡规划、生态环境影响、金融监管、招标投标、建筑施工、行业管理等方面的法律法规的要求。

财政预算管理方面，首先是要严格执行《预算法》和《预算法实施条例》。《预算法》规定，预算、决算的编制、审查、批准、监督，以及预算的执行和调整等，应当依照《预算法》执行；各级人民代表大会要审查重大投资项目的预算安排、资金使用及绩效情况。2020年修订的《预算法实施条例》规定，政府投资决策、项目实施和监督管理按照政府投资有关行政法规执行。投资项目的财务管理还要符合《会计法》《基本建设财务规则》《政府会计准则》《企业会计准则》《事业单位会计准则》等要求。

自然资源和城乡规划方面，要遵循《土地管理法》《城乡规划法》《土地管理法实施条例》《草原法》《森林法》等要求。2019年、2021年，自然资源部先后推动修订了《土地管理法》《土地管理法实施条例》，同时出台了用地审批制度改革、"多规合一""多审合一""多证合一"改革等措施，进一步简化用地审批程序，切实规范项目用地管理工作。

生态环境影响方面，要执行《环境保护法》《环境影响评价法》《大气污染防治法》《排污许可管理条例》等。《环境保护法》明确规定，编制有关开发利用规划、建设对环境有影响的项目，应当进行环境影响评价。2018年，生态环境部推动修订《环境影响评价法》，将环境影响文件由审批或者核准投资项目的前置要件，修改为开工前取得即可。

金融监管方面，需要遵循《中国人民银行法》《银行业监督管理法》《商业银行法》《证券法》《证券投资基金法》《票据法》《担保法》等法律，还有许多部门规章和规范性文件。

建筑施工方面，要遵循《建筑法》《建设工程质量管理条例》《建设工程勘察设计管理条例》《建设工程安全生产管理条例》等。

招标采购方面，要执行《招标投标法》《政府采购法》《招标投标法实施条例》《政府采购法实施条例》等。

此外，交通、水利、能源等重点领域也制定出台了许多法律法规。如交通领域的《铁路法》《公路法》《民用机场法》《港口法》《收费公路管理条例》《民用机场管理条例》《航道管理条例》，水利领域的《防洪法》《水法》《取水许可管理办法》，能源领域的《节约能源法》《可再生能源法》《煤炭法》《电力法》等。涉及相关领域的投资项目，须严格遵循这些法律法规和有关规章文件。

图4 投资法规政策体系

第三节　部门职责分工

投资项目管理涉及诸多政府部门。随着投融资体制改革的不断深入，历经多轮机构改革和部门职责调整，基本形成了由发展改革部门统筹管理、财政部门负责预算和财务管理、自然资源等部门负责要素和建设条件管理、住房城乡建设部门负责建筑施工管理、"一行一会一局"负责融资监管、行业部门实行分业监督，彼此分工负责又相互协作配合，共同推动项目依法合规投资建设的部门分工机制。

一、投资综合管理部门

国家发展改革委作为投资主管部门，主要履行以下几个方面与投资项目管理密切相关的职责：

一是拟订并组织实施国民经济和社会发展规划、中长期规划和年度计划，牵头组织统一规划体系建设。推进落实区域协调发展战略、新型城镇化战略，组织拟定相关区域规划和综合性产业政策。

二是统筹提出国民经济和社会发展主要目标，监测宏观经济和社会发展态势，提出宏观调控政策建议，牵头研究宏观经济应对措施。

三是拟订全社会固定资产投资总规模、结构调控目标和政策，会同相关部门拟订政府投资项目审批权限和政府核准的投资项目目录。拟订促进民间投资发展政策。

四是规划重大建设项目和生产力布局，安排中央财政性建设资金，按国务院规定权限审批、核准、审核重大项目。

五是提出深化投融资体制改革建议，起草固定资产投资管理有关法律法规草案，协调推进投资项目审批制度改革，指导工程咨询行业发展。

六是提出利用外资和境外投资的战略、规划及政策建议，按权限审核重大项目，承担全口径外债管理工作，组织拟订外商投资产业指导目录、外商投资准入负面清单等。

二、财政预算管理部门

财政部的部门职责中，与投资项目管理关联度比较高的，主要有以下几项：

一是负责管理中央各项财政收支，编制年度中央预决算草案并组织执行，审核批复部门（单位）年度预决算，负责中央预决算公开。

二是负责办理和监督中央财政的经济发展支出、中央政府性投资项目的财政拨款，参与拟订中央基建投资有关政策，制定基建财务管理制度。负责政府投资基金中央财政出资的资产管理。

三是依法制定中央和地方政府债务管理制度和办法，编制国债和地方政府债余额限额计划，规范举债融资机制，防范化解地方政府债务风险。统一管理政府外债。

此外，还有负责审核并汇总编制全国国有资本经营性预算，制定并组织实施国家统一的会计制度，推进财政事权和支出责任划分改革，全面实施绩效管理等。

三、要素保障和建设管理部门

（一）自然资源部

自然资源部的部门职责中，与投资项目管理关联度比较高的，主要有以下几项：

一是组织编制全国国土空间规划和相关专项规划并监督实施，承担报国务院审批的地方国土空间规划的审核、报批工作，指导和审核涉及国土空间开发利用的国家重大专项规划；组织编制自然资源开发战略、中长期规划和年度计划；拟订开展城乡规划管理等用途管制政策并监督实施。

二是提出土地、海洋年度利用计划并组织实施，指导建设项目用地预审工作，承担报国务院审批的各类土地用途转用的审核、报批工作；承担报国务院审批的用海、用岛的审核、报批工作；拟订并实施耕地保护政策，承担耕地占补平衡和土地征收征用管理工作。

三是负责自然资源资产的有偿使用和自然资源的合理开发利用工作，指导监督全国自然资源和不动产确权登记工作，负责矿产资源储量管理及压覆矿产资源审批工作。

（二）生态环境部

生态环境部的部门职责中，与投资项目管理关联度比较高的，主要有以下几项：

一是负责生态环境准入的监督管理。受国务院委托对重大经济和技术政策、发展规划，以及重大经济开发计划进行环境影响评价，按国家规定审批或审查重大开发建设区域、规划、项目环境影响评价文件，拟订并组织实施生态环境准入清单。

二是负责监督管理国家减排目标的实现。组织制定陆地和海洋各类污染物排放总量控制、排污许可证制度并监督实施，提出实施总量控制的污染物名称和控制指标，实施生态环境保护目标责任制。

三是负责提出生态环境领域固定资产投资规模和方向、国家财政性资金安排的意见等，按国务院规定权限审批、核准投资项目。

（三）水利部

从水资源使用和水土保持等角度，水利部涉及投资项目管理的职责主要包括：

一是组织编制全国水资源战略规划、国家确定的重要江河湖泊流域综合规划、防洪规划等重大水利规划。

二是拟订全国和跨区域水中长期供求规划、水量分配方案并监督实施，组织实施取水许可、水资源论证和防洪论证制度；组织编制并实施水资源保护规划、节约用水规划、水土保持规划等，负责建设项目水土保持监督管理工作。

三是指导监督水利工程建设与运行管理，指导水利工程移民管理工作。指导重要江河湖泊及河口的治理、开发和保护。

（四）住房城乡建设部

住房城乡建设部是负责项目建设实施管理的重要部门，主要职责包括：

一是建立工程建设标准体系。组织制定工程建设实施阶段的国家标准，制定和发布工程建设全国统一定额和行业标准，拟订公共服务设施建设标准，指导监督工程建设标准定额的实施和工程造价计价。

二是监督管理建筑市场，指导全国建筑活动。拟订并监督执行工程建设、建筑业、勘察设计的行业发展战略、中长期规划、产业政策和规章制度，拟订并指导实施勘察设计、施工、建设监理的法规规章，拟订并监督执行规范建筑市场各方主体行为的规章制度。

三是建筑工程质量安全监管。拟订建筑工程质量、建筑安全生产和竣工验收备案的政策、规章制度并监督执行，拟订建筑业、工程勘察设计咨询业的技术政策并指导实施。

具体而言，施工许可手续，设计、施工、造价、监理单位的资质管理等，都由住房城乡建设部门负责办理。

四、融资管理部门

中国人民银行负责制定和执行货币政策、信贷政策，包括拟订并组织实施公开市场操作、存款准备金、再贷款、再贴现等货币政策工具调控方案，调控利率和流动性水平，创新常备借贷便利、中期借贷便利、抵押补充贷款等货币政策工具；监督管理银行间债券市场、货币市场、外汇市场、票据市场、黄金市场及上述市场有关场外衍生产品，拟订公司信用类债券市场及其衍生产品市场基本规则。

中国证监会主要负责监管股票、可转换债券、证券公司债券和国务院确定由中国证监会负责的债券及其他证券的发行、上市、交易、托管和结算，监管证券投资基金活动，批准企业债券的上市，监督上市国债和企业债券的交易等。

根据 2023 年国务院机构改革方案，组建国家金融监督管理总局，统一负责除证券业之外的金融业监管，强化机构监管、行为监管、功能监管、持续监管。国家金融监督管理总局在中国银保监会基础上组建，中国银保监会对金融机构的监管职责，中国人民银行对金融控股公司等金融集团的日常监管职责、有关金融消费者保护职责，中国证监会的投资者保护职责，统一由国家金融监督管理总局承担。

五、行业管理部门

行业管理部门，主要包括交通运输部、农业农村部、工业和信息化部、水利部、国家能源局等部门，按照规定职责分别负责相应行业的投资项目监管职责。

交通运输部负责组织编制综合运输体系规划，拟订铁路、公路、水路发展战略、政策和规划，统筹衔接平衡铁路、公路、水路、民航等规划；提出铁路、公路、水路固定资产投资规模和方向、国家财政性资金安排意见，按国务院规定权限审批、核准国家规划内和年度计划规模内固定资产投资项目；承担公路、水路国家重点基本建设项目的绩效监督和管理工作。

农业农村部负责统筹推动发展农村社会事业、农村公共服务、农村文化、农村基础设施和乡村治理，牵头组织改善农村人居环境；负责农业投资管理，编制中央投资安排的农业投资项目建设规划，提出农业投资规模和方向、扶持农业农村发展财政项目的建议，按国务院规定权限审批农业投资项目，负责农业投资项目资金安排和监督管理。

工业和信息化部负责拟订并组织实施工业、通信业、信息化的发展规划，推进产业结构战略性调整和优化升级；制定并组织实施工业、通信业的行业规划、计划和产业政策；提出工业、通信业和信息化固定资产投资规模和方向（含利用外资和境外投资）、中央财政性建设资金安排的意见，按国务院规定权限审批、核准国家规划内和年度计划规模内固定资产投资项目；拟订高技术产业中涉及生物医药、新材料、航空航天、信息产业等的规划、政策和标准并组织实施。

水利部负责制定水利工程建设有关制度并组织实施，提出中央水利固定资产投资规模、方向、具体安排建议并组织指导实施；按国务院规定权限审批、核准国家规划内和年度计划规模内固定资产投资项目，提出中央水利资金安排建议并负责项目实施的监督管理；指导水利设施、水域及岸线的管理、保护与综合利用，组织指导水利基础设施网络建设。

国家能源局负责拟订并组织实施能源发展战略、规划和政策；组织制定煤炭、石油、天然气、电力、新能源和可再生能源等，以及炼油、煤制燃料和燃料乙醇的产业政策及相关标准；按国务院规定权限审批、核准、审核能源固定资产投资项目；提出核电布局和重大项目审核意见；按规定权限审批或审核石油、天然气储备设施项目等。

第四节　在线审批监管

建设投资项目在线审批监管平台（以下简称"投资在线平台"），是深化投资项目审批制度改革的重要决策部署，《中共中央　国务院关于深化投融资体制改革的意见》《企业投资项目核准和备案管理条例》《政府投资条例》对此均有明确要求。经过多年建设应用，投资在线平台实现了投资项目全覆盖、审批事项并联办、数据共享全透明、监督部门协同管，在优化审批服务、支撑投资管理、改善投资环境等方面发挥着越来越重要的作用。

一、投资项目在线审批监管平台

（一）建设历程

建设投资在线平台，是近年来与投资审批制度改革同步推进的重大举措。根据 2014 年国务院《精简审批事项规范中介服务实行企业投资项目网上并联核准制度工作方案》关于"建设投资项目在线审批监管平台"的部署，国家发展改革委自 2015 年 3 月开始牵头组织投资在线平台的建设工作；2015 年 6 月，投资在线平台在中央层面初步建成，实现横向联通 16 个中央部门；2015 年 11 月，实现全国范围国家、省、市、县四级纵向贯通；2015 年 12 月 7 日，投资在线平台启动试运行。随着各地平台基本实现互联互通，投资在线平台于 2017 年 2 月 1 日正式运行。

（二）管理制度

《政府投资条例》《企业投资项目核准和备案管理条例》规定，投资主管部门、核准机关、备案机关及其他有关部门，应当通过投资在线平台，使用生成的项目代码办理投资项目审批、核准、备案手续，并通过投资在线平台实现信息共享。这奠定了投资在线平台在投资项目管理中的法定地位。

2017 年 5 月，国家发展改革委等 18 部门联合颁布《全国投资项目在线审批监管平台运行管理办法》，加强投资在线平台的建设、应用和管理，明确了体系架构、运行程序、运行保障等措施。2019 年 2 月，国家发展改革委等 15 部门联合印发《全国投资项目在线审批监管平台投资审批管理事项统一名称和申请材料清单》，明确了 42 项投资管理事项名称和 258 项申报材料，同时明确了各项审批事项及其申报材料针对的项目类别及适用情形。

（三）体系架构

纵向上，投资在线平台实行两级建设、四级应用、分级管理、互联互通。投资在线平台由中央平台和地方平台组成。中央平台主要负责管理由国务院及其相关部门审批、核准的项目，地方平台主要负责管理由地方各级政府及其相关部门审批、核准和备案的项目。

横向上，投资在线平台实行统分结合、各负其责、业务协同、数据共享。投资在线平台工作体系由综合管理部门、应用管理部门、建设运维部门组成。综合管理部门是指统筹协调推进投资在线平台建设、应用、规范运行的部门，中央平台的综合管理部门为国家发展改革委。应用管理部门是指履行各类项目审批和监管职能，并通过投资在线平台办理和归集信息的部门。建设运维部门是指投资在线平台建设、运行维护和数据管理的部门。

（四）基本功能和作用

项目单位统一通过投资在线平台办理项目各项审批手续，各有关部门实行并联审批，审批信息依托投资项目代码互联共享，审批结果依法向社会公开，便于投资主体和社会公众查询和监督。

投资在线平台主要有以下四个方面具体功能：

（1）并联审批。项目单位通过投资在线平台填报项目信息，并根据平台所示办事指南提交所需申报材料；相关应用管理部门可以在线受理、并行办理审批事项，并通过投资在线平台及时交换审批事项的办理信息。

（2）协同监管。投资在线平台归集、共享的审批信息和开通的项目建设信息报送系统，为各有关部门开展线下监管提供重要参考，改变了监管部门难以发现未批先建、批建不符等违法违规情况的局面，提高了项目监管的时效性。

（3）社会公开。项目审批信息、监管信息、处罚结果等通过投资在线平台依法向社会公开，社会各界可以凭项目代码或项目名称查询审批结果；项目单位可以查询项目办理过程。

（4）综合服务。投资在线平台汇集各部门各地区投资项目办事指南，为申报单位提供流程指引；开通实时查询功能，方便项目单位随时查询办理进度；及时发布各类投资政策，强化对投资活动的政策引导；实行投资项目审批难点线上征集，及时解决项目前期工作中的问题；公示投资中介服务机构名录，方便各类投资者择优选择社会化服务。

投资在线平台自建成运行以来，通过统一审批事项名称和申请材料清单、发布办事指南、公示审批结果、审批行为全程留痕，为各地方、各部门实现投资审批"一网通办"提供了关键技术支撑，在规范审批行为、提高审批效能、优化审批服务，特别是增强审批公开透明度、提升投资便利化水平等方面发挥着越来越重要的作用。在 2020 年 1 月新冠肺炎疫情暴发后，国家发展改革委指导各地依托投资在线平台开展远程审批，保障项目审批服务"不断档"，为统筹做好疫情防控和稳投资工作提供重要技术支撑。

自 2015 年启动试运行至 2022 年底，投资在线平台已迭代升级为 3.0 版，横向联通 62 个部门，为 748.2 万个项目办理赋码，其中审批类项目 274.8 万个、核准类项目 17.3 万个、备案类项目 456.1 万个，办理审批事项 1303.77 万件，服务投资主体 250.8 万个；完成审批（核准、备案）项目 531.8 万个，其中审批类项目 149.4 万个、核准类项目 9.8 万个、备案类项目 372.6 万个。

二、投资项目代码制度

（一）投资项目代码的含义

《中共中央　国务院关于深化投融资体制改革的意见》要求，"加快建立投资项目统一代码制度，统一汇集审批、建设、监管等项目信息，实现信息共享，推动信息公开，提高透明度"。《企业投资项目核准和备案管理条例》《政府投资条例》也有相应规定。因此，固定资产投资项目代码制度是投资管理的一项基本制度。

申请项目代码，是项目单位通过投资在线平台办理的第一道手续，也是投资在线平台审批服务的第一个环节。项目代码是投资项目整个建设周期的唯一标识，相当于项目的"身份证"，是项目单位便捷获取政府管理服务信息、高效推进项目工作的重要工具，也是有关部门加强协同管理和提高服务水平的基本手段。

2020年9月，国家发展改革委会同17个部门印发《固定资产投资项目代码管理规范》，明确了投资项目代码的结构、生成、应用和维护等，以有效提升投资在线平台信息归集、数据交换、项目管理效率，是投资项目代码管理的基础依据。2021年4月，该管理规范上升为国家标准，以《全国固定资产投资项目代码编码规范》（GB/T 40058-2021）正式发布。

（二）投资项目代码的生成和维护

项目代码由4位时间代码、6位地区代码、2位中央业务指导部门代码、2位项目类型代码、5位随机码和1位校验码共5段依次组成；每段代码之间由短横线"-"连接，共24位。投资项目代码的生成和维护主要有以下环节：

（1）项目代码申请。项目单位需在办理第1项行政手续之前，通过相应的投资在线平台申请项目代码。中央项目通过中央平台申请，地方项目通过地方平台申请。

（2）项目代码生成。非涉密项目统一由中央平台生成项目代码，涉密项目由赋码机关负责在符合国家保密要求的网络环境生成项目代码。企业投资项目的赋码机关为该项目的核准、备案机关，政府投资项目的赋码机关为该项目的审批机关。赋码机关在赋码前要为项目单位提供发展规划、产业政策等方面的咨询服务，帮助项目单位筛查、剔除申报中的问题，并避免单个项目重复领码，确保一个项目对应一个项目代码。

（3）项目代码标识。项目代码生成后，统一生成项目代码标识，作为项目代码的传递载体。项目代码标识是一幅固定格式的图片，可通过项目代码标识二维码查询项目名称、项目代码、项目状态等项目信息。项目状态包括已赋码（F）、待立项（B）、已立项（L）、已开工（K）、已竣工（J）、代码失效（S）、异常（Y），项目代码标识中的项目状态以英文字母表示。

（4）项目代码维护。项目代码及项目代码标识一经生成，任何单位及个人不得擅自对其外观和内容进行更改、涂抹、损毁。申请项目代码时填报的项目信息，在赋码后应当作为项目的基本信息动态更新，保持真实准确。项目重新审批、核准、备案或办理变更手续的，需根据实际情况重新申请赋码。

（三）投资项目代码的应用

用好项目代码是项目单位的法定义务和政府部门的法定职责。项目代码应用主要体现在以下三个方面。

1. 办理审批手续

相关审批部门在受理投资项目审批事项时，要通过投资在线平台核验项目信息。对没有项目代码、未通过项目代码核验的，不得受理并告知项目单位。对于受理的申报材料，受理通知书应当注明项目代码。审批事项办结后，要及时归集项目相关信息，并及时共享。审批部门能够通过共享获取的审批事项办理结果，不再由项目单位重复提供。

2. 项目监管

项目监管部门开展项目监管工作时，监管执法结果信息统一归集至项目代码，相关信息实时共享。项目单位通过项目代码查询项目审批信息，获取项目审批结果。项目单位可以通过查询项目办理信息，监督项目审批部门相关工作。

3. 项目单位填报责任

项目单位通过投资在线平台报送项目开工建设、建设进度、竣工的基本信息，归集至项目代码。项目开工前，项目单位应当登录投资在线平台报送项目开工基本信息。项目开工后，项目单位应当在线报送项目建设动态进度基本信息。项目竣工验收后，项目单位应当在线报送项目竣工基本信息。对于可以通过信息共享获取的项目进度情况，不再要求项目单位填报。项目中止或放弃建设的，项目单位应当通过投资在线平台更新项目状态。

第五节　相关市场主体

投资项目管理涉及市场主体众多，除项目投资主体外，还涉及施工企业和广大的投资中介服务机构，这些市场主体相互协作，共同推动项目实施。随着我国投资建设市场的不断发展壮大，投资主体类型日益丰富，从业企业、机构和人员蓬勃发展，投资活动的市场化程度持续提高，富有竞争活力的市场体系不断健全完善。

一、投资主体

改革开放以来，我国在投资建设领域进行了一系列改革，打破了传统计划经济体制下高度集中、由政府作为单一投资主体的计划管理模式，形成了投资主体多元化、资金来源多渠道、投资方式多样化、建设实施市场化的新格局。我国一直强调毫不动摇巩固和发展公有制经济，毫不动摇鼓励、支持、引导非公有制经济发展，积极破除影响不同所有制投资主体发展的体制机制障碍，确立各类投资主体的平等地位。2005年，《国务院关于鼓励支持和引导个体私营等非公有制经济发展的若干意见》印发；2010年，《国务院关于鼓励和引导民间投资健康发展的若干意见》印发；2016年，《中共中央　国务院关于深化投融资体制改革的意见》印发，明确提出要平等对待各类投资主体，放宽放活社会投资，激发民间投资潜力和创新活力。

近年来，随着一系列加快培育壮大市场主体、激发各类市场主体活力的改革措施深入推进，民营企业、国有企业、外商企业等各类投资主体数量进一步增加，投资活力持续提升，已成为投资活动的绝对主力军。

一是民营企业快速发展。我国相关法律中没有"民营企业"的概念，民营经济是在中国经济体制改革过程中产生、具有鲜明中国特色的一个词汇。通常意义上，除国有独资企业、国有控股企业和外商投资企业以外的所有企业，都是民营企业。民营企业占我国企业数量的90%以上，民间投资占全社会固定资产投资的比重多年来基本保持在55%以上，在制造业和房地产领域占比更高，为稳投资发挥了重要作用，为经济发展注入了新活力。

二是国有企业做优做强。目前我国共有国有企业数量约 46 万家，国有企业是中国特色社会主义市场经济的"顶梁柱"，在服务国家战略、优化国有经济布局、促进高质量发展等方面肩负重要使命。国有企业要聚焦主责主业发展实体经济，国有资本要向关系国家安全、国计民生和国民经济命脉的重要行业和关键领域集中，向前瞻性战略性新兴产业集中。截至 2021 年底，中央企业的主业投资占比达 97%，在关系国家安全、国民经济命脉和国计民生领域的营业收入占比超过 70%。

三是外商投资平稳发展。2021 年底，我国外商投资企业数接近 70 万户，主要投资于制造业和服务业，绝大部分集中在东部地区。外商投资企业对于我国加强与世界经济的沟通联系、促进产业结构优化升级、推动对外贸易发展、提升我国产业技术水平都发挥了积极作用。

二、施工企业

施工企业是指从事各种房屋建筑、设备安装等活动，包括房屋建筑、公路、水利、电力、桥梁、矿山等土木工程施工的，并实行独立核算的经济实体。施工企业的基本任务是根据批准的设计文件和国家规定的施工验收技术规范，以及与建设单位或工程承包企业签订的施工合同要求，具体组织管理施工活动，按期完成承担的建设任务，提供质量优良的建筑安装产品。

根据所加工或形成的建筑产品划分，施工企业可分为建筑公司、设备安装公司、建筑装饰工程公司、地基与基础工程公司、土石方工程公司、机械施工公司等。施工企业国际上通常称为承包商，按照承包工程能力分为工程总承包企业、施工承包企业和专项分包企业。其中，工程总承包企业是指从事工程建设项目全过程承包活动的智力密集型企业，具备工程勘察设计、工程施工管理、材料设备采购、工程技术开发应用及工程建设咨询等能力；施工承包企业是指从事工程建设项目施工阶段承包活动的企业，具备工程施工承包与施工管理能力；专项分包企业是指从事工程建设项目施工阶段专项分包和承包限额以下小型工程活动的企业。

国家对施工企业实行资质管理。等级施工企业必须按照资质等级规定的工程承包范围进行承包活动，不得越级承包工程。1989 年，建设部发布《施工企业资质管理规定》和《施工企业资质等级标准》，明确了施工企业资质管理的基本要求。根据住房和城乡建设部 2018 年印发的《建筑业企业资质管理规定》和 2020 年印发的《建筑业企业资质管理规定和资质标准实施意见》，建设工程施工资质管理分为三个序列，即施工总承包、专业承包、劳务分包资质，设特、一、二、三级四个等级。2020 年 11 月 11 日国务院常务会议审议通过的《建设工程企业资质管理制度改革方案》，将相关资质进行了压减。施工资质中，将 10 类施工总承包企业特级资质调整为施工综合资质，可承担各行业、各等级施工总承包业务；保留 12 类施工总承包资质，将民航工程的专业承包资质调整为施工总承包资质；将 36 类专业承包资质整合为 18 类；将施工劳务企业资质改为专业作业资质，由审批制改为备案制。综合资质和专业作业资质不分等级；施工总承包资质、专业承包资质等级原则上压减为甲、乙两级（部分专业承包资质不分等级），其中，施工总承包甲级资质在本行业内承揽业务规模不受限制。

截至 2021 年底，有施工活动的具有建筑业企业资质的总承包企业和专业承包建筑业企业规模达到 12.9 万家，比 2012 年末增加 5.3 万家，2013—2021 年企业个数年均增长 6.1%。2021 年，全社会建筑业企业用工总人数达 8180 万人，在国民经济行业门类中位居第二，仅次于制造业。

三、投资中介服务机构

（一）工程咨询

工程咨询机构是为项目单位提供咨询服务的智力支撑机构，应遵循独立、公正、科学的原则，综合运用多学科知识、现代科学和管理方法，为投资主体、决策机关等提供规划编制、可行性研究、评估论证、投资管理和支持等智力服务。工程咨询机构在促进投资决策科学化、提升投资建设运营水平方面发挥了重要作用。

国家曾对工程咨询机构实行资质许可管理。1994 年，国家计委发布《工程咨询行业管理暂行办法》，对工程咨询单位实行资格等级制，颁发工程咨询单位资格等级证书。2005 年，国家发展改革委根据《国务院对确需保留的行政审批项目设定行政许可的决定》等，印发《工程咨询单位资格认定办法》，对工程咨询单位进行资格认定。2016 年，国务院取消"工程咨询单位资格认定"这一行政许可事项，要求发挥行业自律作用。2017 年，国家发展改革委印发《工程咨询行业管理办法》，实行行业自律性质的工程咨询单位资信评价管理。

国家也曾对工程咨询从业人员实行许可性质的资格管理。2001 年，人事部、国家发展计划委员会印发《注册咨询工程师（投资）执业资格制度暂行规定》，明确注册咨询工程师（投资）职业资格实行全国统一考试制度。2015 年，人力资源和社会保障部、国家发展改革委印发《工程咨询（投资）专业技术人员职业资格制度暂行规定》，改为实行水平评价类职业资格制度。人力资源和社会保障部、国家发展改革委共同负责相关政策制定，中国工程咨询协会具体承担职业资格评价工作。

截至 2021 年底，在投资在线平台备案的工程咨询机构共计 19158 家，其中民营企业占比超过 60%。从 2018 年开始至 2021 年底，符合甲级资信的工程咨询单位共计 1866 家，符合乙级资信的工程咨询单位共计 3900 多家。工程咨询单位拥有从业人员超过 300 万人。

（二）勘察设计

建设工程勘察机构，是指根据建设工程的要求，查明、分析、评价建设场地的地质地理环境特征和岩土工程、水文地质等条件，从事建设工程勘察等工作的单位。建设工程设计机构，是指对建设工程所需的技术、经济、资源、环境等条件进行综合分析论证，从事建设工程设计等工作的单位。勘察设计对工程建设的质量、进度和投资控制，对建设项目的成败，起着关键作用。

国家对勘察设计单位实行资质管理。1983 年，国家计委颁布《基本建设设计工作管理暂行办法》，明确了工程设计实行准入制度。1997 年实施的《建筑法》规定，从事建设活动的勘察单位、设计单位，按照相关条件划分为不同资质等级，经资质审查合格、取得相应等级资质证书后，方可从事勘察设计活动。2000 年印发的《建设工程勘察设计管理条例》规定，国家对从事建设工程勘察、设计活动的单位实行资质管理制度。2020 年，住房城乡建设部印发《建设工程企业资质管理制度改革方案》，对相关资质进行改革，精简资质类别、归并等级设置。

国家对勘察设计从业人员实行资格管理。《建筑法》规定，从事建筑活动的专业技术人员，应当依法取得相应的职业资格证书。《建设工程勘察设计管理条例》明确，国家对从事工程勘察、设计活动的专业技术人员，实行执业资格注册管理制度。

住房城乡建设部数据显示，截至 2021 年底，全国共有 26748 家工程勘察设计企业参加统计。其中，工程勘察企业 2873 家，工程设计企业 23875 家。具有勘察设计资质的企业年末从业人员 483 万人。

（三）工程监理

工程监理机构是指受项目建设单位的委托，依据国家有关法律法规、技术标准、设计文件和建筑工程承包合同、工程监理委托合同及其他建设工程合同，对工程实施专业化监督管理的机构。

国家对工程监理企业实行资质管理。1997 年，《建筑法》明确规定国家推行建筑工程监理制度。2001 年后，建设部印发并多次修订《工程监理企业资质管理规定》，对工程监理的资质等级、业务范围、资质申请和审批、监督管理等作出明确规定。2020 年，住房城乡建设部印发《建设工程企业资质管理制度改革方案》，对相关资质进行改革，精简资质类别、归并等级设置。

国家对监理从业人员实行资格管理。依据《建筑法》《建设工程质量管理条例》等法规，住房城乡建设部、交通运输部、水利部、人力资源和社会保障部于 2020 年共同印发《监理工程师职业资格制度规定》，明确规定国家设置监理工程师准入类职业资格，凡从事工程监理活动的单位，应当配备监理工程师；国家对监理工程师职业资格实行执业注册管理制度，取得监理工程师职业资格证书且从事工程监理及相关业务活动的人员，经注册方可以监理工程师名义执业。

住房城乡建设部数据显示，截至 2021 年底，全国共有 12407 家建设工监理企业参加统计。按资质类别看，综合资质企业283家，甲级资质企业4874家，乙级资质企业5915家。全国工程监理企业从业人数达167万人。

（四）造价咨询

工程造价咨询机构是指接受委托，承担建设项目的可行性研究投资估算、项目经济评价、工程概算、预算、结算、竣工决算、工程招标标底、投资报价的编制和审核，以及对工程造价进行监控等工作的单位。工程造价咨询有利于对工程造价进行有效管理，控制施工成本，提高工程建设效率。

国家曾对工程造价咨询企业实行资质管理。1996年，建设部印发《工程造价咨询单位资质管理办法（试行）》，规定工程造价咨询单位等级分为甲、乙、丙级；新开办的工程造价咨询单位，应当在资质审定后，方可从事工程造价咨询业务。2006年后，建设部印发并多次修订《工程造价咨询企业管理办法》，规定工程造价咨询企业应当依法取得工程造价咨询企业资质，并在资质等级许可的范围内从事工程造价咨询活动。2021年，国务院印发《关于深化"证照分离"改革进一步激发市场主体发展活力的通知》，取消了工程造价咨询企业资质认定。

国家对工程造价从业人员实行资格管理。2018年，住房城乡建设部、交通运输部、水利部、人力资源和社会保障部联合印发《造价工程师职业资格制度规定》，明确国家设置造价工程师准入类职业资格，工程造价咨询企业应配备造价工程师，工程建设活动中有关工程造价管理岗位按需要配备造价工程师，国家对造价工程师实行执业注册管理制度。

住房城乡建设部数据显示，截至2021年底，全国共有11398家建设工程造价咨询企业参加统计。按资质类别看，甲级资质企业5421家，乙级资质企业5977家。全国工程造价咨询从业人数达87万人。

（五）招标代理

招标代理机构是指受招标人委托，代为组织招标活动并提供相关服务的单位。招标代理机构受招标人委托，通过招标公告或投标邀请，发布招标采购的信息与要求，邀请潜在投标人按照事先规定的程序和办法，在同等条件下通过投标竞争，从中择优选定中标人。

我国招标代理机构的管理，经历了由资质资格管理到逐步完全放开的过程。1999 年颁布的《招标投标法》规定，从事工程建设项目招标代理业务的招标代理机构，其资格由国务院或省级人民政府的建设行政主管部门认定；从事其他招标代理业务的招标代理机构，其资格认定的主管部门由国务院规定。2013 年，国务院取消了机电产品国际招标代理机构审批和通信建设项目招标代理机构资质认定；2017 年，全国人大常委会审议通过《招标投标法》修订意见，删除了工程建设项目招标代理资格认定的规定；同年，国家发展改革委暂停中央投资项目招标代理机构资格认定申请，2021 年正式废止。

对招标从业人员的管理，同样经历了由实施资格准入管理到取消放开的过程。2007 年，人事部、国家发展改革委印发《招标采购专业技术人员职业水平评价暂行规定》，明确国家建立招标采购专业技术人员职业水平评价制度。2013 年，人力资源和社会保障部、国家发展改革委印发《招标师职业资格制度暂行规定》，进一步规范招标师职业资格管理要求。2016 年，国务院印发《关于取消一批职业资格许可和认定事项的决定》，取消了招标师资格认定事项。

住房城乡建设部数据显示，截至 2021 年底，全国共有 9106 家招标代理机构参加统计。招标代理机构从业人员约 62 万人，专业技术人员约 46 万人。

（六）项目管理

项目管理机构，是指受工程项目业主委托，对工程建设全过程或分阶段进行专业化管理和服务活动的单位。工程项目管理单位协助项目单位进行项目前期策划、办理相关审批手续、组织勘察设计及设备材料等招标、监督建设实施、组织竣工验收、开展试运行及后评估等。

2004 年，建设部印发《建设工程项目管理试行办法》，对从事工程项目管理活动的企业资质、执业资格、监督管理等作出明确规定。该办法规定，从事项目管理的企业应当具备工程勘察、设计、施工、监理、造价咨询等一项或多项资质；从事工程项目管理的专业技术人员，应当具有建筑师、工程师、建造师、监理工程师、造价工程师等一项或多项执业资格；两个及以上项目管理企业可以组成联合体承担相应工程项目管理任务。

2004 年《国务院关于投资体制改革的决定》提出，对非经营性政府投资项目加快推行"代建制"。实行代建管理的项目，一般要求代建单位具备勘察设计、施工等一项或多项资质、具备相应人员和能力，并按照合同约定，履行项目代建相关职责，对代建项目的质量、安全、进度和资金管理负责。

第四章　投资项目决策

"管理就是决策"，这是诺贝尔经济学奖获得者、美国著名管理学家赫伯特·西蒙的名言。投资决策，是项目全生命周期的起点，投资决策正确与否，对项目成败有着直接的决定性影响。因此，投资项目决策是投资项目管理的核心和关键所在。贯彻"谁投资、谁决策、谁收益、谁承担风险"的原则，不断提升投资项目决策的科学化、民主化、法治化水平，促进生产要素的合理流动和有效配置，提高投资效益，是我国投融资体制改革的重要指导思想。

第一节　项目决策概述

根据投资主体不同，投资项目可以分为政府投资项目和企业投资项目。两类项目的投资目的、投资方向、资金来源、决策程序等都有较大差异，但投资决策所遵循的原则基本一致。

一、项目决策的定义

决策是人们在政治、经济、技术和日常生活中普遍存在的一种行为，是管理中经常发生的一种活动。按照现代决策理论，决策是为了达到某一目标，对两个或多个备选方案进行分析、比较，从中选择一个较优方案的过程。具体而言，决策是人们为了实现特定的目标，在掌握大量有关信息的基础上，系统分析主客观条件，提出若干备选方案，分析各种方案的优缺点，并从中选出较优方案。

所谓投资项目决策，是指决策主体（包括政府、企业等）为了实现其特定的投资目标，运用科学的理论、方法和手段，对投资项目要不要实施、能不能实施，以及如何实施等问题进行研究论证，统筹研判各方面因素，最终决定是否投资建设该项目的过程。一般而言，投资项目决策的范畴包括建设目标、建设内容及规模、产出方案、项目选址、建设方案、运营方案、投融资与财务方案、影响效果分析和风险管控方案等。

要提高投资决策的准确性和科学性，就必须进行深入细致、全面系统、科学严谨的可行性研究，认真分析项目面对的法律规范、政策导向、市场需求、建设条件，客观进行工程技术评价、财务评价、环境评价、经济评价和社会评价等，全面识别各类风险，在此基础上归纳、比较和总结，择优决定项目方案。

二、投资项目决策的形式

我国对政府投资项目实行审批制，对企业投资项目实行核准制和备案制，两类项目的决策形式有着较大差别。

（一）政府投资项目决策

政府投资项目，是以政府为主导，以满足公共需求、服务公共利益、促进经济社会可持续发展为主要目标，以提供公共产品和公共服务为主要内容，以政府预算资金和依法合规筹措的其他资金为资金来源，以市场不能有效配置资源的社会公益服务、公共基础设施、农业农村、生态环境保护、重大科技进步、社会管理、国家安全等公共领域为主要投向的非经营性和准经营性项目。

根据《政府投资条例》，政府投资项目实行审批制，其决策一般要经过审批项目建议书、可行性研究报告、初步设计和核定概算三道基本程序。

项目建议书主要解决项目建设的必要性，即"要不要干"的问题，是投资决策阶段最初始的工作，项目申请单位应根据有关规划、产业政策、生产力布局等因素，经过调查分析，提出对拟建项目框架性的总体设想。可行性研究主要解决项目建设的可行性，即"能不能干"的问题，需要对投资项目在技术、经济、资源等方面是否可行进行深入论证，是政府投资项目决策最为核心和关键的环节，可行性研究报告获得批准，意味着项目正式"决策"。初步设计和核定概算主要解决项目"怎么干、花多少钱干"的问题，是确定建设方案的基本文件，经核定的投资概算是控制政府投资项目总投资的依据。

项目单位应当按照规定的深度要求，依次编制项目建议书、可行性研究报告、初步设计，报投资主管部门或者其他有关部门审批。投资主管部门或者其他有关部门应当根据国民经济和社会发展规划、相关领域专项规划、产业政策等，综合审查并作出是否批准的决定。一些特别重大的项目，需要报国务院或者地方人民政府审批。对经济社会发展、社会公众利益有重大影响或者投资规模较大的政府投资项目，应当在中介服务机构评估、公众参与、专家评议、风险评估的基础上作出是否批准的决定。

（二）企业投资项目决策

企业投资项目，是以各类企业（包括国有企业、民营企业、外商投资企业以及混合所有制企业）为主导，以满足市场需求、追求财务效益、服务企业发展为主要目标，以提供市场化的产品和服务为主要内容，以企业自有资金和依法合规筹措的资金为主要资金来源，以主要由市场配置资源、法律法规和产业政策等未禁止进入的领域为主要投向的经营性和准经营性项目。

根据建立社会主义市场经济体制和投融资体制改革的精神，要平等对待各类投资主体，确立企业投资主体地位，落实企业投资自主权，原则上由企业依法依规自主决策投资行为。企业自主进行投资决策，并不意味着可以"为所欲为"，必须依法接受政府监管，履行相应程序。因此，企业投资项目决策涉及企业内部决策和政府外部管理两个层面。

所谓企业内部决策，是指企业作为独立的投资主体，要对投资项目的市场前景、经济效益、资金来源和产品技术方案等进行自主决策、自担风险。内部决策的程序和方式上，不同所有制、不同组织形式、不同行业、不同规模的企业之间，可能存在较大差异。通常来讲，按照公司法人治理结构的权责划分，企业投资项目一般由企业内部负责战略投资的部门研究提出，经过经营管理层讨论，报董事会等决策层审定，特别重大的投资决策还要报股东大会讨论通过。如果是由若干个项目发起人或投资人共同出资，组建一个新的、具有独立法人资格的项目公司进行投资，则由各个发起人、投资人从股东角度分别履行内部决策程序或授权特定机构进行投资决策。国有企业的投资决策，还应符合国有资产管理部门的有关要求。

所谓政府外部管理，有广义和狭义之分。狭义的外部管理，是指主要由投资主管部门负责实施的核准和备案管理。根据《企业投资项目核准和备案管理条例》，政府仅对关系国家安全、涉及全国重大生产力布局、战略性资源开发和重大公共利益等项目，实行核准管理，具体项目范围以及核准机关、核准权限依照《政府核准的投资项目目录》执行，除此以外的项目一律实行备案管理。适用核准制管理的企业投资项目，企业仅需向政府提交项目申请书。核准机关对项目予以核准的，应当向企业出具核准文件；不予核准的，应当书面通知企业并说明理由。实行备案制管理的企业投资项目，由企业自主决策，在开工建设前通过投资在线平台将项目相关信息告知备案机关，备案机关收到规定的全部备案信息即为备案。企业需要备案证明的，可以要求备案机关出具或者通过投资在线平台自行打印。

广义的外部管理，是指所有企业投资项目都要依法依规办理用地预审与选址、环境影响评价、节能审查等手续。企业内部决策所选定的项目建设运营方案，必须符合这些相关要求，否则项目很难顺利实施。

三、投资项目决策的原则

（一）方向正确

决策重在选择，选择重在方向。对于任何决策而言，方向的正确，永远都处于最重要的位置。投资项目决策时，首先，要确保投资方向符合国民经济和社会发展规划、专项规划、区域规划，符合投资调控政策和重大区域发展战略，符合国土空间规划、土地利用总体规划和城乡规划，符合产业政策和技术标准等；其次，要符合社会进步、经济发展、市场需求、产业升级、技术创新的大趋势，紧跟时代潮流；最后，要符合投资主体的发展战略和自身能力，不盲目进行"跨越式发展"。

（二）定位清晰

投资项目定位清晰，是指对投资建设某一项目的主要目的、预期效果等，如希望项目建成后能发挥怎样的功能或达到怎样的效果，有非常准确明晰的界定。一个项目定位不清晰，失败的可能性会非常大。

从功能定位而言，企业投资项目可能有扩大生产规模、调整产品结构、提高技术含量、降低产品成本、分散经营风险、提高市场占有率等；政府投资项目可能有提供基本公共服务、促进区域协调发展、改善基础设施条件、推进产业结构调整、加强生态环境保护、维护国家安全等。

从效果定位而言，具体是指项目要实现的财务收益、经济效益、社会效益、环境效益、生态效益等。对于经营性项目，首先是关注财务收益，即项目所得税后财务内部收益率达到多少。对于非经营性项目，更加注重社会效益和生态效益等，如一个污水处理项目建成后本地的污水处理率可以提高多少。

（三）目标明确

投资项目决策时，一定要对拟建设一个怎样的项目、怎样建设这一项目，有一个明确界定。这既是投资项目决策的核心内容，也是开展设计、融资、施工、运营等一系列活动的前提和基础。具体而言，建设一个怎样的项目，包括项目的建设内容、建设规模、建设标准、产出方案，以及技术、设备和工程方案等；怎样建设这一项目，包括项目建设工期、实施进度安排、建设管理模式、投资估算、融资方案等。

（四）条件具备

项目必须具备相应条件才能顺利建设实施。投资项目决策时，需要对项目实施条件进行科学评估，看其是否满足项目建设需要、是否能够保障项目正常运营和实现投资效益，确保项目达到预期目标。投资项目实施条件一般包括地形地质条件、资源条件、技术条件、资金条件、原材料燃料供应条件等，相关条件的评估论证是投资项目可行性研究的重要任务。

对政府投资项目而言，在实施条件论证过程中还要从项目全生命周期的角度，全面评估财政可承受能力，避免因难以承担持续运营补贴而导致项目运营困难，或是加大地方政府财政支出压力和债务风险。对于企业投资项目而言，不仅要考虑单个项目的投资支出与财务收益，还需要将投资项目与企业整体的财务资金状况及未来经营预期进行统筹考虑，避免因短期内投资支出过大、现金流入过少而导致企业资金链紧张、财务压力过大。

（五）依法合规

坚持全面依法治国，推进法治中国建设，是全面建成社会主义现代化强国的必然要求。因此，在投资项目全生命周期中，依法合规是其最基本、最基础的要求。投资项目决策时，不仅要遵守《政府投资条例》《企业投资项目核准和备案管理条例》等直接规范投资活动的法规规章，还要遵守与投资活动密切相关的自然资源、城乡规划、生态环境、财政预算、金融监管等各方面的法律法规。依法合规决策，既是投资项目落实各项建设条件、顺利建设实施的重要保障，也可以为日后的正常生产经营、资产处置盘活等打下坚实基础。

（六）风险可控

投资项目在建设和运营过程中，可能面临各种风险，如市场风险、政策风险、资源风险、技术风险、工程风险、资金风险、生态环境风险及社会稳定风险等。在投资项目决策阶段，应对上述各种风险进行分析识别，揭示风险来源，判别风险程度，提出规避风险对策，包括风险回避、风险控制、风险转移等，力争最大限度地降低风险损失，尽可能把风险控制到有限范围。

此外，无论是政府投资项目还是企业投资项目，都要坚持科学决策、民主决策。科学决策，是指决策时要坚持方法科学、依据充分、数据可靠。民主决策，是指决策时要坚持专家论证、独立咨询、集体决策；对经济社会发展、社会公众利益有重大影响或者投资规模较大的政府投资项目，还应当以适当方式实行公众参与。

第二节　可行性研究

可行性研究是对项目产出、要素保障、建设规模、工艺路线、设备选型、

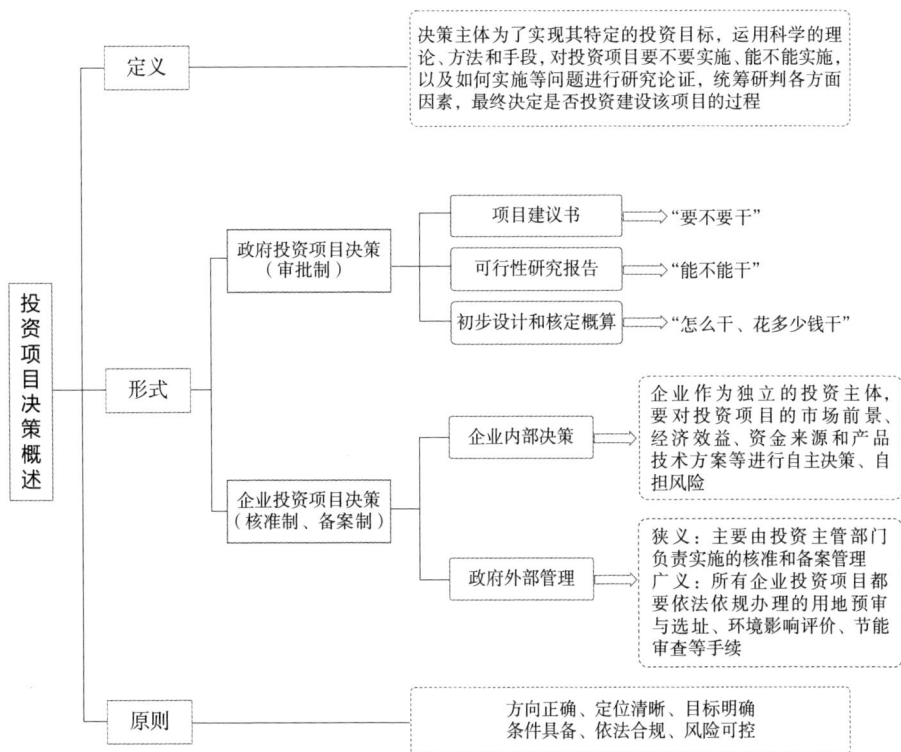

图 5　投资项目决策概述

资金筹措等方案进行策划，从需求、建设、运营、财务、影响及风险管控等角度进行研究分析，提出拟建项目是否值得投资以及如何进行建设与运营的结论与建议。可行性研究成果是项目决策的重要依据，无论是政府投资项目还是企业投资项目，在进行决策时都应高度重视可行性研究工作。

一、可行性研究的阶段划分

按照项目决策论证过程，可以分为投资机会研究、初步可行性研究和可行性研究等三个阶段，分别为项目投资方向决策、投资方案决策和最终投资决策提供依据。在实际决策过程中，根据项目具体情况，可行性研究可以分阶段进行，也可以合并进行。

投资机会研究的目的是鉴别投资方向，为具体项目的初步可行性研究和可行性研究提供投资方向的建议。初步可行性研究需要对项目建设的必要性、可行性及风险可控性进行初步研究，为项目可行性研究奠定基础。

可行性研究应围绕拟建项目的建设必要性、方案可行性及风险可控性三大目标，重点把握需求可靠性、要素保障性、工程可行性、运营有效性、财务合理性、影响可持续和风险可管控等七个维度的研究内容，对拟建项目的建设背景和必要性、需求分析与产出方案、项目选址与要素保障、建设方案、运营方案、投融资与财务方案、影响效果分析、风险管控方案等进行系统深入研究，为项目最终决策提供依据。

二、可行性研究的基本依据

（一）政策法规依据

项目投资建设必须在合法合规的前提下进行。可行性研究对建设必要性、方案可行性以及风险可控性的研究，必须遵循国家、地方及行业有关投资建设的法律法规、投资政策、准入条件等规定。对于利用外资项目，还应符合关于外商投资的相关法规政策。

（二）发展规划依据

可行性研究对拟建项目需求可靠性、要素保障性、工程可行性、运营有效性、财务合理性、影响可持续和风险可管控等方面的研究，必须与经济社会发展规划、区域发展规划、国土空间规划及各类专项规划相衔接，符合相关规划要求。

（三）标准规范依据

可行性研究应按照国家投资主管部门发布的投资项目可行性研究指南和大纲、建设项目经济评价方法与参数等规范指引要求，参照有关部门及专业机构发布的工程建设标准、设计规范、工程定额等规定，对拟建项目相关内容进行系统深入研究，提出科学合理、切实可行的措施方案。

（四）专题研究依据

可行性研究成果的编写，应建立在各种专题研究的基础之上，包括市场研究、竞争力分析、场址比选研究、风险分析等。要针对项目所在地区及行业特点，有针对性地开展各类专题研究，如涉及矿产资源开发的项目，应有经批准的矿产储量报告及矿产勘探报告等。

三、可行性研究的基本原则

（一）预见性

可行性研究不仅应对历史、现状资料进行研究和分析，更重要的是应对未来的市场及社会需求、投资前景和影响效果进行预测和评价。对拟建项目相关的政策走向、发展前景、需求变化、技术演替、建设条件、财务状况、融资环境、产业链供应链安全等进行专业性前瞻性判断，强调战略思维和超前意识，提升预见未来的能力，是可行性研究应坚持的基本原则。

（二）客观性

可行性研究必须坚持实事求是，在调查研究的基础上，按照客观事物的原本属性进行论证和评价。各专业领域的可行性研究工作，不能预设立场和结论，然后按照事先设定的立场和结论反向寻找理由。必须坚持按照拟建项目本来的客观条件进行方案策划和研究评价，得出体现客观性要求的研究结论和建议。

（三）可靠性

可行性研究应根据拟建项目的需求可靠性、要素保障性、工程可行性、运营有效性、财务合理性、影响可持续和风险可管控等总体思路和逻辑框架，结合各部分的研究内容和深度要求，充分考虑项目业主及审查部门的实际需要，提出经得起实践检验的研究结论，切实保证项目建设的安全性和可靠性。

（四）科学性

可行性研究涉及宏观、中观和微观等不同层面，国际国内等不同环境，以及政策法规、工程技术、建设运营、经济社会、资源环境、生态低碳等跨专业领域，必须应用现代技术手段及跨学科研究方法，对拟建项目的建设必要性、方案可行性和风险可控性进行科学评价，为项目科学决策提供强有力的专业支持。

（五）持续性

拟建项目是面向未来的投资，将在今后相当长的时间内持续发挥作用，一些重大基础设施项目往往属于百年工程，且工程实施具有不可逆性。可行性研究工作必须立足项目全生命周期，坚持以人民为中心，贯彻创新、协调、绿色、开放、共享的新发展理念，重视生态文明、环境保护和安全生产，推动美丽中国建设，为实现可持续高质量发展的战略目标服务。

四、可行性研究的主要内容

2002 年，由国家发展计划委员会委托中国国际工程咨询公司组织编写的《投资项目可行性研究指南（试用版）》出版发行。该《指南》将可行性研究的内容划分为项目兴建理由与目标、市场预测、资源条件评价、建设规模与产品方案、场址选择、原材料燃料供应、环境影响评价、项目实施进度、投资估算、融资方案、财务评价、国民经济和社会评价、风险分析等 19 大类。

2023 年，国家发展改革委印发《投资项目可行性研究报告编写大纲及说明（2023 年版）》，具体包括《政府投资项目可行性研究报告编写通用大纲（2023 年版）》《企业投资项目可行性研究报告编写参考大纲（2023 年版）》及《关于投资项目可行性研究报告编写大纲的说明（2023 年版）》，提出以"三大目标、七个维度"为核心内容，即围绕建设必要性、方案可行性及风险可控性三大目标，着重从需求可靠性、要素保障性、工程可行性、运营有效性、财务合理性、影响可持续、风险可管控七个维度，开展系统、专业、深入论证。

（一）需求可靠性研究

政策导向方面，要研究拟建项目与国民经济和社会发展规划、区域规划、专项规划、国土空间规划等重大规划的衔接性，研究拟建项目与扩大内需、共同富裕、乡村振兴、科技创新、节能减排、碳达峰碳中和等重大政策目标的符合性，研究拟建项目与产业政策、行业和市场准入标准的符合性。

市场需求方面，应研究分析拟建项目所在行业的业态、目标市场环境和容量、产业链供应链、产品或服务价格，评价市场饱和程度、项目产品或服务的竞争力等。

公共需求方面，要侧重分析拟建项目在提供公共产品和公共服务、满足经济和社会发展需要、增强国防和社会安全能力等方面的作用与必要性。

在需求分析基础上，论证拟建项目总体目标及分阶段目标，提出拟建项目建设内容和规模，明确项目产品方案或服务方案及其质量要求。

（二）要素保障性研究

通过多方案比较，选择项目最佳或合理的场址或线路方案，分析拟建项目所在区域的自然环境、交通运输、公用工程等建设条件，并进行要素保障分析。

土地要素保障。分析拟建项目相关的国土空间规划、土地利用年度计划、建设用地控制指标等土地要素保障条件，开展节约集约用地论证分析，评价用地规模和功能分区的合理性、节地水平的先进性。说明拟建项目用地总体情况，包括地上（下）物情况等；涉及耕地、园地、林地、草地等农用地转为建设用地的，说明农用地转用指标的落实、转用审批手续办理安排及耕地占补平衡的落实情况；涉及占用永久基本农田的，说明永久基本农田占用补划情况；如果项目涉及用海用岛，应明确用海用岛的方式、具体位置和规模等内容。

资源环境要素保障。分析拟建项目水资源、能源、大气环境、生态等承载能力及其保障条件，以及取水总量、能耗、碳排放强度和污染减排指标控制要求等，说明是否存在环境敏感区和环境制约因素。对于涉及用海的项目，应分析利用港口岸线资源、航道资源的基本情况及其保障条件；对于需围填海的项目，应分析围填海基本情况及其保障条件。对于重大投资项目，应列示规划、用地、用水、用能、环境以及可能涉及的用海、用岛等要素保障指标，并综合分析提出要素保障方案。

（三）工程可行性研究

要从工程技术方案及工程实体建设的角度研究工程可行性。要对项目"技术方案""设备方案""工程方案"的合理性、先进性、适用性、自主性、可靠性、安全性、经济性等进行多方案比选，研究工程技术方案的可行性，确定核心技术方案和核心技术指标，提出关键设备和软件推荐方案，提出工程建设标准、工程总体布置、主要建（构）筑物和系统设计方案、公用工程方案等。

涉及土地征收或用海海域征收的项目，应根据有关法律法规政策规定，提出征收补偿（安置）方案。对于具备条件的项目，研究提出拟建项目设计—施工—运维全过程数字化应用方案。为有序推进项目建设实施，要对项目建设组织模式、工期安排、招标方案等进行分析，明确"建设管理方案"。

（四）运营有效性研究

可行性研究要改变"重建设、轻运营"的做法，强调项目全生命周期的方案优化和系统性论证，重视项目建成后的运营有效性研究。运营方案需要研究运营模式、运营组织方案、安全保障方案、绩效管理方案等内容。要结合项目的工程技术特点，遵循有关部门颁布的各类运营管理标准，确保满足产品或服务质量等要求。要制定项目全生命周期关键绩效指标和绩效管理机制，提出绩效管理要求。要牢固树立安全发展理念，强化运营单位主体责任，明确安全生产责任和应急管理要求。

（五）财务合理性研究

在明确项目产出方案、建设方案和运营方案的基础上，应研究项目投资需求和融资方案，计算有关财务评价指标，评价项目盈利能力、偿债能力和财务持续能力，据以判断拟建项目的财务合理性。

对于政府资本金注入项目和企业投资项目，"盈利能力分析"是项目财务方案的重要内容。"盈利能力分析"重点是现金流分析，通过相关财务报表计算财务内部收益率、财务净现值等指标，判断投资项目盈利能力。财务收入是构成投资项目财务现金流入的主要来源；成本费用是项目产品定价的基础，也是项目财务现金流出的主要构成。

项目"融资方案"是在对项目自身盈利能力进行分析的基础上，研究项目的可融资性，以及采用政策性开发性金融工具、产业投资基金、权益型金融工具、专项债等融资方式的可行性。项目"融资方案"研究需要强化对融资结构、融资成本和融资风险等方面的分析。债务融资的投资项目要重视评价债务清偿能力；如果项目经营期出现经营净现金流量不足，还应研究提出资金接续方案，重点评价项目财务可持续性。

"债务清偿能力分析"是论证项目计算期内是否有足够的现金流量，按照债务偿还期限、还本付息方式偿还项目的债务资金，从而判断项目支付利息、偿还到期债务的能力。政府投资或付费类项目还要分析评价当地财政可负担性和是否可能引发隐性债务等情况。

"财务可持续性分析"是根据财务计划现金流量表，综合考察项目计算期内各年度的投资活动、融资活动和经营活动所产生的各项现金流入和流出，计算净现金流量和累计盈余资金，判断项目是否有足够的净现金流量维持项目的正常运营。

（六）影响可持续研究

可行性研究应重视经济社会、资源环境等外部影响效果的评价，并注意与节能评价、环境影响评价等专项评价的结果相衔接。

"经济影响分析"是从经济资源优化配置的角度，利用经济费用效益分析或经济费用效果分析等方法，评价项目投资的真实经济价值，判断项目投资的经济合理性，从而确保项目取得合理的经济影响效果。重大投资项目还要分析其对宏观经济、区域经济和产业经济的影响。

"社会影响分析"主要从项目可能产生的社会影响、社会效益和社会接受性等方面，研究项目对当地产生的各种社会影响，评价项目在促进个人发展、社区发展和社会发展等方面的社会责任，并提出减缓负面社会影响的措施和方案。

"生态环境影响分析"是从推动绿色发展、促进人与自然和谐共生的角度，分析拟建项目所在地的生态环境现状，评价项目在污染物排放、生态保护、生物多样性和环境敏感区等方面的影响。

"资源和能源利用效果分析"是从实施全面节约战略、发展循环经济等角度，分析论证除了项目用地（海）之外的各类资源节约集约利用的合理性和有效性，提出关键资源保障和供应链安全等方面的措施，评价项目能效水平以及对当地能耗调控的影响。

"碳达峰碳中和分析"通过估算项目建设和运营期间的年度碳排放总量和强度，评价项目碳排放水平，以及与当地"双碳"目标的符合性，提出生态环境保护、碳排放控制措施。

此外，根据项目特点和实际需要，还可以开展安全影响效果论证，更好统筹发展和安全，提升供应链韧性和安全水平，实现经济效益、社会效益、生态效益和安全效益相统一。

（七）风险可管控研究

可行性研究应重视风险管控，确保有效规避项目全生命周期风险。"风险识别与评价"主要是识别项目存在的各种潜在风险因素，包括市场需求、要素保障、关键技术、供应链、融资环境、建设运营、财务盈利性、生态环境、经济社会等领域的风险，并分析评价风险发生的可能性及其危害程度，提出规避重大和较大风险的对策措施及应急预案，即"风险管控方案"和"风险应急预案"，建立健全投资项目风险管控机制。

重大项目应当对社会稳定风险进行调查分析，征询相关群众意见，查找并列出风险点、风险发生的可能性及影响程度，提出防范和化解风险的方案措施，提出采取相关措施后的社会稳定风险等级建议。可能引发"邻避"问题的，应提出综合管控方案。要通过深入分析评价，论证相关风险管控方案能否将项目各种风险均降低到可接受的状态。

五、可行性研究的主要作用

对于企业而言，可以依据可行性研究的成果，自主进行投资项目的内部决策；可以编制项目申请书，申请办理项目核准手续；可以与有关投资人和金融机构洽谈沟通，筹措项目建设资金，申请银行贷款；可以签订与项目相关的各种合同或协议文件；可以向有关行政机关申请办理项目建设所必需的各种手续等。

对于政府而言，可以依据可行性研究的成果，科学合理地审批和决策政府投资项目，核准企业投资，决定是否给予投资补助或贴息资金支持、是否办理相关行政审批手续等。

第三节 政府的审核备管理

对政府投资项目而言，政府履行投资人角色，按照"谁投资、谁决策"的原则，通过审批进行决策管理；对企业投资项目而言，主要由企业自主决策、自担风险，政府仅从"外部性"角度，对企业投资项目进行必要的核准或备案管理。

一、审批政府投资项目

政府投资项目应当编制项目建议书、可行性研究报告、初步设计，按照投资管理权限和规定程序，报投资主管部门或者其他有关部门审批。

（一）政府投资项目的分类

根据《政府投资条例》，政府采取直接投资方式、资本金注入方式投资的项目为政府投资项目。政府投资项目由政府决策并组织或主导建设。

1. 直接投资项目

直接投资项目，是指各级政府安排政府投资资金建设的本级非经营性固定资产投资项目，由有关政府机关或其指定、委托的机构、团体、事业单位等作为项目法人单位组织建设实施。直接投资资金采取政府拨款方式投入，形成的资产归属国家所有。

以国家发展改革委安排的中央预算内直接投资项目为例：第一，安排的项目范围是中央本级（包括中央部门及其派出机构、垂直管理单位、所属事业单位等）非经营性项目；第二，按规定权限和程序审批具体项目；第三，国家发展改革委下达投资计划，财政部下达预算和拨付资金，项目单位按照财政拨款进行收入和支出管理；第四，项目竣工后报批财务决算、办理资产交付使用手续。

2. 资本金注入项目

资本金注入项目，是指政府安排政府投资资金作为项目资本金的经营性固定资产投资项目。政府指定政府出资人代表行使所有者权益，项目建成后政府投资形成相应国有产权。

资本金注入项目的特点和要求是：第一，安排的对象是经营性项目；第二，虽然政府需要出资，但项目建设一般实行企业化管理、由企业作为项目法人，实行独立核算、自负盈亏；第三，对政府出资部分应当按照实际比例确定国有产权（股份），并明确政府出资人代表履行相应的权利和责任；第四，资本金注入项目属于政府投资项目，实行审批制管理。在实践中，政府投资的铁路项目、机场项目等，往往采取资本金注入方式。

（二）项目建议书

1. 项目建议书的定位与作用

项目建议书主要解决项目建设的必要性问题，是政府投资项目建设程序中最初阶段的工作，是项目申请单位根据有关规划、产业政策、生产力布局等因素，经过调查分析，提出对拟建项目框架性的总体设想。

2. 项目建议书的内容和格式

项目建议书一般包括六方面的内容：一是项目提出的目的、必要性和建设依据。阐明项目提出的背景、拟建地点，分析与项目有关的规划等，说明项目建设的必要性。二是项目的需求、拟建规模、建设地点等初步设想。论证项目的公共需求，对拟建项目经济合理性作出评价。三是项目资源情况、建设条件等方面的要求和条件分析。包括资源供应的可行性和可靠性，主要协作条件情况，项目拟建地点水、电及其他公用设施，原材料供应情况分析。四是投资匡算、资金筹措方案，以及偿债能力测算分析。五是项目建设进度的初步安排计划。六是对项目经济、社会效益和社会影响等进行初步分析。

3. 项目建议书的审核与批复

项目建议书是政府选择项目的前提，是开展下一步可行性研究的基础。项目审批部门主要根据有关法律法规和政策要求，审查项目建设的必要性，对符合规定、确有必要建设的项目，批复项目建议书，这在实践中经常被称为项目"立项"。项目建议书批复后，项目单位可以根据项目建议书开展可行性研究，编制可行性研究报告。

为推进投资项目审批制度改革，落实《政府投资条例》有关规定，国家发展改革委于 2021 年 12 月印发《关于进一步推进投资项目审批制度改革的若干意见》，明确要求：对列入相关发展规划、专项规划和区域规划范围的政府投资项目，可以不再审批项目建议书；对改扩建项目和建设内容单一、投资规模较小、技术方案简单的项目，可以合并编制、审批项目建议书、可行性研究报告和初步设计；根据《突发事件应对法》《国家突发公共事件总体应急预案》，为应对自然灾害、事故灾难、公共卫生事件、社会安全事件等突发事件需要紧急建设的政府投资项目，可以在合并编制报批文件、简化审批程序的基础上，通过建立绿色通道、部门集中会商等方式，提高审批效率。

（三）可行性研究报告

1. 可行性研究报告的定位与作用

可行性研究报告主要解决项目建设的可行性问题。可行性研究是对项目在技术上、经济上是否可行的一种分析方法，是进行项目深入技术经济论证的阶段，也是政府投资项目决策的核心和最关键环节。可行性研究报告在整个项目决策过程中起着承上启下的作用，既是前期项目建议书的延伸，也是后续编制初步设计文件的依据。

2. 可行性研究报告的内容和格式

编写可行性研究报告时，应根据审批要求，详细研究项目需求和功能定位，对拟建项目的建设内容与规模、建设方案、要素保障、运营方案、投融资与财务方案、生态环境与经济社会影响、风险识别及管控等进行深入分析，为投资项目决策审批提供依据。

依据《政府投资项目可行性研究报告编制通用大纲（2023 年版）》，政府投资项目可行性研究报告主要包括建设背景和必要性、需求分析与项目产出、选址与要素保障、建设方案、运营方案、投融资与财务方案、影响效果分析、风险管控方案等内容。

3. 可行性研究报告的审核与批复

项目单位在编制完成可行性研究报告后，上报项目审批部门。项目审批部门重点审查可行性研究报告分析的项目经济技术可行性、项目资金筹措等主要建设条件的落实情况，以及项目的经济和社会效益等。对符合有关规定、具备建设条件的项目，批准可行性研究报告。可行性研究报告的批复，标志着项目得以正式决策。

经批准的可行性研究报告是确定建设项目的依据，项目单位可以依据可行性研究报告批复文件，按照规定申请办理规划许可、正式用地等手续，委托设计单位进行初步设计，开展招投标等工作。

（四）初步设计

1. 初步设计的定位与作用

初步设计和概算主要是解决"怎么干、花多少钱干"的问题。初步设计是确定建设方案的基本文件，对所设计的工程作出基本技术决定，并确定工程总造价和基本技术经济指标。概算是根据设计图纸、概算定额、费用定额、设备和材料价格、工资标准等，对项目投资额度进行的概略计算。经核定的投资概算是控制政府投资项目总投资的依据。

2. 初步设计的内容和格式

可行性研究报告批复后，项目单位应根据批复的要求，组织工程设计单位进行项目方案的初步设计、计算投资概算。初步设计应以可行性研究报告为基础，遵循国家有关法规政策、依据有关工程标准规范等进行编制。

初步设计要详细描述项目基本情况和基础指标，明确各单项工程或者单位工程的建设内容、建设规模、建设标准、用地规模、主要材料、设备规格和技术参数等设计方案，并据此编制投资概算。投资概算应当包括国家规定的项目建设所需的全部费用。

初步设计文件应涵盖可行性研究报告批复的全部建设内容，并进一步予以深化，将可行性研究阶段确定的技术路线、工程方案、设备方案、建设内容、建设规模、建设标准等重大问题，通过设计说明书、设计图纸等形式进一步详细化、具体化。

3. 初步设计的审核与批复

项目审批部门要组织相关单位，对初步设计方案及其提出的投资概算是否符合可行性研究报告批复、国家有关标准规范的要求等进行审查把关。一般来说，初步设计审查重点关注以下三个方面。

一是设计深度。初步设计文件编制要符合相关专业设计文件规定的要求，如建筑工程项目，工程技术方案至少有两个以上方案的比选、分析和论证，推荐方案提供的数据合理、理由充分，主要技术问题得到充分考虑和解决。

二是标准规范符合性。建设规模、建设标准符合规定；能耗、水耗、用地等符合国家有关政策标准规定；设计方案和环保设施达到环评审查的要求；设计方案符合消防、抗震、安全、卫生、人防等强制性标准和规范。

三是概算审查。概算编制依据正确、编制方法符合规定，计列费用完整、取费基数准确，建筑装修、主要材料等价格和工程造价等指标合理。为了严格投资控制，投资概算超过经批准的可行性研究报告提出的投资估算10%的，项目单位应当向可行性研究报告审批部门报告，审批部门可以要求项目单位重新报送可行性研究报告。

项目单位应当根据审批意见，修改完善初步设计方案及投资概算。初步设计及其投资概算获批后，项目即完成审批手续，可以进行建设实施。重大政府投资项目，还要按照规定办理开工报告审批手续后，方可开工建设。

二、核准、备案企业投资项目

（一）核准

1. 核准的范围及权限

根据《企业投资项目核准和备案管理条例》，国家主要通过制定《政府核准的投资项目目录》，明确实行核准管理的企业投资项目范围以及核准机关、核准权限。《政府核准的投资项目目录》之外，法律、行政法规和国家有专门规定的，按照有关规定执行。《政府核准的投资项目目录》由国务院投资主管部门会同国务院有关部门提出，报国务院批准后实施，并适时调整。

现行有效的是《政府核准的投资项目目录（2016年本）》。依据该《目录》，政府对农业水利、能源、交通运输、信息产业、原材料、机械制造、轻工、高新技术、城建、社会事业、外商投资、境外投资等12个领域的40余类项目实行核准管理。每一类项目都明确了具体的核准机关，分别是国务院、国务院投资主管部门、国务院行业管理部门、省级政府和地方政府。其中明确由地方政府核准的项目，各省级政府可以根据本地实际情况，具体划分地方各级政府管理权限，制定本行政区域内统一的政府核准投资项目目录。

2. 项目申请书的编制内容

项目申请书应由项目单位自主编制或选择具备相应能力的工程咨询机构编制。项目申请书侧重于经济和社会分析，对拟建项目从规划布局、资源利用、生态环境、经济和社会影响等方面进行综合论证。

依据国家发展改革委 2017 年发布的《项目申请报告通用文本》及《关于〈项目申请报告通用文本〉的说明》，项目申请书主要包括以下四个方面内容。

一是企业基本情况，包括主营业务、营业期限、资产负债、企业投资人（或者股东）构成、主要投资项目、现有生产能力、项目单位近几年信用情况等。

二是项目情况，包括项目名称、建设地点、建设规模、建设内容、产品方案、工程技术方案、主要设备选型、配套公用辅助工程、投资规模和资金筹措方案等，与国民经济和社会发展总体规划、主体功能区规划、专项规划、区域规划等相关规划衔接和协调情况，拟建项目的产业政策、技术标准和行业准入分析，取得规划选址、土地利用等前置性要件的情况等。

三是项目利用资源情况分析以及对生态环境的影响分析，包括资源开发方案、资源利用方案、资源节约措施、生态和环境现状、生态环境影响分析、生态环境保护措施、特殊环境影响等。

四是项目对经济和社会的影响分析，包括社会经济费用效益或费用效果分析、行业影响分析、区域经济影响分析、宏观经济影响分析、社会影响效果分析、社会适应性分析、社会稳定风险分析、其他社会风险及对策分析等。

3. 项目核准

项目核准机关核准企业投资项目时，应从是否危害经济安全、社会安全、生态安全等国家安全，是否符合相关发展建设规划、技术标准和产业政策，是否合理开发并有效利用资源，是否对重大公共利益产生不利影响等方面进行审查。对于外商投资项目，还要从市场准入、资本项目管理等方面进行审查；对影响或者可能影响国家安全的外商投资项目，还要进行安全审查。

核准机关受理项目申请后，需要委托评估的，应当明确评估重点。核准机关应当自受理申请之日起 20 个工作日内作出是否予以核准的决定；项目情况复杂或者需要征求有关单位意见的，经本行政机关主要负责人批准，可以延长核准时限，但延长的时限不得超过 40 个工作日。

核准机关对项目予以核准的，应当向企业出具核准文件；不予核准的，应当书面通知企业并说明理由。2014 年印发的《国家发展改革委办公厅关于印发核准文件格式文本的通知》制定了核准文件格式文本。

4. 核准内容的调整、延期

取得核准文件的项目，有下列情形之一的，项目单位应当及时以书面形式向原项目核准机关提出变更申请。原项目核准机关应当自受理申请之日起 20 个工作日内作出是否同意变更的书面决定：

（1）建设地点发生变更的；

（2）投资规模、建设规模、建设内容发生较大变化的；

（3）项目变更可能对经济、社会、环境等产生重大不利影响的；

（4）需要对项目核准文件所规定的内容进行调整的其他重大情形。

项目自核准机关出具项目核准文件或同意项目变更决定 2 年内未开工建设，需要延期开工建设的，项目单位应当在 2 年期限届满的 30 个工作日前，向项目核准机关申请延期开工建设。项目核准机关应当自受理申请之日起 20 个工作日内，作出是否同意延期开工建设的决定，并出具相应文件。开工建设只能延期一次，期限最长不得超过 1 年。在 2 年期限内未开工建设也未按照规定向项目核准机关申请延期的，项目核准文件或同意项目变更决定自动失效。

（二）备案

1. 备案的范围及机关

《政府核准的投资项目目录》以外的企业投资项目，实行备案管理。除国务院另有规定的，实行备案管理的项目按照属地原则备案，备案机关及其权限由省、自治区、直辖市和计划单列市人民政府规定。根据有关统计，超过96%的企业投资项目实行备案管理。

2. 备案的内容及格式

《企业投资项目核准和备案管理条例》规定，实行备案的项目，企业应当在开工建设前，将项目基本信息告知备案机关，并对备案项目信息的真实性、合法性和完整性负责。具体备案信息包括：

（1）项目单位基本情况；

（2）项目名称、建设地点、建设规模、建设内容；

（3）项目总投资额；

（4）项目符合产业政策声明。

项目备案机关收到以上全部信息即为备案。企业告知的信息不齐全的，备案机关应当指导企业补正。

项目备案机关发现已备案项目属于产业政策禁止投资建设或者依法应实行核准管理，以及不属于固定资产投资项目、依法应实施审批管理、不属于本备案机关权限等情形的，应当通过投资在线平台及时告知企业予以纠正或者依法申请办理相关手续。

3. 备案信息的调整

项目备案后，项目法人发生变化，项目建设地点、规模、内容发生重大变更，或者放弃项目建设的，项目单位应当通过投资在线平台及时告知项目备案机关，并修改相关信息。

按照投资在线平台相关要求，企业投资项目备案信息表如表1所示。

表 1　企业投资项目备案信息表

基本信息			
项目代码		项目名称	
项目类型		项目属性	
审批部门			
国标行业		所属行业	
所属产业结构调整指导目录			
项目目录		建设地点	
建设性质		总投资（万元）	
拟开工时间		拟建成时间	
建设内容			
项目（法人）单位名称		证照号码	
联系人		联系人电话	
审批事项办理信息			
序号	事项名称	批复文件标题	批复文号	批复时间
1				
2				
3				

4. 对备案项目的监管

国家发展改革委 2018 年出台的《企业投资项目事中事后监管办法》对备案项目监管作出统一制度安排，主要包括：

一是明确监管内容。即是否通过投资在线平台如实、及时报送项目开工建设、建设进度、竣工等建设实施基本信息；是否属于实行核准管理的项目；是否按照备案的建设地点、建设规模、建设内容进行建设；是否属于产业政策禁止投资建设的项目。

二是明确监管方式。备案机关应当根据"双随机一公开"的原则，结合投资调控实际需要，定期制订现场核查计划。

三是明确监管手段。项目建设与备案信息不符或已开工项目应备案但未依法备案的，备案机关应当责令限期改正；逾期不改正的，依法处以罚款并列入失信企业名单，向社会公开。

三、先评估、后决策

（一）"先评估、后决策"的由来

1985 年，在时任国务委员兼国家计委主任宋平同志的建议和推动下，国家计委向国务院报送了《关于加强中国国际工程咨询公司的报告》，并得到了国务院有关领导同志同意。在这份报告中，明确提出"今后新上的基本建设大中型项目和技术改造限额以上的项目，其可行性研究报告和大型工程的设计，由国家计委委托中国国际工程咨询公司对技术方案、工艺流程和经济效益（包括投入产出）进行评估，提出意见后再由国家计委研究可否列入计划"。由此，我国基本建设领域正式确立了"先评估、后决策"的制度安排。

2004 年以前，所有由国务院、国家计委（国家发展改革委）审批的项目，均由中国国际工程咨询公司进行评估。2004 年《国务院关于投资体制改革的决定》提出，"政府投资项目一般都要经过符合资质要求的咨询中介机构的评估论证，咨询评估要引入竞争机制"。这既进一步确立了"先评估、后决策"的制度安排，又提出了咨询评估要引入竞争机制的明确要求。根据这一要求，国家发展改革委于 2004 年 9 月印发了《委托投资咨询评估管理办法》，2004 年 12 月确定了承担国家发展改革委委托投资咨询评估任务的咨询机构名单，共 35 家。2009 年、2015 年，两次调整了咨询机构名单和咨询评估管理办法。2022 年，再次修订了《国家发展改革委投资咨询评估管理办法》，确定了承担委托评估任务的 40 家咨询机构名单。

（二）咨询评估机构的选取

根据 2022 年《国家发展改革委投资咨询评估管理办法》，国家发展改革委按照以下程序确定咨询评估机构：根据有关工作需要，确定咨询评估专业；根据确定的咨询评估专业，除特殊专业或事项外，原则上经过公开招标采购程序，提出咨询评估机构名单，经国家发展改革委领导审核，确定咨询评估机构并予以公告。

入选的咨询评估机构应当具备以下条件：通过投资在线平台备案并列入公示名录；具有所申请专业的甲级资信等级，或具有甲级综合资信等级；近3年完成所申请专业国家级规划，以及总投资3亿元以上项目可行性研究报告、项目申请书编制，项目建议书、可行性研究报告、项目申请书、项目资金申请报告及规划的评估业绩共不少于20项（特殊行业除外）。

（三）对咨询评估机构的管理

《国家发展改革委投资咨询评估管理办法》对投资咨询评估机构的管理提出了明确要求，主要有以下四个方面：

一是强化客观公正。工程咨询单位应按照专业、独立、客观、公正原则提出咨询评估意见；咨询评估机构和参与评估评审的专家不得有违背独立公正原则、损害其他单位利益、违反保密和廉政要求等行为。咨询评估机构和参与咨询评估相关人员应当签订承诺书。

二是强化培训指导。建立平时有交流、年中有检查、年度有考核的咨询评估工作机制，指导和督促咨询评估机构不断提升咨询评估质量。加强对咨询评估机构的政策培训和业务指导，不断提升评估工作质量。

三是强化质量评价。加强评估报告质量管理，评价结果与咨询评估服务费用、咨询评估机构动态管理相挂钩。对咨询评估报告质量较差的，采取约谈、警告、暂停资格等惩戒措施，情节严重的从咨询评估机构名单中删除。

四是强化监督检查。每年选择部分咨询评估机构，对其咨询评估报告的质量进行评价、核查；结合咨询评估机构任务完成情况、评估报告质量评价、相关抽查核查结果等，对咨询评估机构进行年度考核。

（四）咨询评估的时限和责任

咨询评估机构接受委托评估任务后，应在规定的时限内完成评估任务。国家发展改革委委托咨询评估任务的完成时限一般不超过30个工作日，规划评估不超过45个工作日。咨询评估机构因特殊情况确实难以在规定时限内完成的，征得国家发展改革委主办司局书面同意后，可以延长完成时限，但延长的期限不得超过60个工作日。

工程咨询单位应按照专业、独立、客观、公正的原则提出咨询评估意见，促进投资决策更加科学、规范、高效；工程咨询单位及其从业人员应当遵守国家法律法规和政策要求，恪守行业规范和职业道德，积极参与和接受行业自律管理。工程咨询单位在开展项目咨询业务时，应在咨询成果文件中作出信用承诺，工程项目在设计使用年限内，因工程咨询质量导致项目单位重大损失的，应倒查咨询成果质量责任，形成工程咨询成果质量追溯机制。

现实工作中，很多地方发展改革部门参照国家发展改革委投资咨询评估的管理方式，制定了本地区咨询评估机构管理办法，遴选确定相应的咨询评估机构"短名单"，为其投资管理工作提供智力支撑。

第四节　影响决策的共性因素

投资项目决策时，不仅要认真进行可行性研究，严格按规定履行审批、核准或备案手续，还要考虑如何依法获取项目建设所必需的土地、矿产、水等重要资源，符合生态环境保护要求，满足市场和行业准入标准。这些因素会直接影响项目决策的内容和结果。

一、重要资源获取

（一）土地资源

土地是资源要素的重要内容。在投资决策阶段，报请项目审批、核准时，投资主体应当按照规定附送建设项目用地预审与选址意见书。土地资源获取渠道包括以政府供应为主的一级市场和以市场主体之间转让、出租、抵押为主的二级市场。

1. 一级市场

（1）划拨

土地使用权划拨，是指经县级以上人民政府依法批准，在土地使用者依法缴纳土地补偿费、安置补偿费及其他费用后将该幅土地交付其使用，或者将土地使用权无偿交付给土地使用者使用的行为。

符合《划拨用地目录》（国土资源部令第9号）的建设项目，可以通过划拨方式获得土地使用权，主要包括：国家机关用地和军事用地；城市基础设施用地和公益性事业用地；国家重点扶持的能源、交通、水利等基础设施用地；法律、法规规定的其他用地。此外，保障性住房建设项目亦可通过划拨方式获得土地使用权。

划拨用地通常无使用期限制，无需缴纳土地出让金。但划拨用地不能随意改变用途，如在使用过程中确需改变用途的，应经土地主管部门同意，并报原批准用地的政府批准。改变用途后不再符合划拨目录的，应实行出让等有偿使用方式，补缴土地出让金。

近年来，国家为推进土地节约集约利用，深化国有建设用地有偿使用制度改革，逐步对经营性基础设施和社会事业用地实行有偿使用，缩小划拨供地范围。

（2）出让

除划拨方式外，国家依法实行国有土地有偿使用制度，方式包括出让、租赁、作价出资或入股。其中，土地使用权出让，是指国家将国有土地使用权在一定年限内出让给土地使用者，由土地使用者向国家支付土地使用权出让金的行为。

除依法可以采取协议方式外，国有土地使用权出让应当采取招标、拍卖、挂牌等竞争性方式确定土地使用者，具体按照《招标拍卖挂牌出让国有建设用地使用权规定》进行，标底或底价不得低于国家最低价标准。协议出让按照《协议出让国有土地使用权规定》进行，出让价格不得低于最低价标准。

建设单位应当按照土地使用权出让合同的约定使用土地；确需改变土地用途的，应当符合规划，经有关人民政府土地主管部门同意，报原批准用地的人民政府批准。

土地使用权出让最高年限按照《城镇国有土地使用权出让和转让暂行条例》划分的不同用途确定，使用年限届满需要继续使用土地的，可申请续期，经批准后应当重新签订出让合同，依照规定支付出让金。如未申请续期或者虽申请续期但未获批准的，土地使用权由国家无偿收回。

（3）占补平衡

我国严格控制建设用地总量，严格限制农用地转为建设用地。建设项目确需占用农用地的，由国务院或者国务院授权的省、自治区、直辖市人民政府批准，具体按照《土地管理法实施条例》的规定办理农用地转用审批手续。

国家对农用地的耕地实行特殊保护，实行占用耕地补偿制度。非农业建设项目经批准占用耕地的，按照"占多少、垦多少"的原则（即占补平衡），由项目建设单位负责开垦与所占用耕地数量和质量相当的耕地；没有条件的，应当按照国家和地方规定缴纳农用地开垦费，专款用于开垦新的耕地。

耕地中的永久基本农田受到国家更为严格的保护，经依法划定后，任何单位和个人不得擅自占用或改变其用途。能源、交通、水利、军事设施等国家重点建设项目选址确实难以避让永久基本农田，涉及农用地转用或者土地征收的，必须经国务院批准。

2. 二级市场

为提高存量土地资源配置效率，我国有序推进土地二级市场建设，基本形成了以市场主体之间转让、出租、抵押为主的二级市场，交易对象是国有建设用地使用权，重点针对土地交易以及土地连同地上建筑物、其他附着物等整宗地一并交易的情况。

转让是指土地使用者将土地使用权再转移的行为，包括买卖、交换、赠与、出资，以及司法处置、法人或其他组织合并或分立等形式涉及的建设用地使用权转移。通过转让方式取得的土地使用权，其使用年限为土地使用权出让合同规定的使用年限减去原土地使用者已使用年限后的剩余年限。出租是指在不违背土地使用权出让合同的规定下，承租人依据租赁合同向土地使用者租赁土地使用权（随同地上建筑物、其他附着物），并向出租人支付租金。土地使用权可以抵押，但投资项目无法通过抵押取得土地使用权。

特别地，以划拨取得的建设用地使用权转让，须依法批准，如土地用途不符合《划拨用地目录》的，项目单位须依法依规补缴土地出让价款。

3. 土地用途调整

我国实行土地用途管制制度，建设项目应当按照土地使用权划拨批准文件或出让合同的约定使用土地。但在特定领域国家允许依法依规调整土地用途，以有效盘活存量资产，形成存量资产和新增投资的良性循环。

建设项目确需改变土地建设用途的，应经有关人民政府土地主管部门同意，并报原批准用地的人民政府批准。其中，在城市规划区内改变土地用途的，在报批前，应当先经城市规划行政主管部门同意。

（二）矿产资源

矿产资源属于国家所有，由国务院行使国家对矿产资源的所有权，实行探矿权、采矿权（合称矿业权）有偿取得的制度，开采矿产资源必须按照国家有关规定缴纳资源税和资源补偿费。

涉及开发利用矿产资源的建设项目可通过以下四种方式获得矿业权。

1. 出让

申请人可向登记管理机关以申请、招标、拍卖等方式获得采矿许可证。办理登记手续时需要缴纳采矿权使用费、采矿权价款和登记费，方可领取采矿许可证，成为采矿权人。

使用申请方式获得采矿许可证，采矿权申请人应根据《矿产资源开采登记管理办法》向相应矿种的审批登记部门提出申请。通过招标获得采矿许可证，遵照招投标相关法律法规的规定，中标后办理登记手续，方可领取采矿许可证，成为采矿权人。如设定资金投入为标底进行招标的，还需要在办理手续时交纳押金。通过拍卖获得采矿许可证，遵照拍卖相关法律法规的规定进行，按《矿业权出让转让管理暂行规定》有关规定缴纳费用和拍卖价款，办理登记手续，方可领取许可证。

采矿许可证有效期按照矿山建设规模确定，有效期届满可以办理延续登记手续。

2. 转让

项目单位可通过与其他矿业权人签订矿业权转让合同来获得矿业权，转让须符合《矿产资源法》的规定。转让方式包括出售、作价出资、合作、重组改制等。转让时双方必须办理变更登记手续。

3. 出租

项目单位可通过与其他矿业权人签订矿业权租赁合同并支付租金来获得矿业权，须符合矿业权转让的条件。

4. 随其他权利获得矿业权

根据《国土资源部关于开山凿石、采挖砂、石、土等矿产资源适用法律问题的复函》的规定，建设单位因工程施工而动用砂、石、土，但不将其投入流通领域以获取矿产品营利为目的，或就地采挖砂、石、土用于公益性建设的，不办理采矿许可证，不缴纳资源补偿费。

（三）水资源（取水许可）

水资源属于国家所有，包括地表水和地下水。除农村集体经济组织及其成员使用本集体经济组织的水塘、水库中的水外，国家对水资源依法实行取水许可和有偿使用制度，对用水实行总量控制和定额管理相结合的制度。除《取水许可和水资源费征收管理条例》（国务院令第460号）第四条规定的情形外，投资项目利用取水工程或者设施①直接从江河、湖泊或者地下取用水资源的，都应当向水行政主管部门或者流域管理机构申请领取取水许可证，缴纳水资源费（或者水资源税②），取得取水权。

申请取水的建设单位或者项目法人，在项目开工建设前应按照《取水许可和水资源费征收管理条例》和水利部《取水许可管理办法》等相关规定，向具有审批权限的审批机关提出申请。在取得取水申请批准文件后，依据批准文件建设取水工程或者设施，按照有关规定安装取水计量设施，并在取水工程或者设施建成并试运行满30日后，向取水审批机关申请核发取水许可证。项目应当按照经批准的年度取水计划取水，并按照超定额累进加价制度等规定计量缴费。

除此之外，项目还可以通过取水权交易获得取水权。取水权交易是指获得取水权的取水用户，通过调整产品和产业结构、改革工艺、节水等措施节约水资源的，在取水许可有效期和取水限额内向符合条件的其他单位或个人有偿转让相应取水权的取水权交易。取水权交易完成后，转让方和受让方依法办理取水许可手续，受让方获得一定期限和取水限额的取水许可证。

---

① 取水工程或者设施，是指闸、坝、渠道、人工河道、虹吸管、水泵、水井、水电站等。
② 水资源税，是指国家对使用水资源征收的税种。《地下水管理条例》（国务院令第748号）第二十四条规定，对取用地下水的单位和个人试点征收水资源税。征收水资源税的，停止征收水资源费。

（四）用海（用岛、海岸线）

海域属于国家所有。单位和个人使用海域，必须依法取得海域使用权，以有偿为原则。涉及海域使用的建设项目，应当进行海洋使用论证。需政府部门审批、核准的建设项目，应当在项目审批、核准前完成用海预审。通过申请审批方式出让海域使用权的项目申请人，按用海批复要求缴纳海域使用金、办理登记后取得海域使用权。通过招标或者拍卖方式出让海域使用权的项目中标人、买受人，持价款缴纳凭证和海域使用权出让合同办理登记后取得海域使用权。此外，依照《海域使用权管理规定》，具备条件的项目亦可通过出售、赠与、作价入股、交换等方式，经原批准用海的海洋行政主管部门批准后依法取得海域使用权。海域使用权根据不同用海类型拥有 15—50 年的期限。

国家对海岛实行科学规划、保护优先、合理开发、永续利用的原则。有居民海岛的开发建设应当遵守有关城乡规划、环境保护、土地、海域使用等法律、法规的规定，进行资源评估及环境影响评价，保护海岛及其周边海域生态系统。无居民海岛属于国家所有，涉及开发利用无居民海岛的建设项目，应当向省级人民政府海洋主管部门提出申请，并提交项目论证报告、开发利用具体方案等申请文件，由海洋主管部门审查后报省级人民政府审批，依据《无居民海岛使用金征收使用管理办法》通过申请审批或招拍挂的方式完成使用权出让程序，缴纳相应使用金并登记取得使用权。

国家根据海岸线的自然条件和开发程度，将其分为严格保护、限制开发和优化利用三个类别，实施分类保护与利用。确需占用海岸线的建设项目，应当遵循海岸线保护与利用规划。占用自然岸线的建设项目，应严格按照海域及土地使用等法律法规进行论证和审批，并在海域使用论证报告中明确提出占用自然岸线的必要性与合理性结论，确保满足自然岸线保有率管控目标和要求。占用人工岸线的建设项目，应按照集约节约利用的原则高效利用。

二、生态环境影响

（一）环境影响评价

环境影响评价是针对建设项目实施后可能造成的环境影响进行分析、预测和评估，提出预防或者减轻不良环境影响的对策措施，并进行跟踪监测的方法与制度。环境保护主管部门对项目是否符合环境影响评价的法律法规要求，是否符合环境功能区划，拟采取的环保措施能否有效治理环境污染和防止生态破坏等负责。建设项目的环境影响评价文件未依法经审批部门审查或审查后未予批准的，建设单位不得开工建设。

环境影响评价根据建设项目对环境的影响程度实行分类管理。可能造成重大环境影响的项目，应当编制环境影响报告书，对产生的环境影响进行全面评价；可能造成轻度环境影响的，应当编制环境影响报告表，对产生的环境影响进行分析或者专项评价；对环境影响很小、不需要进行环境影响评价的，应当填报环境影响登记表。《建设项目环境影响评价分类管理名录》具体明确了纳入环评管理的项目范围，由国务院生态环境主管部门制定并公布，现行有效的为 2021 年版本。

环境影响报告书、环境影响报告表实行分级审批管理。《生态环境部审批环境影响评价文件的建设项目目录》明确了国家层面审批的项目，目录外的均由地方生态环境部门审批。国务院生态环境主管部门主要负责审批核设施、绝密工程等特殊性质的建设项目，跨省、自治区、直辖市行政区域的建设项目，以及由国务院审批的或者由国务院授权有关部门审批的建设项目的环境影响评价文件。环境影响登记表实行备案管理，由县级环境保护主管部门负责。建设项目的建设地点涉及多个县级行政区域的，建设单位应当分别向各所在地的县级环境保护主管部门备案。海洋工程建设项目的海洋环境影响报告书的审批，依照《海洋环境保护法》的规定办理。

按照投资体制改革精神，2016 年"放管服"改革以来，除部分特殊项目外，环境影响评价不再作为项目审批和核准的前置条件，但从项目决策内容和要求来看，环境影响评价的结论，往往会直接影响项目决策的依据文件和结果。因此，为避免出现"申报材料前后不一致、后件否定前件"的问题，在实际办理项目审批手续时，项目单位有时会加强两者之间的协调，环境影响评价审批往往先于可行性研究报告审批，或者同时完成。

（二）能耗强度和总量"双控"

实行能源消费强度和总量"双控"是落实生态文明建设要求、促进节能降耗、推动高质量发展的一项重要制度性安排。国家将能耗强度降低作为国民经济和社会发展五年规划的约束性指标，合理设置能源消费总量指标，并向各省（自治区、直辖市）分解下达能耗双控五年目标。国家层面一般会预留一定总量指标，统筹支持国家重大项目用能需求、可再生能源发展等。

国家对重大项目实行能耗统筹。由党中央、国务院批准建设且在五年规划当期投产达产的有关重大项目，经综合考虑全国能耗"双控"目标，并报国务院备案后，在年度和五年规划当期能耗双控考核中对项目能耗量实行减免。

对于高耗能高排放项目，国家予以坚决管控。对新增能耗 5 万吨标准煤及以上的"两高"项目，国家发展改革委会同有关部门对照能效水平、环保要求、产业政策、相关规划等要求加强窗口指导；对新增能耗 5 万吨标准煤以下的"两高"项目，根据能耗双控目标任务严格把关。对不符合要求的"两高"项目，要严把节能审查、环评审批等准入关，金融机构不得提供信贷支持。

（三）节能

为促进投资项目科学合理利用能源，从源头上杜绝能源浪费，提高能源利用效率，加强能源消费总量管理，投资项目要进行节能审查。根据《固定资产投资项目节能审查办法》，节能审查是指根据节能法律法规、政策标准等，对项目能源消费、能效水平及节能措施等进行审查并形成审查意见的行为。节能审查意见是项目开工建设、竣工验收和运营管理的重要依据。未按规定进行节能审查或节能审查未通过的项目，建设单位不得开工建设，已经建成的不得投入生产、使用。

节能审查由地方节能审查机关负责，对项目能耗情况实行分级审查管理。年综合能源消费量（电力折算系数按当量值）10000 吨标准煤及以上的投资项目，其节能审查由省级节能审查机关负责；其他投资项目，其节能审查管理权限由省级节能审查机关依据实际情况自行决定；年综合能源消费量不满 1000 吨标准煤且年电力消费量不满 500 万千瓦时的投资项目，涉及国家秘密的投资项目以及用能工艺简单、节能潜力小的行业的投资项目，应按照相关节能标准、规范建设，可不单独编制节能报告，不再单独进行节能审查。

（四）水土保持

水土保持是指对自然因素和人为活动造成水土流失所采取的预防和治理措施。国务院水行政主管部门主管全国的水土保持工作。县级以上地方人民政府水行政主管部门，主管本辖区的水土保持工作。按照《水土保持法》有关规定，在山区、丘陵区、风沙区修建铁路、公路、水工程，开办矿山企业、电力企业和其他大中型工业企业，在建设项目环境影响报告书中，必须有水行政主管部门同意的水土保持方案。在山区、丘陵区、风沙区依照《矿产资源法》的规定开办乡镇集体矿山企业和个体申请采矿，必须持有县级以上地方人民政府水行政主管部门同意的水土保持方案，方可申请办理采矿批准手续。建设项目中的水土保持设施，必须与主体工程同时设计、同时施工、同时投产使用。

（五）排污许可

为规范企事业单位的排污行为，国务院办公厅 2016 年发布了《控制污染物排放许可制实施方案》，明确环境保护部门实施排污许可制，对企事业单位发放排污许可证并依证监管。根据《排污许可管理条例》《固定污染源排污许可分类管理名录（2019 年版）》等规定，对排放污染物的企业事业单位和其他生产经营者按照污染物产生量、排放量，对环境的影响程度等因素，实行排污许可重点管理、简化管理和登记管理。实行登记管理的排污单位，不需要申请取得排污许可证，应当在全国排污许可证管理信息平台填报排污登记表，登记相关信息。排污单位生产经营场所所在地设区的市级环境保护主管部门负责排污许可证核发。

三、市场准入等要求

（一）市场准入

投资的市场准入主要包括两个方面：第一，打破垄断，鼓励其他所有制经济进入国有垄断行业；第二，设定一定的准入标准，包括对项目设定规模、技术、环保、能耗、资源综合利用、安全等方面的准入门槛，对不符合国家经济社会发展要求的项目进行限制。

我国从 2018 年起正式实行全国统一的市场准入负面清单制度，实现"非禁即入"，目前执行的是《市场准入负面清单（2022 年版）》。市场准入负面清单分为禁止和许可两类事项。对禁止准入事项，市场主体不得进入，行政机关不予审批、核准，不得办理有关手续；对许可准入事项，包括有关资格的要求和程序、技术标准和许可要求等，或由市场主体提出申请，行政机关依法依规作出是否予以准入的决定，或由市场主体依照政府规定的准入条件和准入方式合规进入；对市场准入负面清单以外的行业、领域、业务等，各类市场主体皆可依法平等进入。

（二）强制性标准

投资项目决策应确保项目建设方案符合消防、抗震、安全、卫生、人防等强制性标准和规范。按照《工程建设国家标准管理办法》规定，工程建设勘察、规划、设计、施工（包括安装）及验收等通用的综合标准和重要的通用质量标准，工程建设通用的有关安全、卫生和环境保护标准，工程建设重要的通用术语、符号、代号、量与单位、建筑模数和制图方法标准，工程建设重要的通用试验、检验和评定方法等标准，工程建设重要的通用信息技术标准，国家需要控制的其他工程建设通用标准等，属于强制性标准，投资项目决策时应确保满足相关标准要求。

（三）特定审核要求

一些特定领域的强制或限制性要求，亦是投资项目决策时需要重点考虑的内容，应按规定履行相应的审核审批手续。例如，建设与航道有关的工程，包括跨越、穿越航道的桥梁、隧道、管道、渡槽、缆线等建筑物、构筑物，通航河流上的永久性拦河闸坝，航道保护范围内的临河、临湖、临海建筑物、构筑物，包括码头、取（排）水口、栈桥、护岸、船台、滑道、船坞、圈围工程等，须进行航道通航条件影响评价审核。超限高层建筑工程，须进行超限高层建筑抗震设防审批。涉及国家安全事项的建设项目，如重要国家机关、军事设施、国防军工单位和其他重要涉密单位周边安全控制区域内的建设项目的新改扩建行为，部分地方法规规章中明确的国际机场、出入境口岸、火车站、重要邮（快）件处理场所、电信枢纽场所等工程，须进行涉及国家安全事项的建设项目审批。

影响投资项目决策的共性因素

重要资源获取
- 土地资源
- 矿产资源
- 水资源（取水许可）
- 用海（用岛、海岸线）
- ······

生态环境影响
- 环境影响评价
- 能耗强度和总量控制
- 节能
- 水土保持
- 排污许可
- ······

市场准入等要求
- 市场准入
- 强制性标准
- 特定审核要求
- ······

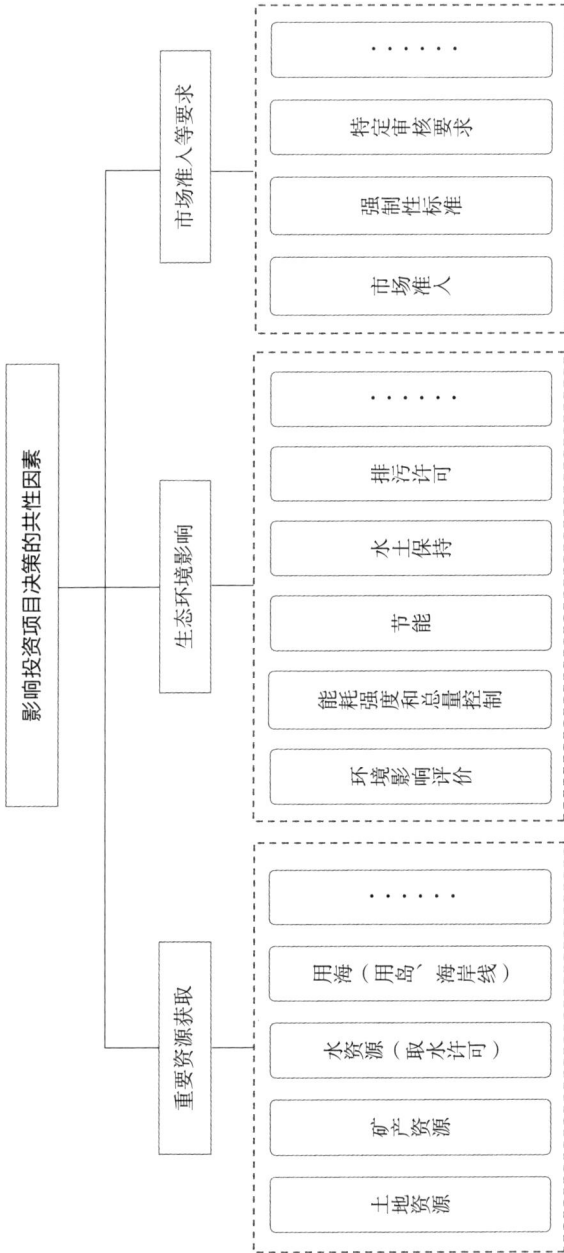

图6 影响投资项目决策的共性因素

第五章　投资项目融资

投资项目融资，是项目法人通过多种途径和方式筹措项目建设资金的过程。项目融资成功是投资建设得以实现的必要前提。投资项目要力争实现满足建设需要、资金来源可靠、融资结构合理、融资成本低、融资风险小的融资结果，保障项目顺利建设实施，并为项目运营打下良好基础。

第一节　项目融资概述

投资项目融资时，要遵循投资项目资本金制度，精心设计融资方案，有效识别和防范项目融资风险。

一、投资项目资本金制度

投资项目资本金制度，是指在项目总投资中，必须有一定比例的非债务性资金。投资项目资本金是制定融资方案、筹措建设资金，以及金融机构提供融资支持时必须考虑的关键因素之一。

（一）投资项目资本金制度的建立和完善

20 世纪 90 年代中前期，投资领域的高负债情况十分严重，许多项目主要依靠负债进行建设，甚至有大量的"无本投资"项目，建成投产后债务负担十分沉重，严重影响了企业经营效益和银行贷款质量，同时导致投资过快增长。

为了深化投资体制改革，建立投资风险约束机制，有效控制投资规模，提高投资效益，促进国民经济持续、快速、健康发展，1996 年国务院印发了

《关于固定资产投资项目试行资本金制度的通知》，建立了投资项目资本金制度。此后，国家根据经济发展形势和投资建设需要，多次对投资项目资本金制度进行调整完善，2004 年、2009 年、2015 年主要是调整项目资本金比例，2019 年《国务院关于加强固定资产投资项目资本金管理的通知》还对项目资本金制度的一些重点内容进行了较大幅度改进。

（二）投资项目资本金制度的核心内容

1. 投资项目资本金的定义和适用范围

投资项目资本金，是指在投资项目总投资中，由投资者认缴的出资额，对投资项目来说是非债务性资金，项目法人不承担这部分资金的任何债务和利息；投资者可按其出资比例依法享有所有者权益，也可转让其出资，但不得以任何方式抽回。党中央、国务院另有规定的除外。

投资项目资本金制度适用于我国境内的企业投资项目和政府投资的经营性项目（即资本金注入项目）。政府投资的非经营性项目（即直接投资项目）不适用投资项目资本金制度。

2. 投资项目资本金的来源

投资项目资本金可以用货币出资，也可以用实物、工业产权、非专利技术、土地使用权作价出资。对作为资本金的实物、工业产权、非专利技术、土地使用权，必须经过有资格的资产评估机构依照法律、法规评估作价，不得高估或低估。

投资者以货币方式认缴的资本金，其资金来源有：

（1）各级人民政府的财政预算资金、国家批准的各种专项建设基金、土地批租收入、国有企业产权转让收入、地方人民政府按国家有关规定收取的各种规费。地方政府可按有关规定将政府专项债券作为符合条件的重大项目资本金。

（2）国家授权的投资机构及企业法人的所有者权益（包括资本金、资本公积金、盈余公积金和未分配利润、股票上市收益资金等）、企业折旧资金等。

（3）投资者按照国家规定从资金市场上筹措的资金。例如，对基础设施领域和国家鼓励发展的行业，鼓励项目法人和项目投资方通过发行权益型、股权类金融工具，多渠道规范筹措投资项目资本金。通过发行金融工具等方式筹措的各类资金，按照国家统一的会计制度应当分类为权益工具的，可以认定为投资项目资本金，但不得超过资本金总额的50%。

（4）社会个人合法所有的资金。

（5）国家规定的其他可以用作投资项目资本金的资金。

3. 投资项目资本金比例

项目资本金制度按行业领域规定了项目最低资本金比例，国家根据经济发展形势需要，对最低资本金比例进行动态调整，既有助于调控投资规模、调整投资结构，又有利于建立投资风险约束机制，减轻企业债务负担、保障合理投资收益。

2004年，为缓解投资增长过快、新开工项目过多、在建规模过大、投资结构不合理等经济运行中的突出矛盾，国务院将钢铁项目的资本金比例由25%及以上提高到40%及以上，将水泥、电解铝、房地产开发项目的资本金比例由20%及以上提高到35%及以上。

2009年，为应对国际金融危机，扩大国内需求，促进结构调整，国务院采取有保有压、区别对待的方式，对投资项目资本金比例进行调整，提高了电解铝、电石、铁合金、烧碱、焦炭、黄磷等项目的最低资本金比例要求，降低了基础设施、基础产业、民生工程项目的资本金比例要求。

2015年，为解决重大民生和公共领域投资项目融资难、融资贵问题，补短板、增后劲，保持经济平稳健康发展，国务院降低了符合民生需要和经济发展的重大基础设施项目最低资本金比例。

2019年，为更好地发挥投资项目资本金制度的作用，做到有保有控、区别对待，促进有效投资和风险防范紧密结合、协同推进，国务院将港口、沿海及内河航运项目的最低资本金比例由25%下调为20%；对其他补短板领域的基础设施项目，在投资回报机制明确、收益可靠、风险可控的前提下，允许项目最低资本金比例按照不超过5个百分点的幅度下浮。

（三）投资项目资本金制度的实施要求

1. 投资项目资本金核算

设立独立法人的投资项目，其所有者权益可以全部作为投资项目资本金。对未设立独立法人的投资项目，项目单位应设立专门账户，规范设置和使用会计科目，按照国家有关财务制度、会计制度对拨入的资金和投资项目的资产、负债进行独立核算，并据此核定投资项目资本金的额度和比例。

2. 投资项目资本金的审查和确认

适用资本金制度的投资项目，属于政府投资项目的，有关部门在审批可行性研究报告时要对投资项目资本金筹措方式和有关资金来源证明文件的合规性进行审查，并在批准文件中就投资项目资本金比例、筹措方式予以确认；属于企业投资项目的，提供融资服务的有关金融机构要加强对投资项目资本金来源、比例、到位情况的审查监督。金融机构在认定投资项目资本金时，应严格区分投资项目与项目投资方，依据不同的资金来源与投资项目的权责关系判定其权益或债务属性，自主决定是否发放贷款以及贷款数量和比例。

3. 禁止违规筹措投资项目资本金

项目借贷资金和不符合国家规定的股东借款、"名股实债"等资金，不得作为项目资本金。筹措投资项目资本金，不得违规增加地方政府隐性债务，不得违反国家有关国有企业资产负债率相关要求。通过发行金融工具等方式筹措的各类资金，存在下列情形之一的，不得认定为投资项目资本金：（1）存在本息回购承诺、兜底保障等收益附加条件；（2）当期债务性资金偿还前，可以分红或取得收益；（3）在清算时受偿顺序优先于其他债务性资金。

二、项目融资结构

融资结构也称广义的资本结构，指投资项目在筹集资金时，不同渠道资金之间的有机构成及比例关系。项目融资与企业融资的分类方式类似，从筹措资金的性质来说主要分为权益融资和债务融资，从融资方式来说分为直接融资和间接融资。这两种最主流的区分方式决定了项目的融资、资金和担保结构。

（一）权益融资和债务融资

权益融资的发起实施主体多为代表项目投资方的股东，债务融资的发起实施主体多为项目公司自身。权益融资主要通过增加所有者权益来获取，如自有资金、发行股票、增资扩股、利润留存等。权益融资一般不需要偿还和支付利息，根据项目经营情况依规进行分红、派息。债务融资指增加项目公司的负债，例如向银行贷款、发行债券等。债务融资到期必须偿还，一般还要支付利息。

权益融资和债务融资的资金来源不同，所对应的风险与成本收益不同，产生的影响和约束也不同。权益融资多关注"股本资本结构"，即各股东方责权利与分红收益的关系；债务融资多关注"杠杆资本结构"，即债权人所获得利息收益能否足以覆盖各类风险。通常来讲，权益融资承担更多风险，也应当获取高于债务融资利息的收益。

（二）直接融资和间接融资

直接融资是指资金供给者与资金需求者通过一定的金融工具，绕过信用载体，直接形成债权债务关系的金融行为。直接融资工具一般有股票、债券、商业票据等。间接融资是指资金供给者与资金需求者通过信用中介机构间接实现资金融通的行为。间接融资有银行贷款、信托贷款等。

（三）项目融资的资金和担保结构

项目融资结构是否合理，是否符合项目自身特点和市场实际情况，是项目成败与否的关键。具备可融资性的项目融资结构，应是在项目各参与方中实现风险的公平、均衡分配，将风险最大限度地分配给最能够管理该类风险的一方，并由各方根据风险承担程度获得相应收益。

项目的资金结构是指在项目融资的全部资金量中，各种权益资金和债务资金的形式、比例关系及各自的来源。在项目融资中经常出现的资金结构主要有：股本（资本金）、商业银行贷款和信托贷款、债券、商业票据、政府出口信贷、融资租赁等。

在项目的资金结构中，最值得关注的是项目的债务比例和形式，这是由项目融资负债比例高的特性决定的。一般来说，债权人不直接参与项目建设和运营，仅依靠项目自身经营现金流作为还款来源，为了减少自身风险，通常会要求项目发起人以及其他与项目有直接或者间接利益关系的当事人提供多种形式的增信措施，或享有对项目资产的冻结、处置权。增信措施通常包括抵押、质押、保证、其他对股东有法律偿还约束力的信用支持工具等。

三、项目融资方案

项目融资方案，是在充分研究论证项目情况和融资环境的基础上，制订的项目资金筹措实施计划。项目融资方案的合理性与可行性，直接影响到项目能否顺利建设实施以及建成运营后的投资收益。融资方案没有固定的模式，应当结合每个项目的具体情况，量身定做项目融资方案。

（一）项目融资方案构成

1. 融资组织形式

研究融资方案，首先应明确融资主体，由融资主体进行融资活动，并承担融资责任和风险。项目融资主体的组织形式主要有既有项目法人融资和新设项目法人融资两种形式。

2. 项目融资目标

根据项目的投资估算和财务评价等情况，以保障项目建设、满足投资收益要求、具备偿债能力等为原则，合理确定项目的融资规模、融资结构、融资期限等主要目标，如权益融资（资本金）、债务融资的规模与结构。

3. 资本金筹措

落实项目资本金是项目融资的关键环节，是获得债务资金的基础。融资方案中应说明资本金的出资人、出资方式、出资数额及资本金的认缴进度等，应考察分析各主要出资人的出资能力。

4. 债务资金筹措

债务资金是除项目资本金外需要从金融市场借入的建设资金，主要来源有信贷融资、债券融资、融资租赁等。项目融资方案应对债务融资的规模、融资工具、融资期限、融资条件等进行比较分析，以选择确定合理的债务资金筹措方案。

5. 融资方案分析

在初步确定项目的资金筹措方式和资金来源后，应进一步对融资方案进行分析，比选并确定资金来源可靠、资金结构合理、融资成本低、融资风险小的方案。融资方案分析包括资金来源可靠性分析，资本金与债务资金比例、股本结构比例、债务结构比例等融资结构分析，债务资金、资本金融资成本分析，政策法规风险、资金供应风险、利率风险、汇率风险等融资风险分析。

（二）项目融资基本原则

尽可能坚持有限追索原则。有限追索指债权人除依靠项目自身股权、资产、收益作为偿债来源，不得设定追索上述偿债来源以外第三人的权利。

实现项目风险分担。项目风险分担指在投资人、金融机构及其他与项目有关的第三方之间有效地划分项目风险。例如，项目投资人可能需要承担项目建设期和试生产期的全部风险，但在项目建成投产后，投资人所承担的强风险责任将有可能被限制在一个特定范围内。

平衡长期融资和短期融资。大型工程的项目融资一般是 7—10 年中长期贷款，最长的甚至可以达到 30 年。投资人可以根据市场情况和项目内外部因素，适当调整融资结构，实现滚动融资，以平衡融资长短期限和资金成本。

尽量依托经营性现金流进行项目融资。无论是权益投资人还是债务融资提供方，应更注重项目自身的经营情况，测算项目产生的现金流能否偿付债务利息和股权分红收益，或实现对应的转让估值的提升，而非简单判断项目增信方的信用和偿还能力。

（三）资金成本分析

资金成本包括资金筹集费用和资金占用费用两部分。资金筹集费用是指资金筹集过程中支付的各种费用，如发行股票、发行债券支付的印刷费、律师费、公证费、担保费及广告宣传费，属于中介费用，通常较资金占用费而言较低。资金占用费是指占用他人资金应支付的费用，或者说是资金所有者凭借其对资金的所有权向资金使用者索取的报酬，如股东的股息、红利、债券及银行借款支付的利息等，是资金成本的绝大部分。此外还应考虑风险成本，即项目自身风险对应的成本。不同信用等级对应的违约概率、违约损失率不同，其成本也就有所不同，这就是信用等级低的企业发起的项目，其融资成本通常高于信用等级高的企业发起的项目的原因。

一般而言，项目收益越高、运行风险越小，或提供的增信措施越保险，其对应的资金成本越低，反之亦然。资金成本可以是固定的，也可以是浮动的。资金成本可作为项目投资的折现率，是投资项目的基准收益率，如投资收益低于权益和债权的综合资金成本，则从项目财务角度看不具备融资性，需要辅助其他融资增信措施。

（四）融资方案的设计和优化

1. 进行融资收益与成本的比较

在进行融资之前，需要谨慎制定融资决策。只有经过深入分析，确信利用资金所带来的预期总收益要大于融资总成本时，才有必要考虑如何融资。

2. 选择适合不同阶段的融资方式

可以借鉴成熟项目的融资经验，根据项目进展程度，结合当时的融资政策及资金市场变化，选择适合的融资方式。如项目早期的不确定性较大、风险较高，可考虑提供适当的增信措施；待项目临近竣工运营时，可逐步增加依靠项目自身现金流作为还款来源的方式，减少担保增信。

3. 合理确定融资规模

筹集项目建设资金时要合理确定融资规模。筹资过多可能造成资金闲置浪费，增加融资成本；或者可能导致负债过多、杠杆率过高，增加财务和经营风险。而筹资不足又会影响项目的正常建设与运营。因此在进行融资决策时，要根据项目建设和运营需要、自身实际条件、融资难易程度以及融资成本等情况，量力而行来确定合理的融资规模。

4. 制定最佳融资期限

从资金用途来看，如果融资是用于企业流动资产，宜选择各种短期融资方式，如票据、金融机构短期贷款等。投资项目的生命周期较长，所融资金主要用于长期投资或购置固定资产，资金数额大、占用时间长，更为适宜选择长期融资方式，如长期贷款、融资租赁、发行债券、发行股票等。

5. 谨慎对待项目的控制权

进行项目融资时，经常会发生控制权与所有权的部分丧失。这不仅直接影响到项目建设运营的自主性、独立性，引发投资收益分流，甚至可能会影响到项目日常管理与长远发展，因此应谨慎对待。比如股权融资，新增股权会削弱原有股东对企业的控制权；而债权融资则只增加企业的债务，并不影响原有股东对企业的控制权。

四、项目融资风险管理

项目融资欲实现风险合理分担及融资可行，将各参与方的利益整合到一个项目中，就需要对项目风险进行有效识别，制定可行的风险管理方案，防止风险要素的发生。

（一）项目融资的风险形式

按项目风险形式划分，可分为信用风险、完工风险、经营风险、金融风险、企业风险、回款风险和政策风险等。

信用风险，是指项目参与各方因故无法履行或拒绝履行合同所规定的责任与义务的可能性。信用风险贯穿整个项目生命周期，需要项目参与者提供相应的资信状况、技术和资金能力、过去成功的项目经历等信息作为评价参与者项目信用风险的指标。

完工风险，是指项目无法完工、延期完工或者完工后无法达到预期运行标准而带来的风险。项目的完工风险存在于项目建设阶段和试生产阶段，它是项目融资的主要核心风险之一。项目如果不能按照预定的时间以及施工规划进行建设投产，就会导致项目赖以生存的基础受到破坏。完工风险对项目公司而言意味着利息支出的增加、贷款偿还期限的延长和市场机会的错过，严重的甚至会出现资金链断裂情况。

经营风险，指的是在项目的试生产以及生产经营阶段，由于技术、资源储量、能源和原材料供应、生产管理和劳动力状况等原因导致项目无法正常经营而带来的风险。经营风险会直接影响项目的经营性现金流和投资收益，严重时可能导致无法正常偿还债务资金。

金融风险，具体指的是外汇风险以及利率风险。项目融资中，借款人以及贷款人往往难以控制金融市场上的变化，并且也难以对这些变化进行准确分析和预测，比如汇率波动、利率上涨、国际贸易政策变化等，这些因素都会增加项目融资的风险。

企业风险，是指项目自身经营正常，但作为项目发起人或投资人的企业出现了监管、财务、合规、声誉、法律等方面问题，间接影响到项目的正常建设、经营和产品提供，进而影响项目经营性现金流和融资稳定性的风险。

回款风险，是指项目竣工进入运营期后，产品购买方或项目付费方因监管、合规、融资、支付能力、物流、交付认定差异等问题，无法履行项目支付合同，进而导致项目产生经营风险。

政策风险，是指由于政策调整导致项目建设、运营及收益受到影响的风险。在任何融资模式中，贷款人和借款人都承担政策风险，项目的政策风险可以涉及项目的各个方面和各个阶段。

上述在项目建设和运营阶段直接出现的风险，如信用风险、完工风险、经营风险等，可归纳为核心风险。投资人可以通过适当的管理方法预防和控制这一类风险。而经济环境变化、自然环境变化、政策环境变化和金融环境变化等，多为被动的、不可控的风险因素，可称为系统性风险或环境风险。从融资的角度，核心风险应主要由项目发起人或大股东承担，系统性风险则需要各方共同承担。

(二) 项目融资风险管控

在制定项目融资方案时，应针对可能出现的各类融资风险，精心研究周密完善、可操作性强的预防措施，一方面应尽可能减少风险发生的可能性，另一方面则是当风险发生后尽量将影响和损失降到最低程度。例如，对于信用风险，一方面要明确设定有关参与者的信用和能力标准；另一方面则是明确风险分担原则和具体合同条款，强化对各参与者的约束。对于完工风险的控制，可以通过细化合同条款将部分风险进行转移，在合同中明确各种赔偿条件，同时借款人可以要求"施工企业"或"主要发起人股东"提供相应的"完工担保"作为保障，降低借款无法收回的风险损失。对于经营风险的控制，可以通过签订一系列的融资文件和信用担保协议来加强管控，比如签订长期稳定并且固定的价格合同，保障项目的顺利进行。对于金融风险，可以通过浮动利率借款协议规避利率风险，采取金融衍生工具对冲汇率风险。

政策变化等系统性风险，往往超出了项目各参与方的影响和控制范围，管控难度较大。要做好此类风险防范和管控，一方面是加强预测和研判，以及与政府部门、专业机构等的沟通交流；另一方面是在制定融资方案时，就针对可能出现的各种系统性风险做好预案，以便风险真正发生时能有效应对。

第二节　政府投资资金

政府投资资金，是指由各级政府安排用于固定资产投资活动的财政性建设资金。安排和使用好政府投资资金，有利于支持基础设施和公共事业建设，引导和带动社会投资，推动经济社会高质量发展。政府投资资金是筹措项目资本金的一个重要来源。

一、中央预算内投资

（一）资金规模

中央预算内投资，是指由国家发展改革委负责安排、用于固定资产投资的中央一般公共预算资金。年度中央预算内投资规模一般在上年底召开的中央经济工作会议上确定。2020 年、2021 年、2022 年，中央预算内投资规模分别为6000 亿元、6100 亿元、6400 亿元。

按照预算支出经济性质分类，中央预算内投资在"政府预算支出经济分类科目"中体现如下：一是"504 机关资本性支出（二）"科目，反映的是切块由发展改革部门安排的基本建设支出中机关和参公事业单位资本性支出。二是"506 对事业单位资本性补助"中"02 资本性支出（二）"科目，反映的是切块由发展改革部门安排的基本建设支出中事业单位资本性支出。三是"508 对企业资本性支出"中"04 资本金注入（二）"科目，反映的是切块由发展改革部门安排的基本建设支出中对企业注入资本金的支出；此外，"99 其他对企业资本性支出"科目反映的是切块由发展改革部门安排的基本建设支出中对企业的其他补助支出。

（二）支持方向

中央预算内投资总体支持方向须符合《政府投资条例》的有关规定，投向市场不能有效配置资源的社会公益服务、公共基础设施、农业农村、生态环境保护、重大科技进步、社会管理、国家安全等公共领域。中央预算内投资的年度支持方向，要贯彻落实党中央、国务院重大决策部署，聚焦国民经济和社会发展规划确定的重点任务和重大工程等。

全国人民代表大会每年批准的预算执行情况与预算草案报告，会对中央预算内投资年度支持方向有原则性要求。例如，《关于 2021 年中央和地方预算执行情况与 2022 年中央和地方预算草案的报告》提出，中央预算内投资要优化投资结构，加强与专项债券衔接；加大生态保护、产业转型升级、区域协调发展等领域支出；围绕国家重大战略部署，支持推进交通、能源、水利等领域项目建设。

当前中央预算内投资重点支持的行业领域有：生态环境保护领域，支持生态保护和修复、污染治理和节能减碳、生态文明建设等；农业领域，支持粮食安全保障、藏粮于地藏粮于技、农业绿色发展等；水利领域，支持国家水网骨干工程、水安全保障工程，以及重大水利项目等；基础设施领域，支持铁路、公路、民航、保障性安居工程、城乡冷链和国家物流枢纽等；社会领域，支持医疗卫生服务体系建设、文化保护传承利用、教育强国、全民健身设施等；重大区域战略领域，支持京津冀协同发展、长三角一体化、粤港澳大湾区、海南自由贸易港、长江经济带、黄河流域生态保护等。

（三）使用方式

1. 直接投资和资本金注入方式

直接投资，是指安排中央预算内投资建设中央本级非经营性项目。资本金注入，是指安排中央预算内投资作为经营性项目的项目资本金。一般是在审批直接投资项目和资本金注入项目的可行性研究报告时，确定中央预算内投资的安排额度。

2. 投资补助和贷款贴息方式

投资补助，是指安排中央预算内投资，对符合条件的地方政府投资项目和企业投资项目给予的投资资金补助。贷款贴息，是指安排中央预算内投资，对使用了中长期贷款的投资项目给予的贷款利息补贴。目前主要采用投资补助方式。

实际操作中，根据具体支持方向，将投资补助和贷款贴息资金划分为不同的投资专项，实行"一专项一管理办法"，在专项管理办法中明确专项的支持范围、支持标准、项目申报、资金下达和项目管理等事项。在安排方式上，有的是国家发展改革委直接安排到具体项目，有的则是采取打捆或切块方式，由省级发展改革委安排到具体项目。投资补助和贷款贴息资金均为无偿投入。

（四）中央预算内投资计划

国家发展改革委按年度编制中央预算内投资计划。中央预算内投资计划的申报、编制和下达可以分为四个阶段。

1. 地方编报

按照党中央、国务院的重大决策部署，国家发展改革委每年7月份左右向各地方和有关部门发出通知，部署下一年度中央预算内投资计划编报工作，并在通知中明确主要原则、编报程序、工作进度等要求。

2. 计划初审

各地方和有关部门按照要求提出分专项的年度中央预算内投资需求，并在国家重大建设项目库中储备相应规模的项目。国家发展改革委对各地方、各单位提出的投资需求和项目储备情况进行初步审核，并对安排领域、支持内容等进行优化调整。

3. 统筹平衡

根据党中央、国务院要求，结合对各地方、各单位提出的投资需求、储备项目的初审情况，国家发展改革委统筹平衡并研究提出中央预算内投资总体安排方案。

4. 编制下达

中央预算内投资总体安排方案报经国务院批准后，即可编制正式的中央预算内投资计划。根据《预算法》有关规定，中央预算内投资计划一般需要在每年全国人民代表大会批准预算后 90 日内下达完毕。

（五）中央预算内投资计划和预算的关系

《政府投资条例》第十八条、第十九条规定，政府投资年度计划应当和本级预算相衔接；财政部门应当根据经批准的预算，按照法律、行政法规和国库管理的有关规定，及时、足额办理政府投资资金拨付。同时，《预算法实施条例》也对此作了衔接性规定，其第九十六条规定：政府投资年度计划应当和本级预算相衔接。政府投资决策、项目实施和监督管理按照政府投资有关行政法规执行。

二、中央财政性建设资金

（一）财政部安排的一般公共预算资金

除了由国家发展改革委负责安排的中央预算内投资外，财政部也会安排一般公共预算资金用于投资建设。按照预算支出的经济性质分类，财政部安排用于固定资产投资的预算资金在"政府预算支出经济分类科目"中体现如下：一是"503 机关资本性支出（一）"科目，反映机关和参公事业单位资本性支出，用于房屋建筑物购建、基础设施建设、土地征迁补偿和安置支出、设备购置、大型修缮等。二是"506 对事业单位资本性补助"中"02 资本性支出（一）"科目，反映事业单位资本性支出，用于房屋建筑物购建、基础设施建设、土地补偿、大型修缮等。三是"507 对企业补助"科目，反映对各类企业的补助支出。四是"508 对企业资本性支出"中"03 资本金注入（一）"科目，反映对企业的资本金支出。此外，"05 政府投资基金股权投资"科目反映设立或参与政府投资基金的股权投资支出。这些科目均标注说明"不包括发展改革部门安排的基本建设支出、对企业的资本性支出和补助等"。

从全国人民代表大会每年批准的预算执行情况与预算草案报告中，可以看出财政部安排的中央财政性建设资金的年度总体支持方向。全国人大批准的《关于 2021 年中央和地方预算执行情况与 2022 年中央和地方预算草案的报告》显示，2022 年要加强对市场主体支持，着力稳企业保就业；大力推进科技创新，提升产业发展水平；充分挖掘内需潜力，推进区域协调发展和新型城镇化；推动农业高质量发展，全面推进乡村振兴；持续改善生态环境，推动绿色低碳发展；突出保基本兜底线，切实保障和改善民生等。

根据公开资料，财政部安排的用于投资建设的一般公共预算资金涉及的具体领域较为广泛。例如，生态环境领域，支持重点流域水污染治理、地下水环境保护、城市黑臭水体整治，土地整治重大工程、农田建设等；基础设施领域，支持水利工程设施水毁修复工程，中小河流治理及小型水库除险加固，物联网、宽带网络项目建设，城市污水处理设施配套管网、地下综合管廊建设；能源领域，支持清洁能源公共平台、清洁能源规模化开发利用，可再生能源发展及对农村水电增效扩容，煤层气、页岩气等开采利用；公共事业领域，支持保障性安居工程建设、城市棚户区改造及公共租赁住房建设，应急救援基地建设，改扩建职业学校校舍等。

（二）政府性基金预算资金

政府性基金预算，是指对依照法律、行政法规的规定在一定期限内对特定对象征收、收取或者以其他方式筹集的资金，专项用于特定公共事业发展的预算。政府性基金预算收入包括政府性基金各项目收入和转移性收入。2022 年，中央政府性基金预算收入 4124 亿元，中央政府性基金预算本级支出 5544亿元。

政府性基金预算管理的原则是：以收定支、专款专用、结余结转使用。其中，用于投资建设的资金，也是财政性建设资金的重要来源。中央层面的政府性基金主要包括：铁路建设基金、民航发展基金、国家重大水利工程建设基金（部分缴入地方国库）、旅游发展基金、可再生能源发展基金、彩票公益金（部分缴入地方国库）、船舶油污损害赔偿基金、核电站乏燃料处理处置基金、废弃电器电子产品处理基金等。

铁路建设基金。铁路建设基金是指经国务院批准征收的专门用于铁路建设的政府性基金，由铁路运输企业在核收铁路货物运费时一并核收。铁路建设基金主要用于国家计划内的大中型铁路建设项目以及与建设有关的支出。目前，铁路建设基金由国家铁路集团每年年底编制下年度收支计划，报财政部批准后实施，属于基本建设用途的，由财政部按项目计划安排支出。2019 年、2020 年、2021 年，铁路建设基金分别收入 541.3 亿元、514.1 亿元、567.5 亿元。

民航发展基金。民航发展基金由原民航机场管理建设费和原民航基础设施建设基金合并而成。在中国境内乘坐国内、国际和地区（港澳台）航班的旅客，以及在中国境内注册设立、并使用中国航线资源从事客货运输业务的航空运输企业和从事公务飞行的通用航空企业，都须缴纳民航发展基金。民航发展基金主要用于机场飞行区、航站区、空中管制系统等基础设施建设，民航节能设施或设备更新改造，通航基础设施建设等。中央本级安排使用的民航发展基金，由民航局根据有关规定编制支出预算，报财政部审批后，纳入民航局部门预算。2019 年、2020 年、2021 年，民航发展基金分别收入 429.4 亿元、208.1 亿元、264.7 亿元。

国家重大水利工程建设基金。国家重大水利工程建设基金从原三峡工程建设基金过渡而来，利用三峡工程建设基金停征后的电价空间设立，是国家为支持南水北调工程建设、解决三峡工程后续问题以及加强中西部地区重大水利工程建设而设立的政府性基金，在除西藏自治区以外的全国范围内筹集。北京、天津、河北等 14 个南水北调和三峡工程直接受益省份的重大水利基金，上缴中央国库；其他非受益省份的基金，缴入省级国库。用于南水北调工程建设的重大水利基金，由国家发展改革委审核后，纳入国家固定资产投资计划；缴入省级国库的重大水利基金，由省级发展改革部门纳入固定资产投资计划统筹安排。2019 年、2020 年、2021 年，国家重大水利工程建设基金分别收入 160.3 亿元、114.6 亿元、125.3 亿元。

旅游发展基金。旅游发展基金从乘坐国际和地区航班出境的旅客缴纳的民航发展基金中提取，可用于旅游景点景区基础设施及配套设施开发。旅游发展基金预算纳入国家旅游部门预算统一管理，其中用于旅游项目开发方面的支出，需要省级旅游部门会同同级财政部门提出申请，报文化和旅游部、财政部审批。2019 年、2020 年、2021 年，旅游发展基金分别收入 15.7 亿元、3.7 亿元、0.48 亿元，受新冠疫情影响大幅减少。

可再生能源发展基金。可再生能源发展基金包括国家财政预算安排的专项资金和依法向电力用户征收的可再生能源电价附加收入等。可再生能源电价附加，除西藏自治区以外，按月对各省（区、市）扣除农业生产用电后的销售电量征收，并全额上缴中央国库。主要用于可再生能源开发利用的科学技术研究、示范工程，农村牧区生活用能的可再生能源利用项目，偏远地区可再生能源电力系统建设等。可再生能源发展基金用于固定资产投资的，按照中央政府投资管理规定执行。2019 年、2020 年、2021 年，可再生能源发展基金分别收入 868.1 亿元、892.4 亿元、963.6 亿元。

彩票公益金。由各省（区、市）彩票销售机构根据国家批准的彩票公益金分配政策和提取比例，按照每月彩票销售额据实结算后分别上缴中央国库和省级国库。彩票公益金的使用主要体现公益性，向欠发达地区和社会弱势群体等倾斜，其资助的基本建设设施、设备等，须标明"彩票公益金资助——中国福利彩票和中国体育彩票"标识。2019 年、2020 年、2021 年，彩票公益金分别收入 570.9 亿元、480.7 亿元、521.2 亿元。

（三）国有资本经营预算资金

国有资本经营预算是对国有资本收益作出支出安排的收支预算。国有资本经营预算收入主要根据国有企业上年实现净利润的一定比例收取。国有资本经营预算按照收支平衡原则编制，不列赤字，并安排资金调入一般公共预算。2020 年、2021 年，中央国有资本经营预算收入分别为 1785.61 亿元、2006.92 亿元。

国有资本经营预算的支出服务于国家战略目标，除调入一般公共预算和补充全国社会保障基金外，支出方向会根据国家宏观经济政策需要以及不同时期国有企业改革任务适时调整，现阶段主要用于解决历史遗留问题、国有企业资本金注入等。

国有企业资本金注入，用于引导投资运营公司和中央企业更好服务国家战略，将国有资本投向关系国家安全和国民经济命脉的重要行业领域，包括战略性产业、生态保护、科技进步、公共服务、国家安全、金融安全等领域，包含投资项目建设。

（四）外国政府贷款和国际金融组织贷款

外国政府贷款，是指中国政府向外国政府举借的官方信贷。国际金融组织贷款，是指中国政府向世界银行、亚洲开发银行、联合国农业发展基金会和其他国际性、地区性金融机构举借的非商业性信贷。截至 2021 年底，我国利用外国政府贷款和国际金融组织贷款累计承诺额约 1824.8 亿美元，累计提款额 1494.8 亿美元，累计归还贷款本金约 938.1 亿美元，债务余额约 556.7 亿美元，支持了 3840 多个项目，涉及疫情防控、大气污染防治、应对气候变化、绿色发展、乡村振兴、灾后重建等。

外国政府贷款和国际金融组织贷款属于国家主权外债，由国家统一对外举借，国家发展改革委会同财政部等有关部门制定外国政府贷款和国际金融组织贷款备选项目规划，主要用于公益性和公共基础设施建设，保护和改善生态环境，促进欠发达地区经济和社会发展等项目。

三、地方财政性建设资金

（一）地方预算资金

地方预算也分为一般公共预算、政府性基金预算、国有资本经营预算、社会保险基金预算。地方财政收入主要来自一般公共预算收入和政府性基金收入，这也是地方政府投资资金的重要来源。2021 年，全国地方一般公共预算收入为 19.3 万亿元，地方政府性基金收入为 9.4 万亿元，地方国有资本经营预算本级收入为 0.3 万亿元。

1. 一般公共预算资金

同中央一样，也可以分为由发展改革部门安排的预算内投资和由财政部门安排的一般公共预算资金。北京、上海、深圳等地用于基本建设支出的一般公共预算资金，基本上都由发展改革部门负责统筹安排；有的地方除由发展改革部门安排部分基本建设资金外，财政部门、行业主管部门也负责安排部分资金。

2. 地方政府性基金收入

地方政府性基金收入包括土地出让收入、污水处理费、城市基础设施配套费、高等级公路车辆通行附加费（海南）、车辆通行费等。地方政府性基金收入以土地出让收入为主。

（1）国有土地使用权出让金收入。土地出让收入是指政府以出让方式配置国有土地使用权取得的全部土地价款。2021 年，地方国有土地使用权出让金收入为 8.5 万亿元，占地方政府性基金本级收入的 90%以上，同比增长3.7%，收入金额创历史新高。

（2）城市基础设施配套费。城市基础设施配套费是根据国家规定征收，一般用于城市供排水、道路、公共交通、供热、环境卫生、地铁等市政公用设施建设和维护的专项资金，由地方自行确定征收标准、免征范围、使用用途等管理办法。2020 年、2021 年，地方城市基础设施配套费收入分别为 2508.3 亿元、2703.6 亿元。

（3）国有土地收益基金。国有土地收益基金是指从缴入国库的国有土地使用权出让价款中，按照规定比例计提的用以保障土地储备工作正常运转的财政专项资金，主要用于国有土地征收、收购、收回，以及储备土地前的前期开发等开支。2020 年、2021 年，地方国有土地收益基金收入分别为 1892.7 亿元、1992.3 亿元。

（4）污水处理费。污水处理费是按照"污染者付费"原则，由单位和个人缴纳并专项用于城镇污水处理设施的建设、运行和污泥处理处置的资金。县级以上城镇排水主管部门编制年度城镇排水与污水处理服务费预算，经同级财政部门审核后，纳入同级预算报经批准后执行。2020 年、2021 年，地方污水处理费收入分别为 614.1 亿元、710.6 亿元。

（二）上级专项转移支付

专项转移支付是指上级政府为实现特定的经济和社会发展目标无偿给予下级政府，由接受转移支付的政府按照规定的用途安排使用的资金。专项转移支付资金来源包括一般公共预算、政府性基金预算和国有资本经营预算。2020年、2021 年，中央对地方专项转移支付分别为 7765.9 亿元、7353 亿元。

包括中央预算内投资在内的专项转移支付资金，主要用于国家和地方的重点支持领域和重点项目，如公共服务、公共安全、教育科技、文化旅游、社会保障、卫生健康、节能环保、交通运输、住房保障等领域。对于财政收入状况欠佳的地方政府而言，上级政府的专项转移支付，是解决其投资资金来源的一个重要途径。

（三）地方政府专项债券

地方政府专项债券，是指省、自治区、直辖市政府（含经省级政府批准自办债券发行的计划单列市）为有一定收益的公益性项目发行的、约定一定期限内以公益性项目对应的政府性基金或专项收入还本付息的政府债券。地方政府专项债券融资成本较低、融资期限较长，可根据项目周期合理设置债券期限。《预算法》规定，经国务院批准的省、自治区、直辖市的预算中必需的建设投资的部分资金，可以在国务院确定的限额内，通过发行地方政府债券举借债务的方式筹措。2020 年、2021 年、2022 年，分别安排地方政府专项债券3.75 万亿元、3.65 万亿元、3.65 万亿元。

2019 年 9 月，国务院常务会议提出，地方政府专项债券要按照"资金跟着项目走"的原则，用于经济社会效益明显、群众期盼、迟早要干的项目。目前，专项债券资金重点用于九大领域，分别是交通基础设施、能源、农业水利、生态环保、社会事业、城乡冷链等物流基础设施、市政和产业园区基础设施、国家重大战略项目、保障性安居工程。2022 年，《国务院关于印发扎实稳住经济一揽子政策措施的通知》适当扩大了专项债券支持领域，优先考虑将新型基础设施、新能源项目等纳入支持范围。

国家允许将专项债券资金作为符合条件的重大项目资本金。对符合中央重大决策部署、具有较大示范带动效应的重大项目，主要是国家重点支持的铁路、国家高速公路和支持推进国家重大战略的地方高速公路、供电、供气项目，具备一定融资条件的，允许将部分专项债券作为一定比例的项目资本金。

根据国务院有关要求，地方政府专项债由国家发展改革委审核确定项目清单，由财政部负责专项债预算管理。具体程序是：地方根据项目申报要求梳理项目，报国家发展改革委审核；国家发展改革委对地方报送的项目进行筛选，形成准备项目清单。财政部在全国人大及其常务委员会批准的专项债务限额内，根据债务风险、财力状况等因素并统筹考虑国家调控政策、地方建设需求等，提出各地方专项债务限额及当年新增专项债务限额方案，报国务院批准后下达。各地方在国家下达的分地区专项债务限额内，根据项目轻重缓急和前期工作等情况，从准备项目清单中选择项目安排发行。

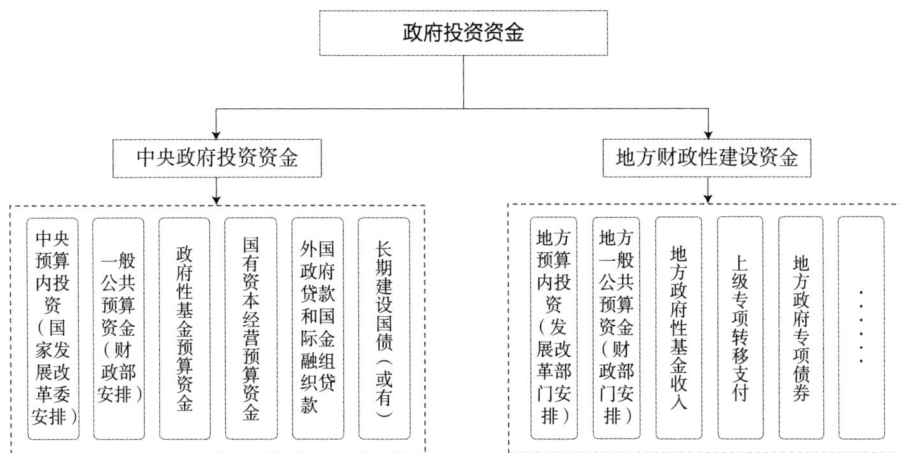

图 7 政府投资资金

第三节 股权融资

投资项目的股权融资是指构成项目法人所有者权益，可以充当项目资本金的股权类资金的融资。股权投资人较债权投资人承受的风险更大，获取的收益也理应更高。

一、股权融资分类及特点

（一）股权融资的分类

项目股权融资的资金来源可以分内源资金和外源资金。内源资金为企业自身积累形成的资金。当内源资金不足时，就需要有外源资金予以补充。外源资金是指融资主体通过权益型、股权类融资工具，借助增资扩股或股权转让等方式获得的资金。

外源股权融资按融资渠道划分，主要有公开市场股权融资和非公开市场股

153

权融资（私募股权融资）两大类。公开市场股权融资是通过股票市场向公众投资者发行股票来募集资金，我们常说的上市、增发和配股等都是利用公开市场进行股权融资的具体形式。所谓私募股权融资，通常是指通过私募形式（非公开募集）为项目寻找特定的投资人，吸引其通过增资扩股等方式为项目提供权益性资金的融资方式。

按照现行的企业上市规则，大多数项目很难达到上市发行股票的门槛要求，私募股权融资是项目股权融资的主要方式。

（二）股权融资的特点

通常情况下，股权融资筹措的资金具有永久性，无到期日，不需归还；投资人欲收回本金，需借助于资本或产权交易市场，通过股权转让等方式进行。另外，股权融资没有固定的股利负担，股利的支付与否和支付多少视项目的经营情况，根据《股东协议》《公司章程》等相关要求而定。

二、股东企业自有资金

自有资金，是与"借入资金"相对的称谓，是企业为进行生产经营活动持有、能自行支配而不需偿还的资金。自有资金主要来自股东的投资及企业的未分配利润。

各个企业由于生产资料所有制形式和财务管理体制的不同，取得自有资金的渠道也不一样。

（一）利润留存

利润留存又叫留存收益，是指企业从历年实现的利润中提取或形成的留存于企业的内部积累，包括盈余公积金和未分配利润两类。

盈余公积金是有指定用途的留存净利润。盈余公积金是从当期企业净利润中提取的积累资金，提取基数是本年度净利润。盈余公积金主要用于企业未来经营发展，经股东审议后也可以用于转增股本（实收资本）和弥补以前年度经营亏损，但不得用于以后年度的利润分配。

未分配利润是指未限定用途的留存净利润。未分配利润有两层含义：第一，这部分净利润本年没有分配给公司的股东；第二，这部分净利润未指定用途，可以用于企业未来的经营发展、转增资本（实收资本）、弥补以前年度的经营亏损及以后年度的利润分配。

企业用留存收益为项目融资不需要发生筹资费用，资本成本较低。利用留存收益筹资，不用对外发行新股或吸收新投资者，由此增加的权益资本不会改变公司的股权结构，不会稀释原有股东的控制权。留存收益的最大数额是企业到期的净利润和以前年度的盈余公积金、未分配利润之和，不像外部筹资可以一次性筹集大量资金，因此筹资数额较为有限。

（二）增资扩股

增资扩股是指项目公司吸收新股东投资入股，或原股东增加股权投资，从而增加项目公司的资本金。

增资扩股是一种股权融资行为。增资扩股不仅增加公司的注册资本，而且可能会增加公司的股东人数。公司通过增资扩股方式融入资金，既可保障公司对资本的需要，又不会给公司经营带来较大的财务负担，而投资人通过投资入股成为公司新股东。增资扩股既是资金结合行为，又是包含人的结合的公司组织行为。

在增资扩股的时候，需要对新增股权（份）进行定价，如果定价过低，新股东将分享公司未发行新股前所积累的盈余。为保护原股东的利益，需要赋予原股东按照出资比例优先认购的权利，使原股东享有相应的盈余。

增资扩股可能引起控制权变化。新股东的加入会引起公司股权结构变化，对公司既有权力格局产生影响，甚至引起公司控制权变化。投资人可分为战略投资人和财务投资人。战略投资人会参与公司的决策、经营、管理，财务投资人以追求投资利润为主要目的，一般不参与公司的经营和管理，但是也可能在保护自身投资权利的过程中，间接被动影响公司的经营和决策。

三、公开市场股权融资

公开市场股权融资是大多数项目十分期望的融资方式，一方面会为项目募集到巨额资金；另一方面可以给项目估值一个较高定价，为股东带来可观财富。截至2022年底，我国只有少数超大型项目公司（如京沪高铁项目）实现

IPO 上市融资，其余项目多作为上市企业的子公司或合资公司，项目公司股东只能以并购等方式直接或间接成为上市公司股东。

（一）首次公开募股

首次公开募股（IPO），是指一家公司第一次将它的股份向公众出售。在国内，上市公司的股份是根据中国证监会出具的招股书或登记声明中约定的条款通过经纪商或做市商进行销售。一般来说，一旦首次公开上市完成后，这家公司就可以申请到证券交易所或报价系统挂牌交易。有限责任公司在申请 IPO 之前，应先变更为股份有限公司。

（二）股票增发

上市公司增发股票，是指上市公司为了再融资或其他目的（重组或并购等）而再次发行股票的行为，它发生在 IPO 之后。股票增发有公开增发和定向增发两种方式。

公开增发是指上市公司为某一项目新发行一定数量的股份，对持有该公司股票的老股东一般按照一定比例进行优先配售，其余部分进行网上公开发售。

定向增发一般是针对有限数目的特定投资者进行增发，有时也称"定向募集"或"私募增发"。定向增发的对象可以是原股东，也可以是原股东以外的投资机构甚至个人投资者，这些投资机构可能包括基金、保险、社保、券商、财务公司、企业年金、信托公司等。

股票增发有利于筹集项目资本金，满足投资建设的资金需要，而且由于股票投资的永续性（退市除外），股份制企业对所筹资金不需还本，可长期使用，有利于项目的当期建设和日后经营。股票增发时，无论是定向增发还是公开增发，都是新股的增量发行，可能对其他股东的权益有摊薄效应。

上市公司股票增发对股价影响的决定性因素是增发资金投入的项目。如果增发项目能切实提升上市公司的管理质量和盈利水平，则会起到推升股价的作用；反之，则可能导致股价下跌。

（三）公开募集基础设施证券投资基金

公开募集基础设施证券投资基金（以下简称"公募 REITs"），是指依法向社会投资者公开募集资金形成基金财产，基金通过基础设施资产支持证券持有基础设施项目公司全部股权，取得基础设施项目完全所有权或经营权利，基金管理人主动运营管理基础设施项目，以获取项目租金、收费等稳定现金流为主要目的，并将产生的绝大部分收益分配给投资者的标准化金融产品。

按照公募REITs的有关制度安排，发起人（原始权益人）通过转让基础设施回收资金的用途应符合国家产业政策，鼓励将回收资金用于新的基础设施和公用事业建设，重点支持补短板项目，形成投资良性循环。我国发行公募REITs坚持权益导向，回收资金可用作新项目的资本金，从而更好发挥带动效应。

（四）并购

并购一般是指兼并和收购。兼并又称吸收合并，指通过产权的有偿转让，把其他企业并入本企业或企业集团中，使被兼并的企业失去法人资格。收购指一家企业用现金或者有价证券购买另一家企业的股票或者项目资产，以获得对该企业全部资产或者某项资产的所有权，或对该企业的控制权。在项目融资实务中，股权并购工具应用较少，目前仅在地产和部分制造业领域有所尝试，且多以非公开市场融资为主。随着现代资本市场尤其是证券市场的高度发展，越来越多的并购活动通过证券市场、产权交易市场等进行，资本市场的融资功能与资源配置功能越来越得以体现。

（五）权益型、股权类金融工具

根据我国投资项目资本金制度的有关规定，项目法人和项目投资方通过发行权益型、股权类金融工具筹措的资金，按照国家统一的会计制度应当分类为权益工具的，可以认定为投资项目资本金。此类金融工具主要包括优先股、永续债和可转换债券等。

此外，中国人民银行、中国证监会、国家发展改革委三大信用债券监管部门还推出了一些可用于股权投资的其他债券品种，如银行间市场交易商协会的权益出资型票据、双创债务融资工具，国家发展改革委的基金债、双创孵化专项债，中国证监会及交易所的创新创业公司债券、纾困公司债券等。但这些权益类债券融资工具基本只能用于企业主体融资，鲜有可直接应用于固定资产投资项目的案例。

四、非公开市场股权融资

非公开市场股权融资，又可称为私募股权融资，是一个很宽泛的金融概念，可以用来指称任何一种不在公开资本市场进行的股权融资行为。

（一）私募股权投资基金

按照中国证券投资基金业协会编写的基金从业资格考试统编教材《股权投资基金》，私募股权投资基金是指"投资于非公开发行和交易股权的投资基金"。项目公司的股权属于非公开发行的未上市公司股权，因此投资于项目公司股权的基金归属于私募股权投资基金。

1. 私募股权投资基金的三种组织形式

契约制。是指管理人和投资者通过签订信托计划或类似效力的基金合同开展投资。契约型基金对投资者保护较弱，但在增减资、清算手续方面较灵活。

公司制。主要依据《公司法》，投资者作为公司股东，权利保障性较高。可由投资者委托专业基金管理机构进行管理。其增减资、清算手续受《公司法》制约，较为烦琐，且有公司和股东层面双重缴税的问题。

合伙制。主要依据《合伙企业法》，基金管理人（同时可作为普通合伙人，GP）和投资者（有限合伙人，LP）通过签订有限合伙协议的方式约定双方的权利义务。因可避免双重征税，合伙制是目前国内较为主流的基金模式，投资者保护和增减资难易程度介于公司制和契约制之间。

2. 私募股权投资基金的特点

私募资金。私募股权投资基金以非公开发行方式向合格投资者募集，募集对象范围相对公募基金要窄，但其募集对象往往资金实力雄厚，以机构投资者（如保险、养老金、企业年金、大型国有企业、上市公司等）为主，也可以是个人投资者。

股权投资。私募股权投资基金以股权投资为主，还有一些变相的股权投资方式（如可转债、市场化和法治化债转股、股权类基金份额等），以及以股权投资为主、债权投资为辅的组合型投资方式，但债权投资不得超过私募基金实缴金额的20%。

风险较高。私募股权投资基金的风险，源于其相对较长的投资期限，且退出渠道较为有限，这在一定程度上制约了为投资项目提供融资支持的私募股权投资基金的发展。不过，随着公募 REITs 的推出和良好发展，这一状况有望得到较大改善。

参与管理。一般而言，私募股权投资基金有专业的基金管理团队，具有较为丰富的金融、产业和项目管理经验，能够帮助企业改进项目的经营管理。实践中，私募股权投资者多以参与项目管理、获取投资收益、提供增值服务为目标，并不以控制项目为目的。

3. 私募股权投资基金的投向

私募股权投资基金主要投资于具有高成长性的创业型企业（尤其是高科技、互联网领域创业企业），或者投资于以未来 IPO 上市为目标的成熟企业。以固定资产投资项目为主要投资标的的私募股权投资基金数量较少，但有逐渐增加的趋势，其投资方向主要集中在高新技术、战略性新兴产业领域（如芯片、半导体基金），广义的地产领域（包括写字楼、综合购物中心、公寓、产业园区、仓储物流等），新基建领域（如大数据中心），生态环保、绿色发展领域（如污水处理、绿色能源）。

4. 资管新规和相关规定的影响

2018 年，中国人民银行、中国银保监会、中国证监会、国家外汇管理局联合发布《关于规范金融机构资产管理业务的指导意见》，全面规范金融机构的资产管理业务，统一同类资产管理产品监管标准，被业内简称为"资管新规"。

资管新规禁止金融机构开展具有滚动发行、集合运作、分离定价特征的资金池业务，要求每只资产管理产品的资金单独管理、单独建账、单独核算，规定封闭式私募产品中权益类产品的分级杠杆比例不得超过 1：1，打破刚性兑付，禁止资管产品的多层嵌套。资管新规出台之前，银行往往以理财产品募集资金，通过私募股权投资基金为一些投资项目提供"名股实债"类股权资金，并通过建立理财资金池的方式解决理财产品与投资项目之间期限错配等问题。资管新规出台后，对此类运作方式产生了极大的约束作用。

2021 年，中国证监会发布《关于加强私募投资基金监管的若干规定》，针对私募股权投资基金的运作进一步作出规定，明确私募基金不得开展或者参与具有滚动发行、集合运作、期限错配、分离定价等特征的资金池业务，还要求不同私募基金单独管理、单独建账、单独核算。因此，在私募股权投资基金的产品层面，同样不得开展资金池业务。

（二）政府投资基金（政府出资产业投资基金）

根据财政部 2015 年发布的《政府投资基金暂行管理办法》，政府投资基金是指由各级政府通过预算安排，以单独出资或与社会资本共同出资设立，采用股权投资等市场化方式，引导社会各类资本投资经济社会发展的重点领域和薄弱环节，支持相关产业和领域发展的基金。所谓政府出资，是指财政部门通过一般公共预算、政府性基金预算、国有资本经营预算等安排的资金。

根据国家发展改革委 2016 年发布的《政府出资产业投资基金管理办法》，政府出资产业投资基金是指由政府出资，主要投资于非公开交易企业股权的股权投资基金和创业投资基金。政府出资资金来源包括财政预算内投资、中央和地方各类专项建设基金及其他财政性资金，社会资金部分应当采取私募方式募集，主要投资于非基本公共服务、基础设施、生态环境、战略性新兴产业和先进制造业等领域。

由以上描述可见，两类基金尽管在具体措辞上有所不同，但实质很相似，可以统称为政府投资基金。2012 年以来，中央和地方政府成立了众多政府投资基金，用以支持经济和社会发展，其中大量资金投向了固定资产投资项目，成为投资项目募集权益性资金的一个重要途径。例如，财政部直接出资的政府投资基金有国家集成电路产业投资基金、中国政企合作投资基金、国家制造业转型升级基金、国家绿色发展基金等，国家发展改革委支持的政府投资基金有国家新兴产业创业投资引导基金等。据不完全统计，截至 2021 年底，全国各级政府支持设立的政府性投资基金（包括政府出资产业投资基金、政府引导基金等），累计设立 1988 只，目标规模约 12.45 万亿元人民币，认缴（或首期）规模约 6.16 万亿元人民币。

（三）产业股权合作

为区别以金融机构为主运营、以参股为主要投资方式、以获取财务投资回报为主要目的的私募股权投资基金，我们将主要由产业方参与，以开发、建设、经营项目为主要目的的股权投资方式，称为产业股权合作。此类股权合作也可能借助基金的模式，其投资人往往具备深厚的产业背景，可以从项目自身及其上下游产业链中获取一定资源或收益。在大批金融机构受制于资管新规等原因无法开展股权投资后，产业股权合作为市场提供了有效的资金补充。

在基础设施领域，大量的政府出资平台、施工类企业、运营类企业和城投公司等，采用产业股权合作方式，共同参与相关基础设施项目的投资建设；在地产领域，一些地产公司采用股权合作方式，成立合资公司联合拿地，或与地方城投公司合作开发项目；在制造业领域，大型中央企业、地方国有企业等纷纷成立以对外股权投资为主业的平台公司或项目公司，与其他社会资本合作投资设厂。

（四）保险股权投资计划

2018 年资管新规推出后，保险公司是为数不多的可以采用股权方式投资于固定资产投资项目的金融机构。保险股权投资计划，是指保险资产管理机构作为管理人发起设立、向合格机构投资者募集资金、通过直接或间接方式主要投资于未上市企业股权的保险资产管理产品。股权投资计划的投资者，可以是保险资金，也可以是其他符合规定的合格投资者。

保险股权投资计划应当投资符合国家宏观政策导向和监管政策规定的下列资产：（1）未上市企业股权；（2）私募股权基金、创业投资基金；（3）上市公司定向增发、大宗交易、协议转让的股票，以及可转换为普通股的优先股、可转换债券；（4）中国银保监会认可的其他资产。

考虑到保险资产管理产品的委托人大多为保险公司、保险集团（控股）公司，为防止上述公司通过股权投资计划违规运用保险资金，中国银保监会明确规定，保险资金投资的股权投资计划，其投资运作还应当符合保险资金运用的相关规定。

保险投资计划分为债权投资计划和股权投资计划，目前结构仍以债权投资计划为主。究其原因，主要是保险机构对于资金安全、收益确定性的要求较高，而许多固定资产投资项目收益低、期限长，难以满足保险机构的投资需求。因此，从风险防控考虑，保险股权投资计划目前还难以在项目股权融资方面发挥更大作用，未来对于保险资金长期投资的价值仍待挖掘。

（五）政策性开发性金融工具

2022年，在百年变局和世纪疫情叠加影响下，我国经济下行压力较大。积极扩大有效投资，成为保持经济平稳运行的关键举措。6月29日，国务院常务会议研究确定，运用政策性开发性金融工具支持重大项目建设。

政策性开发性金融工具由国家开发银行、中国进出口银行、中国农业发展银行三家政策性开发性银行，采取设立股权投资基金的方式共同实施。从资金来源来看，50%的资金由三家银行发行金融债券筹集；50%的资金通过抵押补充贷款（PSL）提供，利率2.4%。基金可采取股权投资、股东借款等方式投入项目的股东方，最终全部用作投资项目的资本金，并通过股权回购、股权转让等方式退出。中央财政按基金涉及股权投资金额给予2个百分点的贴息，期限2年。基金存续期20年，投资收益率根据基金资金成本、回收周期等综合确定，一般来说投入20年的项目收益为百分之三点多。

基金投向包括交通基础设施、能源基础设施、城乡冷链和重大物流基础设施、农业农村基础设施、社会事业、市政和产业园区基础设施、保障性安居工程、新型基础设施等大类，铁路、收费公路、机场、综合交通枢纽、城市交通基础设施、风电光伏、抽水蓄能电站、核电站、石油天然气储备、冷链物流、水利、职业教育、集成电路等具体领域。

国家发展改革委会同有关行业部门，对各地方、中央企业申报的项目进行筛选，形成备选项目清单，推荐给三家银行。三家银行按照市场化原则独立评审、自主决策、自担风险，从备选项目清单中自主选择项目进行基金投资。对基金投资的项目，三家银行还可使用新增信贷额度，提供适当比例的配套贷款。

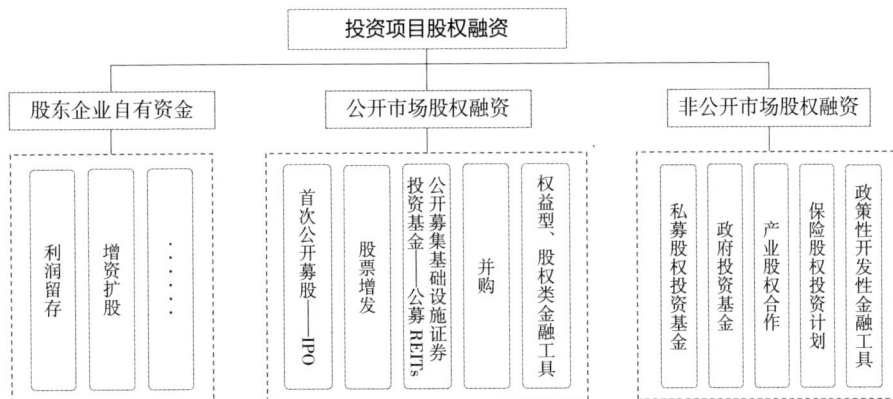

图 8 投资项目股权融资

第四节 债权融资

债权融资是指企业（项目）通过举债的方式进行融资。对于绝大多数项目而言，债权融资是项目融资的主要方式，是项目建设资金的核心组成。债权融资方式主要有信贷融资、债券融资、融资租赁、票据融资、保险债权投资计划、境外债权融资等。

一、信贷融资

信贷融资是指项目单位向银行及非银行金融机构借入，用于项目开发、建设、运营的各类贷款，包括银行利用自有资金及吸收存款发放的贷款、上级拨入的贷款、国家专项贷款、信托贷款等，以银行信贷融资为主，而银行信贷融资主要有固定资产贷款、银团贷款、流动资金贷款等贷款工具。

（一）项目信贷融资的历史沿革

改革开放之前，我国银行只对企业的流动资金需求发放贷款，国营企业的固定资产投资主要由国家财政无偿拨款，集体企业的固定资产投资则以自筹为主。当时是由中国人民建设银行（中国建设银行的前身，以下简称"建设银行"）集中办理国家预算内基本建设投资的拨付，以及所有基本建设资金的收付往来和结算业务。1979 年 8 月，国家预算内基本建设投资开始试行"拨改贷"，逐步由财政拨款改为建设银行贷款。1980 年，国家安排了 20 亿元轻纺工业中短期专项贷款，突破了银行贷款不能用于中长期固定资产投资的规定。此后，可用于固定资产投资的银行贷款业务逐步扩大，并最终成为投资项目的重要融资渠道。

（二）固定资产贷款与项目融资贷款

2009—2010 年，银监会发布《流动资金贷款管理暂行办法》《个人贷款管理暂行办法》《固定资产贷款管理暂行办法》《项目融资业务指引》，并称"三个办法一个指引"，初步构建和完善了我国银行业金融机构的贷款业务法规框架。其中，《固定资产贷款管理暂行办法》全面规范了银行业金融机构的固定资产贷款业务经营行为，成为固定资产投资项目贷款业务的基础监管制度。

《固定资产贷款管理暂行办法》从贷款用途的角度，将固定资产贷款定义为"贷款人向企（事）业法人或国家规定可以作为借款人的其他组织机构发放的，用于借款人固定资产投资的本外币贷款"。固定资产贷款的融资主体为项目发起人或业主，还款来源除了贷款支持项目产生的经营性现金流外，通常还包括贷款企业的日常经营收入，以及企业运营其他项目产生的其他收入，更接近于"企业融资"。

根据《项目融资业务指引》，项目融资是符合以下特征的贷款：贷款用途通常是用于建造一个或一组大型生产装置、基础设施、房地产项目或其他项目，包括对在建或已建项目的再融资；借款人通常是为建设、经营该项目或为该项目融资而专门组建的企事业法人，包括主要从事该项目建设、经营或融资的既有企事业法人；还款资金来源主要依赖该项目产生的销售收入、补贴收入或其他收入，一般不具备其他还款来源。

采用项目融资方式所发起的贷款属于固定资产贷款，项目融资中贷款的全流程管理、支付管理等内容均遵照《固定资产贷款管理暂行办法》有关规定执行。但项目融资具有不同于一般固定资产贷款的一些特征，如贷款偿还主要依赖项目未来的现金流或者项目自身资产价值，通常融资比例较高、金额较大、期限较长、成本较高和参与者较多等。

为进一步促进银行业金融机构提升信贷管理能力和金融服务效率，支持金融服务实体经济，中国银保监会对"三个办法一个指引"进行了修订，形成了征求意见稿，于2023年1月向社会公开征求意见。

（三）项目贷款的种类

根据不同的贷款发放主体，可以将项目贷款划分为银行自营贷款、委托贷款和信托贷款。

银行自营贷款是指银行根据国家政策以一定的利率将自身以合法方式筹集的资金贷款给资金需求者，并约定期限归还的一种经济行为。银行自营贷款具有融资成本低、金额大等优势，但同时因为贷款风险集中于银行，审批十分严格，往往具有融资流程长、手续烦琐的特点。

委托贷款是指由委托人提供资金，由受托人（即名义贷款人，主要是银行）根据委托人确定的贷款对象、用途、金额期限、利率等代为发放，协助监督使用并协助收回的贷款。名义贷款人作为受托人，只收取委托贷款的服务手续费，不承担委托贷款的风险。相对银行自营贷款来说，委托贷款的规模小，信用风险由委托人自行承担。委托贷款的难点在于资金需求方（借款人）需要自行找到资金供给方（实际贷款人、委托人），银行仅作为"中介机构"履行贷款发放与催收等义务，不承担贷款的实质性风险。

信托贷款是指信托机构（信托公司）在国家规定的范围内，发行信托计划，向合格投资者募集资金，并使用所募集的信托资金，对自行审定的单位和项目发放的贷款。信托贷款资金从委托人到受托人再到融资人手中，处于封闭运行状态，不同信托项目之间风险互不交叉、利益互不渗透。信托贷款的定价、风险与收益分配、放款等相对灵活，可以较好地满足客户的个性化需求。

此外，根据贷款期限不同，可以将项目贷款分为中长期贷款和短期贷款，其中中长期贷款占比较大，也有用于项目临时周转用途的短期贷款。根据项目性质、用途、企业性质和产品开发生产不同阶段，可以将项目贷款划分为基本建设贷款、资源开发贷款、制造业项目贷款、房地产开发贷款、并购贷款等。

（四）项目信贷融资的基本流程

融资准备阶段。项目单位依据可行性研究结果，针对项目具体情况，进行融资结构分析，制定出项目融资方案，准备融资申请材料，签订相关备忘录，推进项目公司成立。

融资审查阶段。项目单位同银行等金融机构接洽，根据要求提交贷款申请及项目相关资料。贷款机构经过初步审核、现场考察、尽职调查及与项目单位沟通谈判后，履行内部贷款审批程序，起草贷款文件，进行贷款审批决策。

融资执行阶段。贷款审批通过后，贷款机构根据与借款人签订的贷款合同的具体条款，管理和控制项目的贷款资金投放，监督贷款资金使用，监测项目进展情况。

二、债券融资

债券是政府、企业、银行等金融机构为筹集资金，按照法定程序发行并向债权人承诺于指定日期还本付息的有价证券。债券是一种金融契约，其本质是债的证明书，具有法律效力。

目前我国债券市场上主要有政府债券、金融债券、公司信用类债券三类债券。政府债券是政府为筹集资金而向出资者出具并承诺在一定时期支付利息和偿还本金的债务凭证，具体包括中央政府债券（国债）、地方政府债券等。金融债券是指银行及非银行金融机构依照法定程序发行并约定在一定期限内还本付息的有价证券，具体包括政策银行债、商业银行债、保险公司债等。公司信用类债券是指公司或企业依照法定程序发行，约定在一定期限内还本付息的有价证券，主要包括企业债券、公司债券和非金融企业债务融资工具等类别。此外，项目在拥有稳定预期的现金流后，还可以通过资产证券化进行融资。

（一）企业债券

企业债券，本来泛指各种具有法人资格的企业在境内发行的债券，但由于我国特殊的信用债管理体制，使企业债券有了特定含义，特指主要由国家发展改革委行使管理职能的公司信用类债券。企业债券一般是由非金融企业发行，受理机构为中央国债登记结算有限责任公司，审核机构为中央国债登记结算有限责任公司、银行间市场交易商协会。

企业债券是我国历史最悠久、法律地位最明确的公司信用类债券（依据《证券法》及1993年8月2日发布的《企业债券管理条例》），募集资金用途大多与固定资产投资项目挂钩，违约率最低，整体风险最小，市场认可度高。2022年企业债券发行规模约0.37万亿元，在公司信用类债券总发行规模中占比约3.3%，发行规模相对较小，但企业债券是唯一跨交易所市场与银行间市场发行的公司信用类债券，投资者范围最为广泛。

根据2023年国务院机构改革方案，国家发展改革委的企业债券发行审核职责，划入中国证监会，由其统一负责公司（企业）债券发行审核。

（二）公司债券

公司债券主管部门为中国证监会，由沪深证券交易所负责受理、审核并流转。公司债券最早起源于2007年，由于发行主体仅为上市公司，发展速度较慢、市场规模较小。2015年，中国证监会发布的《公司债券发行与交易管理办法》将发行主体扩展到所有公司制法人后，公司债券市场迅速发展，在发行规模、债券品种、发行主体行业分布等方面均取得了重大突破。2022年，公司债券（含一般公司债、私募债）发行规模3.09万亿元，占公司信用类债券总发行规模比例约为21.38%，公司债券成为境内公司债务融资的重要方式之一。

公司债券全程电子化、公开透明可查询，融资效率高。发行人可选择不同期限、不同方式完成发行，同时，不强制规定募投项目，募集资金使用灵活，发行主体行业广泛、类型多样。

（三）非金融企业债务融资工具

非金融企业债务融资工具是指具有法人资格的非金融企业在银行间债券市场发行的，约定在一定期限内还本付息的有价证券。

债务融资工具目前包括短期融资券（CP）、超短期融资券（SCP）、中期票据（MTN）、定向债务融资工具（PPN）、资产支持票据（ABN）、资产支持商业票据（ABCP）、资产担保债务融资工具（CB）七大基础产品。2022 年，非金融企业债务融资工具发行规模合计 8.43 万亿元，占公司信用类债券总发行规模比例约为 58.32%，是境内规模最大的非金融企业债务融资方式。

非金融企业债务融资工具，采用市场化定价方式，发行利率一般低于银行贷款基准利率，发行期限可以根据资金需求灵活安排，按照银行间市场交易商协会相关工作指引注册发行，一次注册后可根据资金需求及市场情况分期发行，不需要监管机构审批，不强制规定募投项目，募集资金使用灵活。

（四）资产证券化产品

资产证券化业务是指以基础资产所产生的现金流为偿付支持，通过结构化等方式进行信用增级，在此基础上发行资产支持证券的业务活动。[①] 因其发行、备案、流转形式与债券类似，本质上是一类原始权益人/发起机构（主体企业）将能够产生可预期稳定现金流的项目基础资产收益转让给投资者的债务融资，故将其列为债券部分内容。

我国资产证券化主要分为信贷资产证券化和企业资产证券化。其中，信贷资产证券化产品（包括 CLO、RMBS 等类型）由商业银行等金融机构发起，受中国人民银行、中国银保监会监管。企业资产证券化产品和实体经济联系更为紧密，其基础资产为权属明确、能够产生可预测现金流的财产或财产权利，具体可分为两类：一是受银行间市场交易商协会监管、在银行间市场发行的资产支持票据（ABN），参照的主要规定是《非金融企业资产支持票据指引》[②]；二是受中国证监会监管、在沪深证券交易所发行交易的资产支持证券（ABS），参照的规定主要是《证券公司及基金管理公司子公司资产证券化业务管理规定》及配套指引。2022 年，企业资产证券化产品发行规模 2.01 万亿元，占公司信用类债券总发行规模比例约为 13.92%，是境内公司债务融资

---

① 根据 2014 年中国证监会《证券公司及基金管理公司子公司资产证券化业务管理规定》。

② 银行间市场交易商协会拟发布《银行间债券市场企业资产证券化业务规则》《银行间债券市场企业资产证券化业务信息披露细则》等相关规则。

的重要方式之一。

资产证券化基于资产信用进行融资，需要通过交易安排实现项目资产与主体企业风险隔离并发行证券。具体为：首先原始权益人（主体企业）将项目资产真实出售给特定目的载体（Special Purpose Vehicle，SPV），SPV 以项目资产自身经营收益为支持发行证券募集资金，从而实现以项目资产信用融资的目标。此外，资产证券化产品还可以通过结构化分层、外部增信等方式提升信用等级，降低综合融资成本。

基础设施项目及相应收益权是资产证券化的重要基础资产。基础设施资产证券化产品可以依据《上海证券交易所基础设施类资产支持证券挂牌条件确认指南》《深圳证券交易所基础设施类资产支持证券信息披露指南》等相关规则发行，也可以参照银行间市场交易商协会发布的资产证券化有关规定发行。

资产证券化有利于提升融资信用水平，降低融资成本。资产证券化是通过真实出售将项目基础资产的风险与项目主体企业的信用风险分离，因此，对原项目所有者（原始权益人）的融资资格要求较低，甚至可以使资产的信用高于原主体企业，从而帮助一些项目收益稳定但自身信用水平一般的企业获得较低的融资成本。

三、融资租赁

融资租赁是国际上最普遍、最基本的非银行融资工具。中国银保监会2020 年 5 月印发《融资租赁公司监督管理暂行办法》，将融资租赁定义为：出租人根据承租人对出卖人、租赁物的选择，向出卖人购买租赁物，提供给承租人使用，承租人支付租金的交易活动。

我国融资租赁机构主要包括金融租赁公司和商业融资租赁公司。融资租赁行业的服务范围既包括制造、电力、交通运输、航空基建、采矿、水利、基础设施、医疗器械等传统行业，也包括高端装备制造、节能环保、新能源等新兴产业。

金融租赁公司的监督管理制度主要包括银监会 2007 年 1 月颁布、2014 年3 月修订的《金融租赁公司管理办法》，以及中国银保监会 2020 年 6 月颁行的

《金融租赁公司监管评级办法（试行）》。商业融资租赁公司的管理制度依据主要为中国银保监会 2020 年 5 月颁行的《融资租赁公司监督管理暂行办法》。

（一）融资租赁业务的种类

现阶段我国融资租赁行业的业务模式基本以售后回租为主、直接租赁为辅，诸如联合租赁、转租赁、杠杆租赁、风险租赁等国际上较为普遍的业务模式在国内融资租赁实践中并不多见。

售后回租，是指承租人将自有资产出售给出租人，获取出租人支付的资产对价（相当于融资款），并在约定的期限内支付租金（融资款本金和利息）的模式。通常情况下，租赁到期时承租人全部支付了转让价款（融资款本金和利息），出租人往往会以象征性的价格（如 1 元）将租赁物所有权转让给承租人。采用回租租赁的优点在于：一是承租人既拥有原来设备的使用权，又能获得融资资金；二是回租租赁后，使用权没有改变，承租人的设备操作人员、维修人员和技术管理人员对设备很熟悉，可以节省培训时间和费用。

直接租赁，是指由承租人选择需要购买的租赁资产，出租人通过对租赁项目风险评估后根据承租人需要购买该资产，并出租给承租人使用；承租人节省了购买资产所需的资金（相当于向出租人融到购买资产所需的资金），出租人按购买资产所需资金及其融资成本在约定的期间内向承租人收取租金（相当于融资款本息）。在整个租赁期间，承租人没有所有权但享有使用权，并负责维修和保养租赁物件。出租人对租赁物件的好坏不负任何责任，设备折旧在承租人一方。

融资租赁模式可以应用到项目融资中，大部分基础设施、通信设备、大型医疗设备、运输设备甚至高速公路经营权都可以采用融资租赁的方式进行融资。此外对于部分超大型租赁项目，可以采用类似银团贷款的杠杆融资租赁模式，有效满足超大型项目的融资需求。

（二）融资租赁的特点

一是简便、灵活。由于租赁费用在大多数企业被视为经营支出，所以易于决策。同时，融资租赁具有项目融资的特点，用项目自身所产生的效益偿还，方便企业管理。

二是补充融资渠道。部分中小企业或中小项目由于自身原因难以从银行借款或发行债券，或者因效率问题无法解决短期资金需求时，可以采用融资租赁方式有效补充企业融资渠道。

三是成本较高。融资租赁企业的资金同样主要来源于银行信贷和发债，提供融资租赁时需要收取一定的保证金和服务费。相对于直接申请银行信贷或发行债券而言，企业选择融资租赁的合作成本较高。这也是融资租赁的主要缺点。

四、票据融资

票据泛指一切有价证券和各种凭证，包括支票、本票、汇票、股票、债券等。本节所称票据，特指在投资活动中项目单位、建设单位等企业主体依照《票据法》签发的，由自己或委托他人在见票时或在指定日期无条件支付确定金额给收款人或持票人的有价票据。

1995年5月，八届全国人大常委会审议通过《票据法》，为票据市场规范健康发展提供了重要制度基础。2016年上海票据交易所成立，全国统一的票据交易平台正式上线运行，票据市场进入稳步规范发展阶段。

在票据融资中，承兑汇票的应用较为广泛。承兑汇票融资主要适合于国有企业、信誉良好的民营企业，融资多适用于交通、能源、制造业、建筑业、房地产业等行业。出具承兑汇票的客户都拥有许多共同点，例如规模较大、信用等级较高等，并且交易多方具有长期合作关系，有一定的信任基础。

承兑汇票分为银行承兑汇票和商业承兑汇票。银行承兑汇票是指由在承兑银行开立存款账户的存款人签发，向开户银行申请并经银行审查同意承兑的，保证在指定日期无条件支付确定的金额给收款人或持票人的票据；商业承兑汇票是由出票人签发，保证在指定日期无条件支付确定的金额给收款人或持票人的票据。银行承兑汇票与商业承兑汇票的主要区别是有无银行承兑，银行承兑汇票到期时承兑银行无条件支付，商业承兑汇票则无银行承兑。对收款人来说，银行汇票理论风险基于商业银行信用，风险极小；商业汇票基于企业信用，存在一定的信用风险。同时，由于银行承兑汇票在票据期限内可以进行背书转让，因此在流动性上要强于商业承兑汇票。

在实际业务操作中，基本票据行为环节有出票、背书、承兑、保证四类，代表承兑汇票业务周期中的四个环节。出票指企业签发票据并将其交付收款人的票据行为；背书是指在票据背面上记载有关事项并签章，将票据权利授予他人行使或转让给他人的票据行为，背书以转让票据权利为目的，是票据流通的主要方式；承兑是指汇票的承兑人或付款人在票据到期日支付票据金额的票据行为；保证是指票据债务人以外的第三人为担保票据义务的履行，提高票据的信用程度，保证其流通的一种附属票据行为。

五、保险债权投资计划

保险债权投资计划，是指保险资产管理公司等专业管理机构（以下简称"专业管理机构"）作为受托人，根据《保险资金运用管理暂行办法》《保险资金间接投资基础设施项目试点管理办法》《债权投资计划实施细则》等规定，面向委托人发行受益凭证，募集资金以债权方式投资基础设施项目，按照约定支付预期收益并兑付本金的金融产品。投资对象主要包括交通、通信、能源、市政、环境保护等国家级重点基础设施或其他不动产项目。

（一）保险债权投资计划的概况

2005 年 12 月，国务院批准保险资金可以间接投资基础设施项目。2006 年开始，中国保监会陆续出台《保险资金间接投资基础设施项目试点管理办法》《基础设施债权投资计划产品设立指引》，对保险资金进行基础设施投资的运用和管理予以详细规定。近年来保险债权投资计划发展迅速，2015 年末在中国保险资产管理业协会注册的保险资产管理产品的规模为 2000 亿元，2021 年末已经累计达 6200 多亿元。

从债权投资计划的投向来看，2021 年保险资产管理公司等专业管理机构注册的债权投资计划仍以基础设施债权投资计划为主，注册数量为 247 项，占当年注册债权投资计划总数的 46.87%。基础设施债权投资计划涉及的领域包括水利、棚户区改造、交通、能源、电力、物流、市政建设等。

（二）保险债权投资计划的发行

保险债权投资计划的发行方式为面向合格投资者通过非公开方式发行。保险债权投资计划实施登记制，监管机构为中国银保监会，发行场所为中保保险资产登记交易系统有限公司，注册机构为中国保险资产管理业协会。债权投资计划投资符合相关规定和条件的，可以申请产品登记绿色通道服务，具体范围由中国保险资产管理业协会予以规定。

（三）保险债权投资计划的要求

1. 对融资人的要求

融资人应当为项目方或其母公司（实际控制人），且具备持续经营能力和良好发展前景、具有或预计能够产生稳定可靠的收入和现金流、财务情况和信用状况良好、最近两年无违约等不良信用记录、与保险资产管理机构不存在关联关系。

2. 对投资项目的要求

投资项目应当符合国家宏观政策、产业政策和相关规定，履行项目立项、开发、建设、运营等法定程序，项目资本金符合国家有关资本金制度的规定，且还款来源明确合法、真实可靠。

3. 对资金用途的要求

债权投资计划的资金应当投资于一个或者同类型的一组投资项目。债权投资计划投资基础设施项目的，在还款保障措施完善的前提下，可以使用不超过40%的募集资金用于补充融资主体的营运资金。

4. 对增信措施的要求

保险资产管理机构设立债权投资计划，应当确定有效的信用增级安排。信用增级方式与融资主体还款来源相互独立。信用增级措施包括但不限于保证、抵押、质押等。

融资主体信用等级为 AAA 级，且符合下列条件之一的债权投资计划，可免于信用增级：融资主体上年末净资产不低于 150 亿元，或者融资主体最近三年连续盈利，或者投资项目为经国务院或国务院投资主管部门核准的重大工程。

（四）保险债权投资计划的作用

债权投资计划作为保险资金等长期资金对接实体经济的重要工具，不仅能解决保险资金长期配置的需求，也能支持实体经济的发展。对于保险公司来讲，能够释放保险资金、优化其资产配置结构；对于融资人来讲，能够拓宽融资渠道，获得稳定、长期且规模较大的资金。

六、境外债权融资

2015 年 9 月，国家发展改革委发布《关于推进企业发行外债备案登记制管理改革的通知》（以下简称《通知》），创新外债管理方式，促进跨境融资便利化，支持实体经济发展。随着中资企业境外融资的快速发展，为进一步完善全口径外债管理，为市场主体提供更加稳定、可预期的制度环境，2023 年 1 月，国家发展改革委发布《企业中长期外债审核登记管理办法》（以下简称《办法》），废止了 2015 年的《通知》。《办法》着力提升外债管理规范化、制度化、透明化和便利化水平，将此前开展的外债规模切块试点有关经验做法推广至全部企业，并进一步细化明确了企业外债管理范围和流程。同时，《办法》强化募集资金用途管理，完善事中事后监管，引导企业加强外债风险防范，更好保障企业境外融资业务开展。

《办法》所称企业中长期外债，是指境内企业及其控制的境外企业或分支机构向境外举借的、以本币或外币计价、按约定还本付息的 1 年期（不含）以上债务工具，包括但不限于高级债、永续债、资本债、中期票据、可转换债券、可交换债券、融资租赁及商业贷款等。同时，境内企业间接在境外借用外债也纳入《办法》管理范围。

国家发展改革委按照"控制总量、优化结构、服务实体、防范风险"的原则，对企业借用外债实行审核登记管理，合理确定企业外债总量与结构，提出外债用途正面导向和负面清单，从正反两个方向引导企业使用外债资金聚焦企业主业，有利于配合落实国家重大战略和支持实体经济发展。

企业借用外债须事前向国家发展改革委申请办理审核登记手续，取得《企业借用外债审核登记证明》，并在借用每笔外债后 10 个工作日内向国家发展改革委报送借用外债信息；在《企业借用外债审核登记证明》有效期届满后 10 个工作日内，报送相应的外债借用情况。企业借用外债应有合理的外债资金需求，用途符合规定，资信情况良好，具有偿债能力和健全的外债风险防控机制。《企业借用外债审核登记证明》有效期一年。为便利企业办理相关手续，企业外债审核登记申请、信息报送等主要环节均可以通过网络系统来进行。

境外发行债券（包括高级债、永续债、资本债、中期票据、可转换债券、可交换债券等方式）可以选择美元、欧元、人民币、新加坡元等币种，境外美元债是中资离岸债券资本市场最常见的融资方式，一般在港交所、新交所或澳交所挂牌发行。境外债发行规模最高可达企业净资产的 2 倍，通常为 3 亿—10 亿美元。2021 年，共有 335 家中资企业境外发行中长期债券 592 笔，金额合计 1946 亿美元。2021 年，中资企业境外债券加权平均成本为 3.09%，投资级债券发行规模占总发行规模的 63.3%，发行主体全面覆盖中央企业、地方国有企业、房地产企业、金融机构等板块。

中长期国际商业贷款，是指境内企业以商业性条件，向非居民等借入的、以外币表示的 1 年期以上债务。包括境外银行及非银行金融机构贷款、境外企业及其他非金融机构贷款、境外自然人贷款、国际融资租赁等，不包括境外发行本外币债券。国际商业贷款的偿还义务和风险由债务人、担保人、债权人等自行承担；贷款资金须用于实体经济，不得用于贸易融资和其他短期用途。国际商业贷款实行浮动利率，一般以国际金融市场的利率水平为基准而定，如美元贷款利率以担保隔夜融资利率（SOFR）为基准，加上一定的加息率计算。

2013 年以来，国家外汇管理局不断优化外债管理，支持实体经济发展，持续推进外债登记管理改革，取消外汇债户开户数量限制，探索一次性外债登记、外债登记改由银行办理等试点，支持外债登记业务网上办理。我国中长期外债在全口径外债余额中的占比由 2016 年末的 39% 提升至 2022 年末的 45%，有利于降低外债期限错配风险，减少债务偿付的流动性风险。

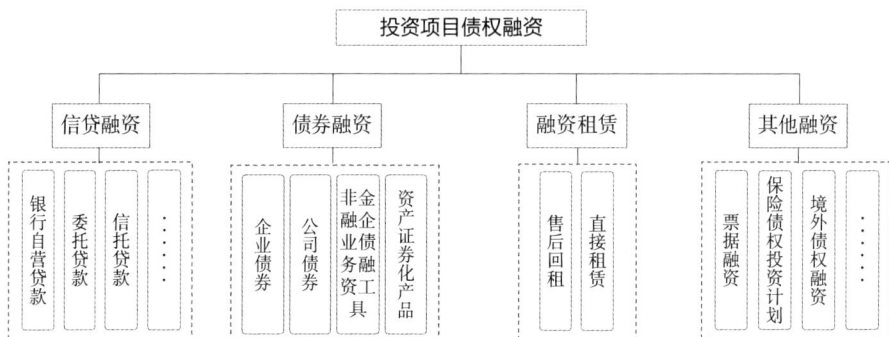

图 9　投资项目债权融资

第五节　非标融资

长期以来，我国的融资结构中以银行信贷融资为主导，而银行又面临着资本充足率、存贷比、狭义信贷规模等约束，无法充分满足市场融资需求，一些企业和投资人便通过各种非标金融工具满足融资和投资需求。

一、非标融资工具的演变

2008 年以前，我国非标资产主要由银行表内不良信贷资产出表形成。2009 年以后，为应对国际金融危机，在鼓励金融创新的背景下，银行表外业务大举扩张，伴随银行理财与通道业务的配合，非标融资迅速膨胀。这在一定程度上对加大社会融资规模、提高信用扩张效率、稳定和促进经济发展等方面起到了积极作用。但是，随着非标融资规模在随后几年的迅速攀升，且部分非标业务不在社会融资统计和监管的范围之内，对金融风险的聚集起到了一定推动作用。

随着 2018 年以来金融供给侧结构性改革持续进行，"资管新规"及《标准化债权类资产认定规则》等规定明确区分了标准化和非标准化金融产品，监管部门对投资于非标资产的资管资金进行更为严格的限制，非标融资业务近年来不断萎缩。

银监会 2013 年《关于规范商业银行理财业务投资运作有关问题的通知》中，定义了非标准化债权资产，指未在银行间市场及证券交易所市场交易的债权性资产，包括但不限于信贷资产、信托贷款、委托债权、承兑汇票、信用证、应收账款、各类收（受）益权、带回购条款的股权性融资等。该《通知》定义了"非标"，但没有对"标"进行定义。

2018 年出台的资管新规和 2020 年发布的《标准化债权类资产认定规则》明确了何谓"标"，对"标准化债权类资产应具备的条件"有了明确界定：等分化，可交易；信息披露充分；集中登记，独立托管；公允定价，流动性机制完善；在银行间市场、证券交易所市场等国务院同意设立的交易市场交易。不符合"标"定义的皆为"非标"。由此，标准化债权资产和非标准化债权资产的划分越发清晰。

二、非标融资工具的类型

除传统债权融资外，非标融资集中在各类受（收）益权和带回购条款的股权性融资。有很多非标融资工具的结构和模式与股权投资中的私募股权融资有相似之处，主要区别在于很多非标融资工具以"名股实债"的形式出现，在投资于基础设施项目公司股权的同时，通常附有其他股东（如政府平台公司）回购保底保收益等兜底性条款。

（一）银行/信托（券商/基金子公司）资管产品模式

一般由银行理财资金投资于信托公司成立的单一资金信托计划，信托计划为项目主体企业发放信托贷款。到期之后，项目主体企业归还信托贷款，信托公司向银行分配收益。该模式为最简单的非标模式，相关方少、结构简单。出于规避监管约束的考虑，实践中更为常见的是多层嵌套的模式，例如银行投资于券商或基金子公司成立的资产管理计划，资产管理计划再投资于信托计划，信托计划通过信托贷款或者其他投资方式直接投资于项目主体企业。多层嵌套的结构拉长了融资链条，导致融资成本提升，并且容易掩盖项目的真实风险。

（二）受（收）益权模式

常见的结构是银行理财资金投资信托计划，信托计划购买项目主体企业拥有的债权受（收）益权，项目主体企业承诺在信托计划到期时回购该债权受（收）益权。债权受（收）益权对应的基础资产，可以是项目主体企业持有的应收账款、租金收益权、保理资金收益权等。

该模式适合于项目主体企业有优质债权资产，且债权资产期限较长的情况，如城投基建企业对于地方政府的应收账款等。除债权以外，优质资产的收益权也可参考本结构进行设计，如高速公路收费权、管网收费权等。资产是否优质，对于应收账款类主要考察付款人付费能力、企业信用等；对于基础设施收费权主要考察基础设施收费的稳定性和充足性。

（三）"名股实债"模式

中国证券投资基金业协会认为，"名股实债"是指投资行为中，投资人获取的是约定的固定投资回报，被投资的目标公司经营状况不影响投资人获得收益的固定性且对投资人的固定期限取得固定收益予以保证，在约定的情形下由被投资企业回购股权或支付投资人的本息，具体包括投资人股权被其他方收购、定期分配利润、对赌等形式。

在项目融资中常见的"名股实债"结构，是金融机构通过自营或理财资金，以股权增资的方式投资企业，但是通过债权固定收益的形式，实现投资回款，并附带抵押、股权质押、第三方承担连带责任担保等增信措施，具体方式包括股权回购等。"名股实债"模式中，金融机构不参与经营，收益不与业绩挂钩，核心是保本保息。

（四）地方金融资产交易所非标债权融资

2018 年 1 月，银监会下发《商业银行委托贷款管理办法》，基本堵死了银行理财资金借道资管计划，由证券公司、基金子公司等非银机构作为委托贷款的委托人，将贷款投放给银行指定的借款人的途径，一些地方城投基建企业、地产公司便通过地方金融交易中心（所）挂牌发行各类固定收益类直接融资产品。根据《关于稳妥处置地方交易场所遗留问题和风险的意见》《关于三年攻坚战期间地方交易场所清理整顿有关问题的通知》，上述融资模式实际已经被禁止。

以上是四种较为常见的非标融资模式，在实际业务中，非标模式因交易结构不同，交易场所不同，出资机构不同，具体形式千变万化，但最终都于资管新规出台后逐步萎缩乃至消失。非标应用于项目融资领域，有些被视为地方政府隐性债务，有些被列入地产企业表外融资的监管重点，因此一些不规范的非标融资将逐渐回归信贷或标准化融资。

三、非标融资工具的利弊

非标债权融资是企业过去数年间重要的融资手段之一，是对传统常规项目融资方式的有益补充，可在一定程度上改善企业融资现金流。但是，一些非标融资相对结构链条长、信息披露弱、融资成本高，在监管不充分的环境下，可能会导致企业和金融机构盲目相互配合加杠杆，从而加大企业和金融风险。更深层次上，一些非标资产高收益背后所依赖的城投信仰、地产信仰、国企信仰、银行同业信仰等，无形中拉高了全社会的"无风险收益"，在一定程度上影响了专注于开展项目股权投资的保险、信托、理财、私募股权基金的积极性。非标不等于非法，有其在特定时期存在的特定意义。可以预期的是，在未来很长一段时间内，非标融资在中国金融体系中仍将发挥着一定作用，规范的非标融资，可为部分优质项目在银行信贷、债券之外提供一条较民间集资而言成本相对可控、相对规范的融资路径。

第六章　投资项目建设管理

投资项目建设阶段，是项目全生命周期中一个非常重要的阶段。这一阶段的工作内容很多，包括征地和房屋征收、招标投标、勘察设计、施工管理、工程监理、竣工验收等，工作量最大，投入的人力、物力和财力最多，管理的难度也最大。这一阶段的工作质量在很大程度上决定了一个项目的成败。

第一节　建设管理概述

我国工程建设领域形成了项目法人责任制、招标投标制、工程监理制和合同管理制等重要制度，有建设单位自行管理和委托第三方管理等多种建设管理模式，有传统发包、设计施工总承包发包、设计采购施工/交钥匙总承包发包等多种工程承发包模式。

一、建设管理重要制度

我国工程建设领域实行项目法人责任制、招标投标制、工程监理制和合同管理制。这几项制度密切联系，共同构成了工程建设管理的基本制度，为投资项目建设管理提供了法律保障。

（一）项目法人责任制

我国 2020 年颁布的《民法典》规定，法人是具有民事权利能力和民事行为能力，依法独立享有民事权利和承担民事义务的组织。法人分为营利法人、非营利法人和特别法人三大类。

项目法人责任制是指建设项目出资者根据国家有关法律法规组建的项目法人，依法对项目策划、资金筹措、建设实施、生产经营、债务偿还和资本的保值、增值负责，享有相应权利的责任制度。项目法人责任制的核心，是明确由项目法人承担投资风险，项目法人要对项目建设及运营实行一条龙管理和全面负责。

《中央预算内投资资本金注入项目管理办法》要求经营性投资项目应由企业作为项目法人，实行独立核算、自负盈亏；中央预算内投资所形成的资本金属于国家资本金，由政府出资人代表行使所有者权益。

（二）招标投标制

招标投标制是指在法律法规的框架体系下，由工程、货物或服务采购方（招标方）发布招标公告或投标邀请，向施工单位、供应商提供招标文件，由有意提供采购所需工程、货物或服务的施工单位、供应商作为投标方，参与投标竞争，最终经招标方审查比较、择优选定中标者，并与其签订合同的过程。

我国 1999 年颁布《招标投标法》，2011 年颁布《招标投标法实施条例》，2017 年修订《招标投标法》。《招标投标法》及《招标投标法实施条例》对招标、投标、开标、评标、中标等环节进行了明确规定。

（三）工程监理制

工程监理是指具有相应资质的工程监理单位受建设单位的委托，依照法律法规、工程建设标准、勘察设计文件及合同，在施工阶段对工程质量、进度、造价进行控制，对合同、信息进行管理，对工程建设相关方的关系进行协调，并履行建设工程安全生产管理法定职责的服务活动。与国际上一般的工程项目管理咨询服务不同，工程监理是一项具有中国特色的工程建设管理制度，有关法律法规将工程质量、安全生产管理方面的责任赋予工程监理单位。

我国 1997 年颁布《建筑法》，明确规定推行建筑工程监理制度。2000 年颁布、2017 年和 2019 年修改的《建设工程质量管理条例》规定，实行监理的建设工程，建设单位应当委托具有相应资质等级的工程监理单位进行监理，也可以委托具有工程监理相应资质等级并与被监理工程的施工承包单位没有隶属关系或者其他利害关系的该工程的设计单位进行监理。

（四）合同管理制

我国1999年颁布《合同法》，明确了合同订立、效力、履行、变更与转让、终止、违约责任，以及包括建设工程合同、委托合同在内的15类合同。2020年颁布《民法典》，进一步明确了合同订立、效力、履行、保全、变更与转让、终止、违约责任，以及包括建设工程合同、委托合同在内的19类合同，为合同管理制的实施提供了重要法律依据。

建设单位可通过签订合同，将工程项目有关活动委托给相应的承包单位或专业服务机构，相应的合同有：工程承包（设计施工工程总承包、施工承包）合同、工程勘察合同、工程设计合同、设备和材料合同、工程咨询（可行性研究、技术咨询）合同、工程监理合同、造价咨询合同、工程项目管理服务合同、全过程咨询合同、工程保险合同等。

二、建设管理模式选择

建设单位是项目的总策划者、总组织者和总集成者，其管理模式在很大程度上决定了项目管理的总体框架。根据建设单位的项目管理能力以及项目的复杂程度，建设管理模式可分为建设单位自行管理模式和委托第三方管理模式，例如代建制、项目管理服务、全过程工程咨询服务等。

（一）建设单位自行管理模式

建设单位自行管理模式是指建设单位主要依靠自身力量进行项目管理。在项目策划及实施过程中，建设单位虽然也经常聘用工程咨询公司、监理公司、造价咨询公司等协助进行部分管理，但主要的项目管理工作由建设单位自行完成。实行建设单位自行管理模式的前提，是建设单位自身具有较强的项目管理团队，可以充分保障建设单位对项目的控制，可以随时采取措施以保障建设单位利益的最大化。但是，对于缺少连续性项目的建设单位而言，建设单位自行管理模式具有组织机构庞大、专业力量不足、管理资源利用率低等缺点，也不利于管理经验的积累。

（二）委托第三方管理模式

1. 代建制

代建制即代理建设制度，是一种主要针对非经营性政府投资项目的建设实施组织方式。《国务院关于投资体制改革的决定》要求对非经营性政府投资项目加快推行代建制，选择专业化的项目管理单位负责建设实施，严格控制项目投资、质量和工期。《中央预算内直接投资项目管理办法》要求对于项目单位缺乏相关专业技术人员和建设管理经验的直接投资项目，项目审批部门应当在批复可行性研究报告时要求实行代建制，通过招标等方式选择具备工程项目管理资质的工程咨询机构，作为项目管理单位负责组织项目的建设实施。项目管理单位按照与项目单位签订的合同，承担项目建设实施的相关权利义务，严格执行项目的投资概算、质量标准和建设工期等要求，在项目竣工验收后将项目交付项目单位。

代建单位一般不参与项目前期的策划决策和建成后的运营管理，也不对投资收益负责。在项目建设期间，代建单位与建设单位或政府投资管理机构签订代建合同，收取代理费、咨询费，如果项目建设期间实现了投资节约，可按合同约定提取一部分节约投资作为奖励。项目代建合同生效后，代建单位通常须提交工程概算投资一定比例的履约保函。如果代建单位未能完全履行代建合同义务，致使工期延长、投资增加或工程质量不合格，应承担所造成的损失或投资增加额。

2. 项目管理服务

工程项目管理是指运用系统的理论和方法，对工程项目进行的计划、组织、指挥、协调和控制等专业化活动，简称为项目管理。项目管理服务是指从事工程项目管理的机构受建设单位委托，按照项目管理服务合同约定，对工程项目的组织实施进行全过程或若干阶段、部分内容的管理和服务。

项目管理机构可以在项目决策阶段为建设单位编制可行性研究报告，进行可行性分析和项目策划；在项目准备和实施阶段，为建设单位提供招标代理、设计管理、采购管理、工程监理、施工管理和试运行（竣工验收）等服务，代表建设单位对工程项目进行质量、安全、进度、投资、合同、信息等管理和控制。项目管理机构不直接与项目的总承包企业或勘察、设计、供货、施工企业等签订合同，一般是按照合同约定承担相应的管理责任。

3. 全过程工程咨询服务

我国工程咨询服务市场化快速发展，形成了投资咨询、招标代理、勘察、设计、监理、造价、项目管理等专业化的咨询服务业态。为更好地实现投资建设意图，投资者或建设单位在投资决策、工程建设、项目运营过程中，对综合性、跨阶段、一体化的咨询服务需求日益增强。

2019 年，国家发展改革委和住房城乡建设部联合发布《关于推进全过程工程咨询服务发展的指导意见》，以全过程工程咨询推动完善工程建设组织模式。

（1）鼓励多种形式全过程工程咨询服务。除投资决策综合性咨询和工程建设全过程咨询外，咨询单位还可根据市场需求，从投资决策、工程建设、运营等项目全生命周期角度，开展跨阶段咨询服务组合或同一阶段内不同类型咨询服务组合。鼓励和支持咨询单位创新全过程工程咨询服务模式，为投资者或建设单位提供多样化的服务。

（2）创新咨询单位和人员管理方式。要逐步减少投资决策环节和工程建设领域对从业单位和人员实施的资质资格许可事项，精简和取消强制性中介服务事项，放开市场准入，加快咨询服务市场化进程。将政府管理重心从事前的资质资格证书核发转向事中事后监管，建立以政府监管、信用约束、行业自律为主要内容的管理体系。

（3）引导全过程工程咨询服务健康发展。全过程工程咨询单位应当在技术、经济、管理、法律等方面具有丰富经验，具有与全过程工程咨询业务相适应的服务能力。全过程工程咨询单位应当配备结构合理的专业咨询人员，培育综合性多元化服务及系统性问题一站式整合服务能力。鼓励投资咨询、招标代理、勘察、设计、监理、造价、项目管理等企业，采取联合经营、并购重组等方式发展全过程工程咨询。

三、承发包模式选择

工程项目承发包管理模式是指建设单位向项目实施单位购买产品或服务的方式。根据工程项目设计与施工工作的一体化程度，工程项目的承发包方式分为传统发包（Design-Bid-Build，DBB）模式、设计施工总承包发包（Design-Build，DB）模式、设计采购施工/交钥匙总承包发包（Engineering-Procurement-Construction/Turnkey，以下简称"EPC总承包发包"）模式等。

（一）传统发包模式

传统发包模式，即设计—招标—施工模式，将设计、施工分别委托不同单位承担。目前我国大部分工程项目采用这种模式。

这种模式下，建设单位先委托工程咨询机构进行可行性研究等工作，待项目决策后与设计单位签订设计合同进行设计工作，设计基本完成后通过招标选择施工单位。建设单位和施工单位签订工程施工合同和设备供应合同，施工单位再分别与分包商和供应商单独订立分包及材料的供应合同，然后组织实施。建设单位一般指派建设单位代表与咨询、设计和施工单位联系，负责有关的项目管理工作。施工阶段的质量控制和安全控制等工作一般授权工程监理机构进行。

传统发包模式长期、广泛地在国内工程建设中使用，管理方法成熟，各方对有关程序都很熟悉。此外，建设单位可自由选择设计单位，便于控制设计要求，施工阶段也比较容易掌控设计变更。但是该模式也有一定的局限性，项目实施周期较长，建设单位对项目工期不易控制；管理和协调工作较复杂，建设单位管理费较高，前期投入较多；对工程总投资不易控制，特别是在设计过程中对"可施工性"考虑不足时，容易产生变更，从而引起较多的索赔；出现质量事故时，设计和施工双方容易互相推诿责任。

针对传统发包模式，国家发展改革委联合有关部委发布了两个标准招标文件：《标准施工招标文件》和《简明标准施工招标文件》。后者适用于工期不超过12个月、技术相对简单的小型项目施工招标。

（二）设计施工总承包发包模式

设计施工总承包发包模式是指设计施工总承包单位按照合同约定，承担工程项目设计和施工，以及大多数材料和工程设备采购的模式，但建设单位可能保留部分重要工程设备和特殊材料的采购权。设计施工总承包发包模式下，施工单位承担了比传统发包模式更多的责任和风险。由于设计工作由施工单位负责，避免了设计和施工双方互相推诿责任，施工经验能够融入设计过程中，有利于提高可建造性，对投资和完工日期有实质的保障。但建设单位无法参与设计单位的选择，对最终设计和细节的控制能力降低。

针对设计施工总承包发包模式，国家发展改革委联合有关部委发布了《标准设计施工总承包招标文件》。该招标文件适用于设计施工一体化的总承包招标，并在合同条款中设置了 A 条款和 B 条款。按 A 条款，设计施工总承包单位承担较小的风险；按 B 条款则承担较大的风险。可根据项目特点选择适用 A 条款或 B 条款。

（三）EPC 总承包发包模式

EPC 总承包发包模式是指设计施工总承包单位按照合同约定，承担工程项目的设计、采购、施工、试运行服务等工作，并对承包工程的质量、安全、工期、造价全面负责的模式。EPC 总承包发包模式下，建设单位获得一个现成的工程，"转动钥匙"就可以运行。EPC 总承包发包模式的重要特点是充分发挥市场机制作用，促使施工单位、监理工程师共同寻求最经济、最有效的方法实施工程建设。通过 EPC 总承包发包模式，可以比较容易地解决设计、采购、施工、试运转整个过程的不同环节中存在的突出矛盾，使工程项目实施获得优质、高效、低成本的效果。

《标准设计施工总承包招标文件》也适用于 EPC 总承包发包模式。

四、建设管理目标要求

建设管理目标包括质量控制，进度控制，投资控制，健康、安全与环境管理，数字化交付管理等。

（一）质量控制

1. 建设工程质量

建设工程质量是指工程产品满足规定要求的程度，即满足标准规范和工程合同所规定的要求。这些规定要求主要包括以下五个方面：

（1）适用性。工程项目平面、空间布局合理，采光、通风、保温、隔音功能完备，使用、操作、维修方便，有利于生产、生活、节能减排、降低能耗等。

（2）耐久性。工程项目满足强度、刚度、稳定性要求，满足使用寿命要求，满足防火、抗震要求，抗渗、抗冻、耐腐蚀，使用安全等。

（3）可靠性。工程项目不仅在交工验收时要达到规定的指标，而且在一定的使用时期内也要保持应有的正常功能。

（4）经济性。工程项目投资效益高，运行和维修费用低等。

（5）协调性。工程项目与生态环境协调，与社区环境协调，与地区经济环境协调。

建设工程质量控制的最终目标是实现工程项目的上述预期目的。

2. 建设工程项目质量管理责任体系

工程项目具有投资大、规模大、建设周期长、生产环节多、参与主体多、影响因素多等特点，不论是哪个环节出了问题，都会导致质量缺陷，甚至重大质量事故的发生。因此，建设工程项目质量管理最基本的原则就是建立健全质量责任体系，明确政府、建设单位、工程监理单位、勘察设计单位和施工单位各方主体的责任。

（1）政府的工程质量控制。主要是以法律法规为依据，通过工程报建审核、施工图设计文件审查、施工许可、材料和设备准用、工程质量监督、工程竣工验收备案等主要环节实施监控。

（2）建设单位的工程质量控制。质量控制贯穿决策阶段、工程勘察设计阶段、工程施工阶段等建设全过程。

（3）工程监理单位的质量控制。主要是受建设单位的委托，根据法律法规、工程建设标准、勘察设计文件及施工合同，制定和实施相应的监理措施，采用旁站、巡视、平行检验和检查验收等方式，代表建设单位在施工阶段对工程质量进行监督和控制，以满足建设单位对工程质量的要求。

（4）勘察设计单位的质量控制。以法律法规、工程建设技术标准及勘察设计合同为依据，对勘察设计的整个过程进行控制，包括工作质量和成果文件质量的控制，确保提交的勘察设计文件所包含的功能和使用价值，可以满足建设单位工程建设的要求。

（5）施工单位的质量控制。以法律法规、工程建设技术标准、设计图纸及施工合同为依据，对施工准备阶段、施工阶段、竣工验收交付阶段等施工全过程的工作质量和工程质量进行控制，以达到施工合同文件规定的质量要求。

（二）进度控制

1. 建设工程进度控制

建设工程进度控制，是指对工程项目建设各阶段的工作内容、工作程序、持续时间和衔接关系，根据进度总目标及资源优化配置的原则编制计划并付诸实施，然后在进度计划的实施过程中动态检查实际进度是否按计划要求进行，对出现的偏差情况进行分析，采取补救措施或调整、修改原计划后再付诸实施，如此循环，直到建设工程竣工验收交付使用。建设工程进度控制的最终目的是确保建设项目按预定的时间动用或提前交付使用，建设工程进度控制的总目标是建设工期。

2. 建设工程进度计划体系

制作进度计划时，应当审慎选择与当时工作相关的进度类型，并评估其是否满足需要。通常情况下，一个项目应该有以下五种进度计划类型：

（1）启动阶段进度计划。该进度计划由建设单位和咨询顾问在施工单位参与前制作。它的内容重点是为了形成合同并找到合适施工单位开展实质工作而由建设单位承担并负责的工作，可能包括设计工作和为了落实合同所需获取的各类许可与审批。

（2）投标阶段进度计划。这应该是施工单位制作的第一份进度计划。如果是总承包项目，应该包含设计团队需要的全部信息，完整表述施工单位计划完成的工作和时间目标。

（3）实施阶段进度计划。这是投标阶段进度计划的改进版本，用来规划和组织从开工到竣工的全部项目工作。

（4）竣工阶段进度计划。这是建设单位关于如何从施工单位的控制下逐步占有和使用项目的进度计划，包含了装备、调试、检测、进入、占有和培训的具体细节。该进度计划通常由建设单位或咨询顾问根据实施阶段进度计划完成，并根据最后施工过程中的变更进行审核、调整与改进。

（5）完工进度计划。这是项目完成后的最终进度计划，包含了项目实施过程中所有工作的实际开始、进度过程及实际完成信息。在这份进度计划中应该包含项目的所有实际实施过程，资源的实际使用情况以及生产力的实际水平等信息。

3. 建设工程进度技术方法

进度技术方法的适用范围在很大程度上取决于项目的复杂程度和性质，以及项目管理中所需要报告的详细程度。除了常见的甘特条形图以外，还有平衡线图、流线图、双代号网络图、单代号网络图等技术方法。其中，甘特条形图和单代号网络图方法被很多软件工具所采用。

（三）投资控制

1. 建设工程投资控制

建设工程投资控制，就是在投资决策、勘察设计、招标投标、建设施工以及竣工阶段，动态纠正发生的工程成本偏差，把建设工程投资控制在批准的投资限额以内，以保证项目投资管理目标的实现，取得较好的投资效益和社会效益。

为了有效控制建设工程投资，应从组织、技术、经济和合同等多方面采取措施：

（1）组织措施。明确项目组织结构中投资控制者及其任务，以使投资控制有专人负责，明确管理职能分工。

（2）技术措施。重视设计多方案选择，严格审查监督初步设计、技术设计、施工图设计、施工组织设计，深入技术领域研究节约投资的可能性。

（3）经济措施。动态地比较投资的实际值和计划值，严格审核各项费用支出，采取节约投资的奖励措施等。

（4）合同措施。审慎签订和修改合同，控制工程变更和索赔。

2. 初步设计概算

初步设计概算是以初步设计文件为依据，按照规定的程序、方法和依据，对工程项目总投资及其构成进行的概略计算。具体而言，初步设计概算是在投资估算的控制下，由设计单位根据初步设计或扩大初步设计的图纸及说明，利用国家或地区颁发的概算指标、概算定额、综合指标预算定额、各项费用定额或取费标准（指标），建设地区自然、技术经济条件，以及设备、材料预算价格等资料，按照设计要求，对工程项目从筹建至竣工交付使用所需全部费用进行的概略计算。

初步设计概算的成果文件称作初步设计概算书，是初步设计文件的重要组成部分，其特点是编制工作相对简略，无需达到施工图预算的准确程度。采用两阶段设计的工程项目，初步设计阶段必须编制初步设计概算；采用三阶段设计的，扩大初步设计阶段必须编制修正概算。

初步设计概算可由单位工程概算、单项工程综合概算和工程项目总概算三级组成。首先编制单位工程概算，然后逐级汇总编制综合概算和总概算。

3. 施工图预算

施工图预算是以施工图设计文件为依据，按照规定的程序、方法和依据，在工程施工前对工程项目的工程费用进行的预测与计算。施工图预算的成果文件称作施工图预算书，简称施工图预算，它是在施工图设计阶段对工程建设所需资金作出较精确计算的设计文件。

施工图预算由工程项目总预算、单项工程综合预算和单位工程预算组成。工程项目总预算由单项工程综合预算汇总而成，单项工程综合预算由组成本单项工程的各单位工程预算汇总而成，单位工程预算包括建筑工程预算和设备及安装工程预算。

施工图预算价格既可以是按照政府统一规定的预算单价、取费标准、计价程序计算而得到的属于计划或预期性质的施工图预算价格，也可以是通过招标投标法定程序后施工企业根据自身的实力即企业定额、资源市场单价以及市场供求及竞争状况计算得到的反映市场性质的施工图预算价格。

（四）健康、安全与环境管理

健康（Health）、安全（Safety）和环境（Environment）管理简称"HSE管理"，是指对健康、安全与环境进行综合管理。

1. 健康管理

根据国家标准《建设项目工程总承包管理规范》（GB/T 50358—2017）的规定，项目部应按工程总承包企业的职业健康方针，制定项目职业健康管理计划，并按规定程序批准实施。项目部应制定项目职业健康的检查制度，对影响职业健康的因素采取措施，记录并保存检查结果。

2. 安全管理

根据《建设工程安全生产管理条例》，建设工程安全生产管理，坚持安全第一、预防为主的方针。建设单位、勘察单位、设计单位、施工单位、工程监理单位及其他与建设工程安全生产有关的单位，必须遵守安全生产法律、法规的规定，保证建设工程安全生产，依法承担建设工程安全生产责任。国家鼓励建设工程安全生产的科学技术研究和先进技术的推广应用，推进建设工程安全生产的科学管理。

3. 环境管理

根据《建设工程项目管理规范》（GB/T 50326-2017）的规定，项目管理机构应进行项目环境管理策划，确定施工现场环境管理目标和指标，编制项目环境管理计划；项目管理机构应协调设计与施工单位，落实绿色设计或绿色施工的相关标准和规定，对绿色建造实施情况进行检查，进行绿色建造设计或绿色施工评价。

（五）数字化交付管理

数字化是指应用信息技术，将工程设计、采购、施工等信息转变为结构化数据和非结构化数据，建立数据组织模型，并运用计算机进行表达、传输和处理的过程。数字化交付是指以工程项目对象为核心，对工程项目建设阶段产生的静态信息进行数字化创建直至移交的工作过程。

工程数字化交付工作宜与工程建设同步进行。交付信息应满足完整性、准确性和一致性的质量要求，其内容应与交工资料所对应的部分一致。交付信息应设置交付级别，并采用适宜的数字化交付组织与存储。

交付基础应依据项目的信息交付策略制定。交付基础应包括工程项目分解结构、类库、工程项目对象编号规定、文档命名和编号规定、交付物规定及质量审核规定等内容。

五、工程建设标准

工程建设标准是指为在工程建设领域内获得最佳秩序，对建设工程的勘察、设计、施工、安装、验收、运营维护及管理等活动和结果需要协调统一的事项所制定的共同的、重复使用的技术依据和准则。《标准化法》规定，标准包括国家标准、行业标准、地方标准、团体标准和企业标准。国家标准分为强制性标准、推荐性标准，行业标准、地方标准是推荐性标准。

（一）工程建设国家标准

《标准化法》规定，对保障人身健康和生命财产安全、国家安全、生态环境安全以及满足经济社会管理基本需要的技术要求，应当制定强制性国家标准。强制性国家标准由国务院批准发布或者授权批准发布。对满足基础通用、与强制性国家标准配套、对各有关行业起引领作用等需要的技术要求，可以制定推荐性国家标准。

《工程建设国家标准管理办法》规定下列标准属于强制性标准：工程建设勘察、规划、设计、施工（包括安装）及验收等通用的综合标准和重要的通用的质量标准；工程建设通用的有关健康、安全与环保管理的标准；工程建设重要的通用的术语、符号、代号、量与单位、建筑模数和制图方法标准；工程建设重要的通用的试验、检验和评定方法等标准；工程建设重要的通用的信息技术标准；国家需要控制的其他工程建设通用的标准。强制性标准以外的标准是推荐性标准。

（二）工程建设行业标准

《工程建设国家标准管理办法》规定，对没有国家标准而需要在全国某个行业范围内统一的下列技术要求，可以制定行业标准：工程建设勘察、规划、设计、施工（包括安装）及验收等行业专用的质量要求；工程建设行业专用的有关健康、安全与环保管理的技术要求；工程建设行业专用的术语、符号、代号、量与单位和制图方法；工程建设行业专用的试验、检验和评定等方法；工程建设行业专用的信息技术要求；其他工程建设行业专用的技术要求。

行业标准不得与国家标准相抵触。《标准化法实施条例》规定，行业标准在相应的国家标准实施后，自行废止。

（三）工程建设地方标准

《标准化法》规定，为满足地方自然条件、风俗习惯等特殊技术要求，可以制定地方标准。我国幅员辽阔，各地的自然条件和风俗习惯差异较大，而工程建设在许多方面要受到自然条件和风俗习惯的影响。因此，除国家标准、行业标准外，还需要有相应的地方标准。

（四）工程建设团体标准

《标准化法》规定，国家鼓励学会、协会、商会、联合会、产业技术联盟等社会团体，协调相关市场主体，共同制定满足市场和创新需要的团体标准，由本团体成员约定采用或者按照本团体的规定供社会自愿采用。

国家标准化管理委员会、民政部制定的《团体标准管理规定》明确，团体标准的技术要求不得低于强制性标准的相关技术要求。国家鼓励社会团体制定高于推荐性标准相关技术要求的团体标准；鼓励制定具有国际领先水平的团体标准。伴随着工程建设领域新技术的不断涌现，出现了越来越多的工程建设团体标准。

（五）工程建设企业标准

《标准化法》规定，企业可以根据需要自行制定企业标准，或者与其他企业联合制定企业标准。

企业标准的技术要求不得低于强制性国家标准的相关技术要求。国家鼓励企业制定高于推荐性标准相关技术要求的企业标准。工程建设企业应当按照标准组织生产经营活动，其生产的产品、提供的服务应当符合企业公开标准的技术要求。

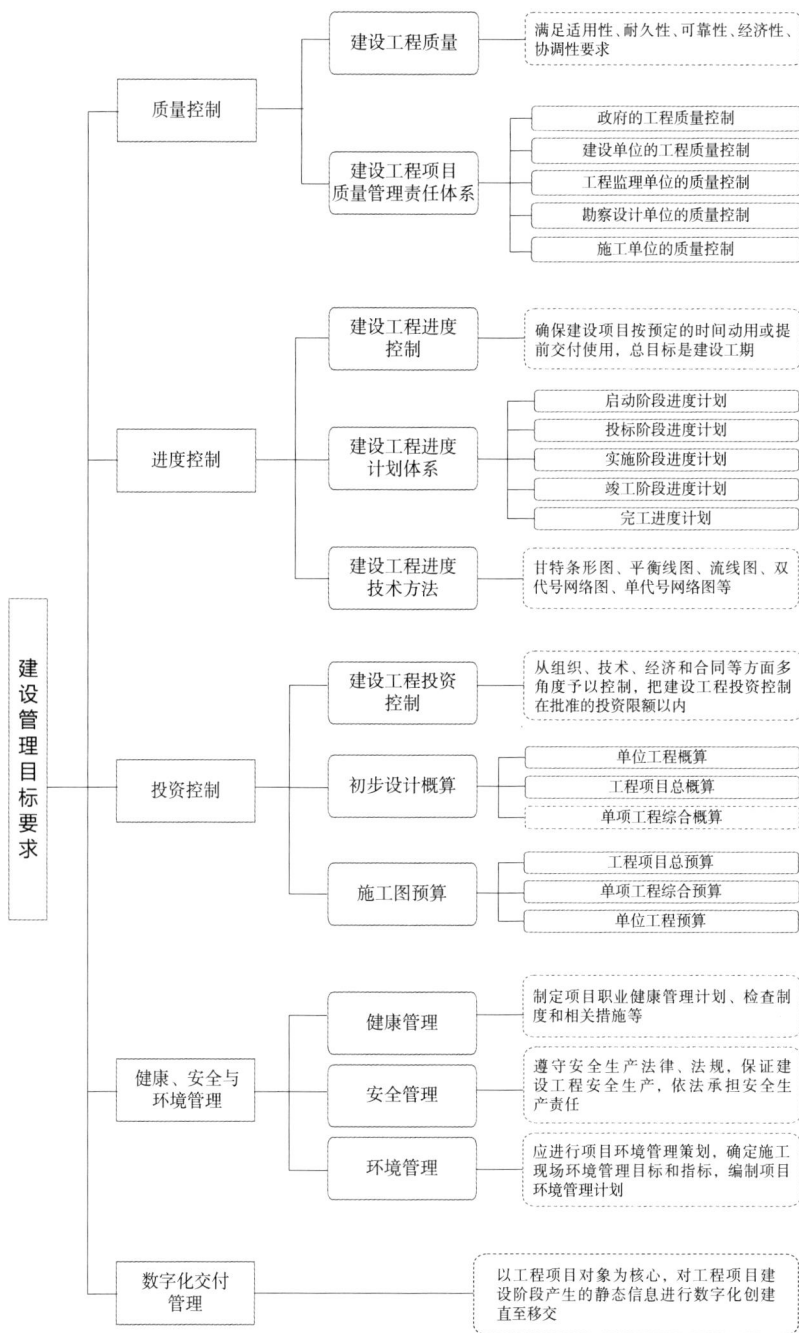

图 10　建设管理目标要求

第二节　建设准备

传统意义上，投资项目建设准备阶段的主要工作包括征地和房屋征收，招标投标，初步设计和施工图设计等。然而，随着越来越多的项目采用设计施工工程总承包和 EPC 模式，以及现代信息技术的迅速发展，特别是建筑信息模型（Building Information Modeling，BIM）技术的兴起，设计和施工实施日益融合，设计本身包含了越来越多的施工元素。因此，本章未将设计工作列入建设准备阶段，而是将其与施工实施一起列入建设实施阶段。

一、征地和房屋征收

（一）征地和房屋征收的主要内容

征地，即土地征收，是指政府为了公共利益需要，依照法律规定的程序和权限，将集体土地转化为国有土地，并依法给予被征地的农村集体经济组织和被征地农民合理补偿和妥善安置。土地征收主要依据《土地管理法》《土地管理法实施条例》。

房屋征收是指由房屋征收部门在摸底立项的基础上对居民百姓居住房屋的土地使用权的有偿回收。国有土地上房屋征收主要依据《民法典》《城市房地产管理法》《国有土地上房屋征收与补偿条例》等。集体土地上房屋征收主要依据《土地管理法》《土地管理法实施条例》。

（二）征地需要办理的手续

1. 建设项目用地预审与选址意见书

建设项目涉及新增建设用地，由建设单位向自然资源主管部门提出用地预审与选址申请，通过用地预审后，自然资源主管部门向建设单位核发建设项目用地预审与选址意见书。

使用已经依法批准的建设用地进行建设的项目，不再办理用地预审；需要办理规划选址的，由自然资源主管部门对规划选址情况进行审查，核发建设项目用地预审与选址意见书。

2. 建设项目用地申请

在土地利用总体规划确定的城市建设用地范围外单独选址的建设项目使用土地的，建设单位应当向土地所在地的市、县自然资源主管部门提出用地申请。建设单位提出用地申请时，应当填写《建设用地申请表》，并附具下列材料：（1）建设项目用地预审与选址意见书；（2）建设项目批准、核准或者备案文件；（3）建设项目初步设计批准或者审核文件。建设项目拟占用耕地的，应当提出补充耕地方案；建设项目位于地质灾害易发区的，应当提供地质灾害危险性评估报告。

3. 先行用地申请

国家重点建设项目中控制工期的单体工程和因工期紧或者受季节影响急需动工建设的其他工程，可以由省、自治区、直辖市自然资源主管部门向自然资源部申请先行用地。

申请先行用地，应当提交下列材料：（1）省、自治区、直辖市自然资源主管部门先行用地申请；（2）建设项目用地预审与选址意见书；（3）建设项目批准、核准或者备案文件；（4）建设项目初步设计批准文件、审核文件或者有关部门确认工程建设的文件；（5）自然资源部规定的其他材料。经批准先行用地的，应当在规定期限内完成用地报批手续。

4. 建设用地规划许可证

以出让方式取得国有土地使用权的，市、县自然资源主管部门依据规划条件编制土地出让方案，经依法批准后组织土地供应，将规划条件纳入国有建设用地使用权出让合同。建设单位在签订国有建设用地使用权出让合同后，市、县自然资源主管部门向建设单位核发建设用地规划许可证。

以划拨方式取得国有土地使用权的，建设单位向所在地的市、县自然资源主管部门提出建设用地规划许可申请，经有建设用地批准权的人民政府批准后，市、县自然资源主管部门向建设单位同步核发建设用地规划许可证、国有土地划拨决定书。

5. 契税及土地出让金缴纳凭证

契税及土地出让价款的缴纳凭证是申请不动产权属证书的必备材料，建设单位在签订国有建设用地使用权出让合同后，须持相应的材料到税务局办理土地契税完税证，到自然资源有关部门办理付清土地出让价款证明。

6. 不动产登记

国家实行不动产统一登记制度。依法取得国有建设用地使用权，可以单独申请国有建设用地使用权登记。

申请国有建设用地使用权首次登记，应当提交不动产权属证书或者土地权属来源材料，权籍调查表、宗地图以及宗地界址点坐标，土地出让价款、土地租金、相关税费缴纳凭证等材料。土地权属来源材料，根据权利取得方式的不同，包括国有建设用地划拨决定书、国有建设用地使用权出让合同、国有建设用地使用权作价出资（入股）批准文件等。

不动产登记机构完成登记，应当依法向申请人核发不动产权属证书或者登记证明。依据《不动产登记暂行条例实施细则》，除办理抵押权登记、地役权登记和预告登记、异议登记，向申请人核发不动产登记证明外，不动产登记机构应当依法向权利人核发不动产权属证书。

（三）房屋征收有关管理要求

1. 房屋征收决定

（1）征收情形

为了保障国家安全、促进国民经济和社会发展等公共利益的需要，有下列情形之一，确需要征收房屋的，由市、县级人民政府作出房屋征收决定：

国防和外交的需要；由政府组织实施的能源、交通、水利等基础设施建设的需要；由政府组织实施的科技、教育、文化、卫生、体育、环境和资源保护、防灾减灾、文物保护、社会福利、市政公用等公共事业的需要；由政府组织实施的保障性安居工程建设的需要；由政府依照城乡规划法有关规定组织实施的对危房集中、基础设施落后等地段进行旧城区改建的需要；法律、行政法规规定的其他公共利益的需要。

（2）拟定征收补偿方案

房屋征收部门拟定征收补偿方案，报市、县级人民政府。市、县级人民政府应当组织有关部门对征收补偿方案进行论证并予以公布，征求公众意见，征求意见期限不得少于 30 日。市、县级人民政府应当将征求意见情况和根据公众意见修改的情况及时公布。

市、县级人民政府作出房屋征收决定前，应当按照有关规定进行社会稳定风险评估；房屋征收决定涉及被征收人数量较多的，应当经政府常务会议讨论决定。作出房屋征收决定前，征收补偿费用应当足额到位、专户存储、专款专用。

市、县级人民政府作出房屋征收决定后应当及时公告。公告应当载明征收补偿方案和行政复议、行政诉讼权利等事项。市、县级人民政府及房屋征收部门应当做好房屋征收与补偿的宣传、解释工作。房屋被依法征收的，国有土地使用权同时收回。

（3）确定房屋征收范围

房屋征收部门应当对房屋征收范围内房屋的权属、区位、用途、建筑面积等情况组织调查登记，被征收人应当予以配合。调查结果应当在房屋征收范围内向被征收人公布。

房屋征收范围确定后，不得在房屋征收范围内实施新建、扩建、改建房屋和改变房屋用途等不当增加补偿费用的行为；违反规定实施的，不予补偿。

2. 房屋征收补偿

（1）补偿范围

作出房屋征收决定的市、县级人民政府对被征收人给予的补偿包括：被征收房屋价值的补偿，因征收房屋造成的搬迁、临时安置的补偿，以及因征收房屋造成的停产停业损失的补偿。

（2）补偿价值

对被征收房屋价值的补偿，不得低于房屋征收决定公告之日被征收房屋类似房地产的市场价格。被征收房屋的价值，由具有相应资质的房地产价格评估机构按照房屋征收评估办法评估确定。对评估确定的被征收房屋价值有异议的，可以向房地产价格评估机构申请复核评估。对复核结果有异议的，可以向房地产价格评估专家委员会申请鉴定。

因征收房屋造成搬迁的，房屋征收部门应当向被征收人支付搬迁费；选择房屋产权调换的，产权调换房屋交付前，房屋征收部门应当向被征收人支付临时安置费或者提供周转用房。

对因征收房屋造成停产停业损失的补偿，根据房屋被征收前的效益、停产停业期限等因素确定。

（3）补偿协议

房屋征收部门与被征收人依照国家法律的规定，就补偿方式、补偿金额和支付期限、用于产权调换房屋的地点和面积、搬迁费、临时安置费或者周转用房、停产停业损失、搬迁期限、过渡方式和过渡期限等事项，订立补偿协议。

补偿协议订立后，一方当事人不履行补偿协议约定的义务的，另一方当事人可以依法提起诉讼。

房屋征收部门与被征收人在征收补偿方案确定的签约期限内达不成补偿协议，或者被征收房屋所有权人不明确的，由房屋征收部门报请作出房屋征收决定的市、县级人民政府，按照征收补偿方案作出补偿决定，并在房屋征收范围内予以公告。

3. 先补偿、后搬迁

实施房屋征收应当先补偿、后搬迁。作出房屋征收决定的市、县级人民政府对被征收人给予补偿后，被征收人应当在补偿协议约定或者补偿决定确定的搬迁期限内完成搬迁。

任何单位和个人不得采取暴力、威胁或者违反规定中断供水、供热、供气、供电和道路通行等非法方式迫使被征收人搬迁。禁止建设单位参与搬迁活动。

二、招标投标

（一）招标投标工作内容

招标投标活动包括选择招标方法和方式、发布招标公告、进行资格预审、编制招标文件、接受投标文件、开标、评标和中标等。

招标投标活动应当遵循公开、公平、公正和诚实信用的原则。依法必须进行招标的项目，其招标投标活动不受地区或者部门的限制。任何单位和个人不得违法限制或者排斥本地区、本系统以外的法人或者其他组织参加投标，不得以任何方式非法干涉招标投标活动。

（二）招标投标需要办理的手续

1. 核定建设项目招标组织形式

建设项目招标组织形式分为自行招标和委托招标。招标人具有编制招标文件和组织评标能力的，可以自行办理招标事宜。依法必须进行招标的项目，招标人自行办理招标事宜的，应当向有关行政监督部门备案。招标人有权自行选择招标代理机构，委托其办理招标事宜。

2. 核定建设项目招标方式

招标方式包括公开招标和邀请招标。公开招标，是指招标人以招标公告的方式邀请不特定的法人或者其他组织投标。邀请招标，是指招标人以投标邀请书的方式邀请特定的法人或者其他组织投标。

《招标投标法实施条例》规定，按照国家有关规定需要履行项目审批、核准手续的依法必须进行招标的项目，其招标范围、招标方式、招标组织形式应当报项目审批、核准部门审批、核准。项目审批、核准部门应当及时将审批、核准确定的招标范围、招标方式、招标组织形式通报有关行政监督部门。

3. 招标备案

招标人应根据行业主管部门的有关规定，办理相应的招标备案手续。例如，《房屋建筑和市政基础设施工程施工招标投标管理办法》规定，依法必须进行招标的房屋建筑和市政基础设施工程项目，招标人自行办理施工招标事宜的，应当在发布招标公告或者发出投标邀请书的 5 日前，向工程所在地县级以上地方人民政府建设行政主管部门备案，并报送相关材料。

（三）招标投标的管理要求

1. 招标范围

根据《招标投标法》，下列工程建设项目的勘察、设计、施工、监理，以及与工程建设有关的重要设备、材料等的采购，必须进行招标：

（1）大型基础设施、公用事业等关系社会公共利益、公众安全的项目；

（2）全部或者部分使用国有资金投资或者国家融资的项目；

（3）使用国际组织或者外国政府贷款、援助资金的项目。

《招标投标法》规定，涉及国家安全、国家秘密、抢险救灾或者属于利用扶贫资金实行以工代赈、需要使用农民工等特殊情况，不适宜进行招标的项目，按照国家有关规定可以不进行招标。此外，《招标投标法实施条例》第九条进一步规定了若干可以不进行招标的情形。

2. 发布招标信息

公开招标的项目，应当依照法律规定发布招标公告、编制招标文件。招标人采用资格预审办法对潜在投标人进行资格审查的，应当发布资格预审公告、编制资格预审文件。依法必须进行招标的项目的资格预审公告和招标公告，应当在国务院发展改革部门依法指定的媒介发布。在不同媒介发布的同一招标项目的资格预审公告或者招标公告的内容应当一致。

3. 资格审查

招标人可以根据招标项目本身的要求，在招标公告或者投标邀请书中，要求潜在投标人提供有关资质证明文件和业绩情况，并对潜在投标人进行资格审查；国家对投标人的资格条件有规定的，依照其规定。招标人不得以不合理的条件限制或者排斥潜在投标人，不得对潜在投标人实行歧视待遇。

4. 招标文件

招标人应当根据招标项目的特点和需要编制招标文件。招标文件应当包括招标项目的技术要求、对投标人资格审查的标准、投标报价要求和评标标准等所有实质性要求和条件，以及拟签订合同的主要条款。《招标投标法实施条例》规定，编制依法必须进行招标的项目的资格预审文件和招标文件，应当使用国务院发展改革部门会同有关行政监督部门制定的标准文本。

依法必须进行招标的项目，施工招标文件应根据项目特点使用《标准施工招标文件》或《简明标准施工招标文件》；设计施工总承包招标文件应使用《标准施工招标文件》；设备、材料、工程勘察、工程设计、工程监理的招标文件，应分别使用《标准设备采购招标文件》《标准材料采购招标文件》《标准勘察招标文件》《标准设计招标文件》《标准监理招标文件》。

5. 标底和最高投标限价

招标人可以自行决定是否编制标底。一个招标项目只能有一个标底，标底必须保密。招标项目设有标底时，招标人应当在开标时公布。招标人设有最高投标限价的，应当在招标文件中明确最高投标限价或者最高投标限价的计算方法。招标人不得规定最低投标限价。

6. 踏勘项目现场

招标人根据招标项目的具体情况，可以组织潜在投标人踏勘项目现场。招标人不得组织单个或者部分潜在投标人踏勘项目现场。

7. 暂估价

暂估价是指总承包招标时不能确定价格而由招标人在招标文件中暂时估定的工程、货物、服务的金额。《招标投标法实施条例》规定，以暂估价形式包括在总承包范围内的工程、货物、服务属于依法必须进行招标的项目范围且达到国家规定规模标准的，应当依法进行招标。

8. 两阶段招标

《招标投标法实施条例》规定，对技术复杂或者无法精确拟定技术规格的项目，招标人可以分两阶段进行招标。第一阶段，投标人按照招标公告或者投标邀请书的要求提交不带报价的技术建议，招标人根据投标人提交的技术建议确定技术标准和要求，编制招标文件；第二阶段，招标人向在第一阶段提交技术建议的投标人提供招标文件，投标人按照招标文件的要求提交包括最终技术方案和投标报价的投标文件。

9. 投标人要求

《招标投标法实施条例》规定，投标人参加依法必须进行招标的项目的投标，不受地区或者部门的限制，任何单位和个人不得非法干涉。与招标人存在利害关系可能影响招标公正性的法人、其他组织或者个人，不得参加投标。单位负责人为同一人或者存在控股、管理关系的不同单位，不得参加同一标段投标或者未划分标段的同一招标项目投标。

招标人应当在资格预审公告、招标公告或者投标邀请书中载明是否接受联合体投标。招标人接受联合体投标并进行资格预审的，联合体应当在提交资格预审申请文件前组成。

10. 投标文件

投标人应当按照招标文件的要求编制投标文件。投标文件应当对招标文件提出的实质性要求和条件作出响应。投标人应当在招标文件要求提交投标文件的截止时间前,将投标文件送达投标地点。招标人收到投标文件后,应当签收保存,不得开启。投标人少于三个的,招标人应当重新招标。

《招标投标法实施条例》规定,投标人撤回已提交的投标文件,应当在投标截止时间前书面通知招标人。招标人已收取投标保证金的,应当自收到投标人书面撤回通知之日起 5 日内退还。投标截止后投标人撤销投标文件的,招标人可以不退还投标保证金。

11. 禁止串通投标与弄虚作假

根据《招标投标法》,投标人不得相互串通投标报价,不得排挤其他投标人的公平竞争,损害招标人或者其他投标人的合法权益。投标人不得与招标人串通投标,损害国家利益、社会公共利益或者他人的合法权益。禁止投标人以向招标人或者评标委员会成员行贿的手段谋取中标。

《招标投标法实施条例》第三十九条至第四十二条分别规定了投标人相互串通投标、招标人与投标人串通投标,以其他方式弄虚作假行为的认定情形等。

12. 开标

开标应当在招标文件确定的提交投标文件截止时间的同一时间公开进行;开标地点应当为招标文件中预先确定的地点。开标由招标人主持,邀请所有投标人参加。开标时,由投标人或者其推选的代表检查投标文件的密封情况,也可以由招标人委托的公证机构检查并公证;经确认无误后,由工作人员当众拆封,宣读投标人名称、投标价格和投标文件的其他主要内容。招标人在招标文件要求提交投标文件的截止时间前收到的所有投标文件,开标时都应当当众予以拆封、宣读。

13. 评标

评标由招标人依法组建的评标委员会负责。依法必须进行招标的项目,其评标委员会由招标人的代表和有关技术、经济等方面的专家组成，成员人数为五人以上单数，其中技术、经济等方面的专家不得少于成员总数的三分之二。

评标委员会成员应当依照《招标投标法》和《招标投标法实施条例》的规定，按照招标文件规定的评标标准和方法，客观、公正地对投标文件提出评审意见。招标文件没有规定的评标标准和方法不得作为评标的依据。

评标完成后，评标委员会应当向招标人提交书面评标报告和中标候选人名单。中标候选人应当不超过3个，并标明排序。依法必须进行招标的项目，招标人应当自收到评标报告之日起3日内公示中标候选人，公示期不得少于3日。国有资金控股或者占主导地位的依法必须进行招标的项目，招标人应当确定排名第一的中标候选人为中标人。

14. 签订书面合同

招标人和中标人应当依照《招标投标法》和《招标投标法实施条例》的规定签订书面合同，合同的标的、价款、质量、履行期限等主要条款应当与招标文件和中标人的投标文件的内容一致。招标人和中标人不得再行订立背离合同实质性内容的其他协议。

（四）电子招标投标

1. 电子招标投标基本规定

电子招标投标活动是指以数据电文形式，依托电子招标投标系统完成的全部或者部分招标投标交易、公共服务和行政监督活动。数据电文形式与纸质形式的招标投标活动具有同等法律效力。

电子招标投标系统可分为交易平台、公共服务平台和行政监督平台。交易平台是以数据电文形式完成招标投标交易活动的信息平台。公共服务平台是满足交易平台之间信息交换、资源共享需要，并为市场主体、行政监督部门和社会公众提供信息服务的信息平台。行政监督平台是行政监督部门和监察机关在线监督电子招标投标活动的信息平台。

国家发展改革委等八部委于2013年2月联合颁布《电子招标投标办法》和《电子招标投标系统技术规范》，对电子招标投标活动进行了系统规范。2017年，国家发展改革委等六部委联合印发《"互联网+"招标采购行动方案》，部署分三年全面推进电子招标投标。

2. 电子招标投标交易平台

电子招标投标交易平台（以下简称"交易平台"）应当按照有关法律和技术规范规定，具备在线完成招标投标全部交易过程，编辑、生成、对接、交换和发布有关招标投标数据信息，提供行政监督部门和监察机关依法实施监督和受理投诉所需的监督通道等功能。招标投标活动中的数据电文应当按照《电子签名法》和招标文件的要求进行电子签名和电子存档。

3. 电子招标

（1）招标人交易平台发布公告。招标人或者其委托的招标代理机构应当在资格预审公告、招标公告或者投标邀请书中载明潜在投标人访问交易平台的网络地址和方法。

（2）不得限制潜在投标人下载。任何单位和个人不得在招标投标活动中设置注册登记、投标报名等前置条件，限制潜在投标人下载资格预审文件或者招标文件。

（3）不得泄露潜在投标人信息。在投标截止时间前，交易平台运营机构不得向招标人或者其委托的招标代理机构以外的任何单位和个人泄露下载资格预审文件、招标文件的潜在投标人名称、数量，以及可能影响公平竞争的其他信息。

（4）文件修改。招标人对资格预审文件、招标文件进行澄清或者修改的，应当通过交易平台以醒目的方式公告澄清或者修改的内容，并以有效方式通知所有已下载资格预审文件或者招标文件的潜在投标人。

4. 电子投标

投标人应当在资格预审公告、招标公告或者投标邀请书载明的交易平台注册登记，如实递交有关信息，并经交易平台运营机构验证。投标人应当通过资格预审公告、招标公告或者投标邀请书载明的交易平台，递交数据电文形式的资格预审申请文件或者投标文件。

5. 电子开标、评标和中标

电子开标应当按照招标文件确定的时间，在交易平台上公开进行，所有投标人均应当准时在线参加开标。

电子评标应当在有效监控和保密的环境下在线进行。评标委员会完成评标后，应当通过交易平台向招标人提交数据电文形式的评标报告。

依法必须进行招标的项目中标候选人和中标结果应当在交易平台进行公示和公布。招标人确定中标人后，应当通过交易平台以数据电文形式向中标人发出中标通知书，并向未中标人发出中标结果通知书。

6. 公共服务平台

公共服务平台应当允许社会公众、市场主体免费注册登录和获取依法公开的招标投标信息，为招标人、投标人、行政监督部门和监察机关按各自职责和注册权限登录使用公共服务平台提供必要条件。

公共服务平台应具备以下功能：连接各级人民政府及其部门网站，收集、整合和发布有关法律法规规章及规范性文件、行政许可、行政处理决定、市场监管和服务的相关信息；连接交易平台、国家规定的公告媒介，交换、整合和发布信息；支持不同电子认证服务机构数字证书的兼容互认，提供行政监督部门和监察机关依法实施监督、监察所需的监督通道等。

公共服务平台应当按照有关规定，开放数据接口、公布接口要求，与交易平台及时交换招标投标活动所必需的信息，以及双方协商确定的其他信息。

第三节　建设实施

该阶段的主要任务，是通过勘察设计和施工的相互协同和密切融合，将建设投入要素进行组合，力争在规定的工程内容、工期、投资、质量范围内，按设计要求高效率地形成工程实物形态，实现投资决策目标。该阶段的主要工作包括勘察设计、工程施工及工程监理等，工程项目管理的难度最大。

一、勘察设计

（一）勘察设计的主要内容

建设工程勘察，是指根据建设工程的要求，查明、分析、评价建设场地的地质地理环境特征和岩土工程条件，编制建设工程勘察文件的活动。建设工程设计，是指根据建设工程的要求，对建设工程所需的技术、经济、资源、环境等条件进行综合分析、论证，编制建设工程设计文件的活动。从事建设工程勘察、设计活动，应当坚持先勘察、后设计、再施工的原则。

《建设工程勘察设计管理条例》规定，建设工程勘察、设计应当与社会、经济发展水平相适应，做到经济效益、社会效益和环境效益相统一。建设工程勘察、设计单位必须依法进行建设工程勘察、设计，严格执行工程建设强制性标准，并对建设工程勘察、设计的质量负责。国家鼓励在建设工程勘察、设计活动中采用先进技术、先进工艺、先进设备、新型材料和现代管理方法。

（二）勘察设计需要办理的手续

1. 建设工程规划设计方案审查

根据《城乡规划法》，在城市、镇规划区内进行建筑物、构筑物、道路、管线和其他工程建设的，建设单位应当向城市、县人民政府城乡规划主管部门或者省、自治区、直辖市人民政府确定的镇人民政府申请办理建设工程规划许可证。申请办理建设工程规划许可证，应当提交建设工程规划设计方案等材料。需要建设单位编制修建性详细规划的建设项目，还应当提交修建性详细规划。对符合控制性详细规划和规划条件的，由城市、县人民政府城乡规划主管部门或者省、自治区、直辖市人民政府确定的镇人民政府核发建设工程规划许可证。

2. 建设工程初步设计及初步设计专项审查

根据有关法律法规，需要委托编制和报批初步设计文件的建设工程项目，应当履行建设工程初步设计及初步设计专项审查手续。初步设计文件编制完成后，建设单位需要报建设主管部门审查。此外，根据项目的具体情况，可能还需要进行有关专项审查，主要包括抗震设防审查、消防审查、园林绿化审查、人防审查、节能审查、环保审查等。

3. 建设工程概算审批

根据《政府投资条例》，对于政府投资项目，建设单位在完成初步设计文件编制后，须将初步设计及其提出的投资概算报送投资主管部门或其他有关部门进行审查，看其是否符合可行性研究报告批复以及国家有关标准和规范的要求。经投资主管部门或者其他有关部门核定的投资概算是控制政府投资项目总投资的依据。

4. 施工图设计文件审查

依据《建设工程勘察设计管理条例》，建设单位在完成房屋建筑工程、市政基础设施工程施工图设计文件的编制后，须将施工图设计提交给施工图设计文件审查机构，对施工图设计文件中涉及公共利益、公众安全、工程建设强制性标准的内容进行审查。县级以上人民政府建设、交通运输、水利等有关部门，按照职责对施工图设计文件中涉及公共利益、公众安全、工程建设强制性标准的内容进行审查。

近年来，为贯彻落实党中央、国务院关于深化"放管服"改革和优化营商环境的要求，深化工程建设项目审批制度改革，许多地方对施工图设计审查制度进行了改革。例如，北京市规划自然资源委员会等部门于 2022 年 6 月印发通知，对新建、扩建、改建房屋建筑不再开展施工图事前审查，调整为事后抽查，各项行政许可和政务服务事项不再将施工图审查结果作为前置条件和申报要件。

（三）勘察设计有关管理

1. 勘察设计的资质资格管理要求

根据《建设工程勘察设计管理条例》，国家对从事建设工程勘察、设计活动的单位，实行资质管理制度。建设工程勘察、设计单位应当在其资质等级许可的范围内承揽建设工程勘察、设计业务。禁止建设工程勘察、设计单位超越其资质等级许可的范围或者以其他建设工程勘察、设计单位的名义承揽建设工程勘察、设计业务。

2. 建设工程勘察设计文件的编制

《建设工程勘察设计管理条例》规定，编制建设工程勘察、设计文件，应当以项目批准文件、城乡规划、工程建设强制性标准和国家规定的建设工程勘察、设计深度要求为依据。铁路、交通、水利等专业建设工程，还应当以专业规划的要求为依据。

编制建设工程勘察、设计文件应当满足下列需要：

（1）编制建设工程勘察文件，应当真实、准确，满足建设工程规划、选址、设计、岩土治理和施工的需要。

（2）编制方案设计文件，应当满足编制初步设计文件和控制概算的需要。

（3）编制初步设计文件，应当满足编制施工招标文件、主要设备材料订货和编制施工图设计文件的需要。

（4）编制施工图设计文件，应当满足设备材料采购、非标准设备制作和施工的需要，并注明建设工程合理使用年限。

设计文件中选用的材料、构配件、设备，应当注明其规格、型号、性能等技术指标，其质量要求必须符合国家规定的标准。除有特殊要求的建筑材料、专用设备和工艺生产线等外，设计单位不得指定生产厂家、供应商。

建设工程勘察、设计文件中规定采用的新技术、新材料，可能影响建设工程质量和安全，又没有国家技术标准的，应当由国家认可的检测机构进行试验、论证，出具检测报告，并经国务院有关部门或者省、自治区、直辖市人民政府有关部门组织的建设工程技术专家委员会审定后，方可使用。

3. 建设工程勘察设计文件的修改

根据《建设工程勘察设计管理条例》，建设工程勘察、设计文件的修改应满足下列要求：

（1）建设单位、施工单位、监理单位不得修改建设工程勘察、设计文件；确需修改建设工程勘察、设计文件的，应当由原建设工程勘察、设计单位修改。经原建设工程勘察、设计单位书面同意，建设单位也可以委托其他具有相应资质的建设工程勘察、设计单位修改。修改单位对修改的勘察、设计文件承担相应责任。

（2）施工单位、监理单位发现建设工程勘察、设计文件不符合工程建设强制性标准、合同约定的质量要求的，应当报告建设单位，建设单位有权要求建设工程勘察、设计单位对建设工程勘察、设计文件进行补充、修改。

（3）建设工程勘察、设计文件内容需要作重大修改的，建设单位应当报经原审批机关批准后，方可修改。

4. 建设工程勘察设计文件的实施

依据《建设工程勘察设计管理条例》，建设工程勘察、设计单位应当在建设工程施工前，向施工单位和监理单位说明建设工程勘察、设计意图，解释建设工程勘察、设计文件。建设工程勘察、设计单位应当及时解决施工中出现的勘察、设计问题。

（四）勘察设计的技术支撑

1. 建筑信息模型（BIM）

根据我国《建筑信息模型应用统一标准》（GB/T 51212-2016）的定义，BIM 是指在建设工程及设施全生命周期内，对其物理和功能特性进行数字化表达，并依此设计、施工、运营的过程和结果的总称。BIM 技术在设计阶段可帮助实现可视化设计、协同设计、设计模拟分析、管线综合、工程量计算等。目前 BIM 技术应用分为 BIM 逆向设计和 BIM 正向设计。

BIM 技术设计人员进行二维计算机辅助设计（CAD）出图后，将设计图交由 BIM 小组建模人员进行二维施工图到三维 BIM 模型的转换，这个过程称为 BIM 逆向设计，借助三维模型对出现的设计错误进行修正，并根据使用目的添加需要的技术信息，从而完成施工图设计，属于"2D—3D—2D"的设计过程。

BIM 正向设计是设计师在所有设计工作中全部应用三维信息模型，进行参数化设计，基于 BIM 技术可视化和模拟性的特点进行方案优化，实现自动出图、图形与模型相互关联，甚至可以直接与计算模型结合，同步优化，从而实现 3D 的设计过程。

2. 绿色设计

根据我国《绿色建筑评价标准》（GB/T 50378-2019）的定义，绿色建筑是指在全寿命周期内，节约资源、保护环境、减少污染，为人们提供健康、适用和高效的使用空间，最大限度地实现人与自然和谐共生的高质量建筑。我国《民用建筑绿色设计规范》（JGJ/T229-2010）对民用建筑绿色设计的定义，是指在民用建筑设计中体现可持续发展的理念，在满足建筑功能的基础上，实现建筑全寿命周期内的资源节约和环境保护，为人们提供健康、适用和高效的使用空间。

绿色设计应体现共享、平衡、集成的理念，遵循因地制宜的原则，结合建筑所在场地的微气候、资源、生态环境、经济、人文等特点进行，宜在设计理念、方法、新技术应用和系统集成等方面进行创新。

二、施工管理

（一）施工管理的主要内容

建设项目施工阶段的管理，是指建设单位完成工程施工的各项准备工作并签发开工通知单后，工程开始施工直至工程竣工的整个过程的管理。在工程施工阶段，建设单位的主要管理工作包括建设工程施工质量管理、安全文明施工管理、环境保护管理、进度管理、工程变更与签证管理、停工与复工管理、工程结算与工程款支付管理等。

（二）施工管理需要办理的手续

1. 建设工程质量安全监督登记

《建设工程质量管理条例》和《建设工程安全生产管理条例》规定，县级以上地方人民政府建设行政主管部门对本行政区域内的建设工程质量和安全生产实施监督管理。建设单位在完成工程施工与监理招标之后，应根据地方行政法规的相关规定，到建设质量安全管理部门办理质量安全监督登记。

2. 施工许可证

《建筑法》规定，建筑工程开工前，建设单位应当按照国家有关规定向工程所在地县级以上人民政府建设行政主管部门申请领取施工许可证；国务院建设行政主管部门确定的限额以下的小型工程除外。按照国务院规定的权限和程序批准开工报告的建筑工程，不再领取施工许可证。

申请领取施工许可证，应当具备下列条件：

（1）已经办理该建筑工程用地批准手续；

（2）依法应当办理建设工程规划许可证的，已经取得建设工程规划许可证；

（3）需要拆迁的，其拆迁进度符合施工要求；

（4）已经确定建筑施工企业；

（5）有满足施工需要的资金安排、施工图纸及技术资料；

（6）有保证工程质量和安全的具体措施。

3. 开工报告审批

《政府投资条例》规定，政府投资项目开工建设，应当符合本条例和有关法律、行政法规规定的建设条件；国务院规定应当审批开工报告的重大政府投资项目，按照规定办理开工报告审批手续后方可开工建设。

（三）施工管理的有关管理要求

1. 施工单位的资质资格管理

《建设工程质量管理条例》规定，施工单位应当依法取得相应等级的资质证书，并在其资质等级许可的范围内承揽工程。禁止施工单位超越本单位资质等级许可的业务范围或者以其他施工单位的名义承揽工程。禁止施工单位允许其他单位或者个人以本单位的名义承揽工程。

2. 建设工程施工质量管理

《建设工程质量管理条例》规定，施工单位主要承担以下质量责任和义务：

（1）施工单位应当建立质量责任制，确定工程项目的项目经理、技术负责人和施工管理负责人，对建设工程的施工质量负责。

（2）总承包单位依法将建设工程分包给其他单位的，分包单位应当按照分包合同的约定对其分包工程的质量向总承包单位负责，总承包单位与分包单位对分包工程的质量承担连带责任。

（3）施工单位必须按照工程设计图纸和施工技术标准施工，不得擅自修改工程设计，不得偷工减料。

（4）施工单位必须按照工程设计要求、施工技术标准和合同约定，对建筑材料、建筑构配件、设备和商品混凝土进行检验；未经检验或者检验不合格的，不得使用。

（5）施工单位必须建立、健全施工质量的检验制度，严格工序管理，做好隐蔽工程的质量检查和记录。

（6）施工人员对涉及结构安全的试块、试件及有关材料，应当在建设单位或者工程监理单位监督下现场取样，并送到具有相应资质等级的质量检测单位进行检测。

（7）施工单位对施工中出现质量问题的建设工程或者竣工验收不合格的建设工程，应当负责返修。

（8）施工单位应当建立、健全教育培训制度，加强对职工的教育培训；未经教育培训或者考核不合格的人员，不得上岗作业。

工程质量验收按法律规定和合同约定的验收标准执行。因施工单位原因造成工程质量不符合法律规定和合同约定的，监理人有权要求施工单位返工直至符合合同要求为止，由此造成的费用增加和（或）工期延误由施工单位承担。

3. 安全文明施工管理

《建设工程安全生产管理条例》规定，施工单位主要承担以下安全责任和义务：

（1）施工单位应当具备相应的资质条件。

（2）施工单位应当建立有关安全的制度和制定有关安全的规章。

（3）施工单位应保证安全生产所需资金的投入。

（4）施工单位应设安全生产管理机构和配备专职安全管理人员。

（5）施工单位应编制安全技术措施和施工现场临时用电方案。

（6）施工单位应建立消防安全责任制度。

4. 环境保护管理

施工单位在履行合同过程中，应遵守有关环境保护的法律，履行合同约定的环境保护义务，并对违反法律和合同约定义务所造成的环境破坏、人身伤害和财产损失负责。施工单位应按合同约定的环保工作内容，编制环保措施计划，报送监理人批准。施工单位应确保施工过程中产生的气体排放物、粉尘、噪声、地面排水及排污等符合法律规定和合同要求。

5. 进度管理

施工单位应按合同约定的内容和期限，编制详细的进度计划，包括施工单位文件提交、采购、制造、检验、运达现场、施工、安装、试验的各个阶段的预期时间及施工组织方案说明等，报送监理人。经监理人批准的进度计划称合同进度计划，是控制合同工程进度的依据。施工单位还应根据合同进度计划，编制更为详细的分阶段或分项进度计划，报监理人批准。不论何种原因造成工程的实际进度与合同进度计划不符时，施工单位向监理人提交修订合同进度计划的申请报告，并附有关措施和相关资料，报监理人批准。

由于施工单位原因未能按合同进度计划完成工作，或监理人认为施工单位工作进度不能满足合同工期要求的，施工单位应采取措施加快进度，并承担加快进度所增加的费用。由于施工单位原因造成工期延误，施工单位应支付逾期竣工违约金。

6. 工程变更与工程款管理

在履行合同过程中，经建设单位同意，监理人可按合同约定的变更程序向施工单位作出有关变更指示，施工单位应遵照执行。

政府投资资金的进度款支付和竣工付款等应当按照国库集中支付等国家相关规定办理。

（四）施工管理的技术支撑

1. 工程造价软件

工程造价软件是一种工具型软件，主要用于支撑工程造价人员以数字化、智能化的方式高效开展计量、计价等业务工作，可以辅助相关企业和从业者解决项目估概算、招投标预算、施工进度变更、竣工结算全过程各阶段算量、提量、计价、检查、审核等全流程业务。工程造价软件一般包括土建计量、安装计量、市政计量、装饰计量、钢结构计算及计价平台等专业业务模块。通过与施工管理平台共享相关数据，工程造价软件可以有效支撑施工过程的精细化、精益化管理。工程造价软件主要有如下作用：

（1）可以进行快速的工程量计算；

（2）可以高效编制工程概预算，并对概预算定额、单位估价表和材料价进行即时、动态的管理；

（3）可以完整留存全过程工程造价数据，为工程项精细化管理创造有利条件；

（4）可以有效提高工程造价管理的质量和效率；

（5）可以有效提高工程造价审核的质量和效率。

2. 基于建筑信息模型（BIM）技术的施工管理

通过 BIM 技术实施施工现场三维场布，可以更全面地考虑拟建建筑物的位置，在场地上更合理地完成施工道路、加工区域、生活区、材料堆场、机械设备的布置等前期准备工作，方便后期的施工组织。在三维信息（3D）模型的基础上加入时间（4D）和成本（5D）两个维度的信息，模型就包含了建筑工程的实体数据和进度、成本等信息，可以拉通工程产品—进度—成本（3D—4D—5D），实施基于 BIM 的 5D 项目管理，从而更有效地指导现场施工。

3. 智慧建造

智慧建造是指利用 BIM、云计算、大数据、物联网、人工智能、5G、移动技术、AR/VR、区块链等新型技术，围绕施工全要素、全过程、全参与方进行数字化而形成的全新建造模式。智慧建造是当前施工技术发展的必然趋势，以数据作为核心驱动，强化并拉通作业岗位层和管理决策层及它们之间的关联，搭建数字孪生系统，通过在线实时协同和智能化系统，构建一套基于数据自动驱动的状态感知、实时分析、科学决策、精准执行的智能化闭环赋能体系，实现施工全要素、全过程、全参与方的数字化驱动实体建筑建造过程，从而有效提高施工效率和管理决策效率，可以极大弥补传统施工模式粗犷管理的不足。

4. 装配式建筑

装配式建筑是指把传统建造方式中的大量现场作业工作转移到工厂进行，在工厂加工制作好建筑用的构件和配件（如梁、柱、板、墙等），运输到建筑施工现场，通过可靠的连接方式在现场装配安装而成的建筑。装配式建筑主要包括预制装配式混凝土结构、钢结构、现代木结构建筑等，因为采用标准化设计、工厂化生产、装配化施工、信息化管理、智能化应用，是现代工业化生产方式的代表。装配式建筑具有减少资源浪费、降低环境负荷、缩短施工周期等优势。

三、工程监理

（一）工程监理的主要内容

工程监理的主要内容包括对建设工程质量、进度、造价进行控制，对合同、信息进行管理，对工程建设相关方的关系进行协调，并履行建设工程安全生产管理法定职责的服务活动。

此外，工程监理单位还可以受建设单位委托，按照建设工程监理合同约定，在建设工程勘察、设计、保修等阶段提供相关服务。

（二）工程监理需要办理的手续

实行监理的建筑工程，建设单位应当与其委托的工程监理单位签订书面委托监理合同，并报建设行政主管部门备案。

（三）工程监理的管理要求

1. 工程监理的资质资格管理

《建筑法》规定，实行监理的建筑工程，由建设单位委托具有相应资质条件的工程监理单位监理。《建设工程质量管理条例》规定，工程监理单位应当依法取得相应等级的资质证书，并在其资质等级许可的范围内承担工程监理业务。禁止工程监理单位超越本单位资质等级许可的范围或者以其他工程监理单位的名义承担工程监理业务。禁止工程监理单位允许其他单位或者个人以本单位的名义承担工程监理业务。工程监理单位不得转让工程监理业务。

2. 工程监理的质量控制

根据《建设工程质量管理条例》，工程监理单位的质量控制应当符合以下要求：

（1）工程监理单位与被监理工程的施工承包单位以及建筑材料、建筑构配件和设备供应单位有隶属关系或者其他利害关系的，不得承担该项建设工程的监理业务。

（2）工程监理单位应当依照法律、法规、有关技术标准、设计文件和建设工程承包合同，代表建设单位对施工质量实施监理，并对施工质量承担监理责任。

（3）工程监理单位应当选派具备相应资格的总监理工程师和监理工程师进驻施工现场。

（4）监理工程师应当按照工程监理规范的要求，采取旁站、巡视和平行检验等形式，对建设工程实施监理。

3. 工程监理的安全管理

根据《建设工程安全生产管理条例》，工程监理单位的安全管理应当符合以下要求：

（1）工程监理单位应当审查施工组织设计中的安全技术措施或者专项施工方案是否符合工程建设强制性标准。

（2）工程监理单位在实施监理过程中，发现存在安全事故隐患的，应当要求施工单位整改；情况严重的，应当要求施工单位暂时停止施工，并及时报告建设单位。施工单位拒不整改或者不停止施工的，工程监理单位应当及时向有关主管部门报告。

（3）工程监理单位和监理工程师应当按照法律、法规和工程建设强制性标准实施监理，并对建设工程安全生产承担监理责任。

4. 工程监理的进度控制

根据《建设工程监理规范》（GB/T 50319-2013），工程监理单位的进度控制应当符合以下要求：

（1）项目监理机构应审查施工单位报审的施工总进度计划和阶段性施工进度计划，提出审查意见，由总监理工程师审核后报建设单位。

（2）专业监理工程师在检查进度计划实施情况时应做好记录，如发现实际进度与计划进度不符时，应签发监理通知，要求施工单位采取调整措施，确保进度计划的实施。

（3）由于施工单位原因导致实际进度严重滞后于计划进度时，总监理工程师应签发监理通知，要求施工单位采取补救措施，调整进度计划，并向建设单位报告工期延误风险。

5. 工程监理的造价控制

根据《建设工程监理规范》（GB/T 50319-2013），工程监理单位的造价控制管理应当符合以下要求：

（1）项目监理机构应按规定程序进行工程计量和付款签证。验收不合格或不符合施工合同约定的工程部位，项目监理机构不进行工程计量。

（2）项目监理机构应对实际完成量与计划完成量进行比较分析，发现偏差的，提出调整建议，并向建设单位报告。

（3）项目监理机构应按规定程序进行竣工结算审核。

第四节　项目验收

投资项目建设验收分为建设工程竣工验收、专项验收和政府投资项目竣工验收。《建筑法》和《建设工程质量管理条例》规定了建设工程竣工验收的主体、应当具备的条件、需要办理的手续等。《城乡规划法》《消防法》《建设项目环境保护管理条例》《民用建筑节能条例》等规定了竣工规划验收、消防验收、环保验收、节能验收等专项验收管理要求。

一、竣工验收

（一）竣工验收的主要内容

1. 建设工程竣工验收的主体

《建设工程质量管理条例》规定，建设单位收到建设工程竣工报告后，应当组织设计、施工、工程监理等有关单位进行竣工验收。

对工程进行竣工检查和验收，是建设单位法定的权利和义务。在建设工程完工后，承包单位应当向建设单位提供完整的竣工资料和竣工验收报告，提请建设单位组织竣工验收。建设单位收到竣工验收报告后，应及时组织由设计、施工、工程监理等有关单位参加的竣工验收，检查整个工程项目是否已按照设计要求和合同约定全部建设完成，并符合竣工验收条件。

2. 竣工验收应当具备的条件

《建筑法》规定，交付竣工验收的建筑工程，必须符合规定的建筑工程质量标准，有完整的工程技术经济资料和经签署的工程保修书，并具备国家规定的其他竣工条件。建筑工程竣工经验收合格后，方可交付使用；未经验收或者验收不合格的，不得交付使用。

《建设工程质量管理条例》进一步规定，建设工程竣工验收应当具备下列条件：

（1）完成建设工程设计和合同约定的各项内容；

（2）有完整的技术档案和施工管理资料；

（3）有工程使用的主要建筑材料、建筑构配件和设备的进场试验报告；

（4）有勘察、设计、施工、工程监理等单位分别签署的质量合格文件；

（5）有施工单位签署的工程保修书。建设工程经验收合格的，方可交付使用。

对于设计施工总承包项目和 EPC 项目，承包人在竣工验收前需要完成如下竣工试验：

（1）第一阶段，承包人进行适当的检查和功能性试验，保证每一项工程设备都满足合同要求，并能安全地进入下一阶段试验；

（2）第二阶段，承包人进行试验，保证工程或区段工程满足合同要求，在所有可利用的操作条件下安全运行；

（3）第三阶段，当工程能安全运行时，承包人应通知监理人，可以进行其他竣工试验，包括各种性能测试，以证明工程符合发包人要求中列明的性能保证指标。

（二）竣工验收需要办理的手续

1. 建设项目档案资料

《建设工程质量管理条例》规定，建设单位应当严格按照国家有关档案管理的规定，及时收集、整理建设项目各环节的文件资料，建立、健全建设项目档案，并在建设工程竣工验收后，及时向建设行政主管部门或者其他有关部门移交建设项目档案。

2019 年 3 月住房城乡建设部修改后发布的《城市建设档案管理规定》规定，建设单位应当在工程竣工验收后 3 个月内，向城建档案馆报送一套符合规定的建设工程档案。凡建设工程档案不齐全的，应当限期补充。对改建、扩建和重要部位维修的工程，建设单位应当组织设计、施工单位据实修改、补充和完善原建设工程档案。

《建设工程文件归档整理规范》规定，勘察、设计、施工、监理等单位应将本单位形成的工程文件立卷后向建设单位移交。

建设工程项目实行总承包管理的，总包单位应负责收集、汇总各分包单位形成的工程档案，并应及时向建设单位移交；各分包单位应将本单位形成的工程文件整理、立卷后及时移交总包单位。建设工程项目由几个单位承包的，各承包单位应负责收集、整理立卷其承包项目的工程文件，并应及时向建设单位移交。

每项建设工程应编制一套电子档案，随纸质档案一并移交城建档案管理机构。电子档案签署了具有法律效力的电子印章或电子签名的，可不移交相应纸质档案。

2. 竣工验收报告备案

《建设工程质量管理条例》规定，建设单位应当自建设工程竣工验收合格之日起 15 日内，将建设工程竣工验收报告和规划，公安消防、环保等部门出具的认可文件或者准许使用文件报建设行政主管部门或者其他有关部门备案。建设行政主管部门或者其他有关部门发现建设单位在竣工验收过程中有违反国家有关建设工程质量管理规定行为的，责令停止使用，重新组织竣工验收。

（三）竣工验收的有关管理要求

1. 政府投资项目竣工验收管理要求

政府投资项目竣工验收，是指项目建成后，按照规定的程序和要求，对项目审批执行情况、投资情况、建设内容、建设规模、目标完成等进行全面检查考核的活动。《政府投资条例》规定，政府投资项目建成后，应当按照国家有关规定进行竣工验收，并在竣工验收合格后及时办理竣工财务决算。

政府投资项目竣工验收通常在项目全部完成并满足一定运行条件后，按照地方政府编制的政府投资项目竣工管理办法组织完成验收工作。重大能源、交通、水利、农业、林业项目等，其竣工验收另有规定的，从其规定。

2. 建设工程竣工规划验收

《城乡规划法》规定，县级以上地方人民政府城乡规划主管部门按照国务院规定对建设工程是否符合规划条件予以核实。未经核实或者经核实不符合规划条件的，建设单位不得组织竣工验收。建设单位应当在竣工验收后 6 个月内向城乡规划主管部门报送有关竣工验收资料。

建设工程竣工后，建设单位应当依法向城乡规划行政主管部门提出竣工规划验收申请，由城乡规划行政主管部门按照选址意见书、建设用地规划许可证、建设工程规划许可证、乡村建设规划许可证及其有关规划的要求，对建设工程进行规划验收，包括对建设用地范围内的各项工程建设情况、建筑物的使用性质、位置、间距、层数、标高、平面、立面、外墙装饰材料和色彩、各类配套服务设施、临时施工用房、施工场地等进行全面核查，并作出验收记录。对于验收合格的，由城乡规划行政主管部门出具规划认可文件或核发建设工程竣工规划验收合格证。

3. 建设工程竣工消防验收

《消防法》规定，国务院住房和城乡建设主管部门规定应当申请消防验收的建设工程竣工后，建设单位应当向住房和城乡建设主管部门申请消防验收。依法应当进行消防验收的建设工程，未经消防验收或者消防验收不合格的，禁止投入使用；其他建设工程经依法抽查不合格的，应当停止使用。

4. 建设工程竣工环保验收

《建设项目环境保护管理条例》规定，编制环境影响报告书、环境影响报告表的建设项目竣工后，建设单位应当按照国务院环境保护行政主管部门规定的标准和程序，对配套建设的环境保护设施进行验收，编制验收报告。建设单位在环境保护设施验收过程中，应当如实查验、监测、记载建设项目环境保护设施的建设和调试情况，不得弄虚作假。除按照国家规定需要保密的情形外，建设单位应当依法向社会公开验收报告。分期建设、分期投入生产或者使用的建设项目，其相应的环境保护设施应当分期验收。

编制环境影响报告书、环境影响报告表的建设项目，其配套建设的环境保护设施经验收合格，方可投入生产或者使用；未经验收或者验收不合格的，不得投入生产或者使用。

5. 建筑工程节能验收

《民用建筑节能条例》规定，建设单位组织竣工验收，应当对民用建筑是否符合民用建筑节能强制性标准进行查验；对不符合民用建筑节能强制性标准的，不得出具竣工验收合格报告。

（四）数字交付及数字验收

1. 数字交付

交付信息宜采用数字化交付平台组织与存储。交付信息应作为整体知识产权进行保护。建设单位应提供数字化交付策略和交付基础，协调和管理工程数字化交付工作，验收交付方所移交的交付信息。交付方应按照交付基础的要求收集、整合交付信息，并应按交付物规定移交。

（1）交付内容。交付内容应包括数据、文档和三维模型。工程项目对象与数据、工程项目对象与文档、工程项目对象与三维模型等不同信息之间应建立关联关系。

（2）信息整合与校验。信息整合阶段应将相关方的数据、文档及三维模型等信息按照信息模型组织规则和信息交付方案收集、整理、转换并建立关联关系，根据质量审核规则进行信息校验，在信息交付前完成，并应按照要求形成质量审核报告。

（3）信息移交。信息移交应按照信息交付方案约定的交付形式及进度计划执行。信息移交时应提供交付信息的电子文件移交清单，移交清单应包括文件名称、格式、描述、修改日期和版本等。

2. 数字验收

数字验收应按数据、文档和三维模型的交付物清单执行，依据信息交付基础验证交付信息的完整性、准确性和一致性。数字验收应包括下列内容：

（1）工程项目对象无缺失、分类正确；

（2）工程项目对象编号满足规定；

（3）工程项目对象属性完整，必要信息无缺失；

（4）属性计量单位正确，属性值的数据类型正确；

（5）文档无缺失；

（6）文档命名和编号满足规定；

（7）工程项目对象与工程项目分解结构之间、工程项目对象与文档之间的关联关系正确；

（8）数据、文档和三维模型符合交付物规定。

数字验收后应形成验收报告。

二、水电气热报装

（一）水电气热报装的主要内容

建设单位在取得建设工程规划许可证以及永久性用水、用电、用气、用热、排水等方案之后，需要到供电、市政、煤气等机构申请建设工程永久设施的审批。审批通过的，可以取得各机构发放的许可证或批复文件，依据这些文件，可以组织各设施的施工。

（二）水电气热报装需要办理的手续

1. 建设工程永久性用水工程的报批

建设单位办理建设工程永久性用水工程的报批应当提交下列文件：申请报告及申请表格、修建性详细规划的批复及附图、建设工程规划许可证及附件、用水所在地地形图、室内给水设计图，以及法规、规章规定必须提供的其他文件等。

2. 建设工程永久性用电工程的报批

建设单位办理建设工程永久性用电工程的报批应当提交下列文件：申请报告及申请表格、修建性详细规划的批复及附图、建设工程规划许可证及附件，以及法规、规章规定必须提供的其他文件等。

3. 建设工程永久性供气工程的报批

建设单位办理建设工程永久性供气工程的报批应当提交下列文件：申请报告及申请表格、修建性详细规划的批复及附图、建设工程规划许可证及附件、小区管线平衡批复及附图，以及法规、规章规定必须提供的其他文件等。

4. 建设工程永久性供热工程的报批

建设单位办理建设工程永久性供气工程的报批应当提交下列文件：申请报

告及申请表格、修建性详细规划的批复及附图、建设工程规划许可证及附件、与供热相关的项目图纸，以及法规、规章规定必须提供的其他文件等。

5. 建设工程公共排水设施接驳核准的办理

建设单位办理建设工程公共排水设施接驳核准的报批应当提交下列文件：申请报告及申请表格、接驳设施设计图、城市排水设施验收资料、污水处理设施验收资料，以及法规、规章规定必须提供的其他文件等。

（三）水电气热报装的管理要求

关于建设工程永久性用水工程，建设单位应取得供水协议、道路开挖许可证、安装永久供水表证明等。

关于建设工程永久性用电工程，建设单位应取得供用电方案协议等。

关于建设工程永久性供气工程，建设单位应取得道路开挖许可证、安装市政煤气证明等。

关于建设工程永久性供热工程，建设单位应与供热企业签订供热合同等。

关于建设工程公共排水设施接驳核准，建设单位应取得接驳市政排水管网许可证等。

第七章　投资项目运营、处置和监管

纵观一个投资项目的全生命周期，项目建设是获得或形成项目及其生产（或服务）能力的必经阶段，而项目运营则是项目目标最终达成的必经阶段。在投资项目的运营阶段，要明确运营目标，加强运营管理，做好运行成本和债务控制，必要时进行更新改造和追加投资，最后做好投资项目的盘活和处置，力争使项目生命周期有一个完美的收官。

第一节　项目运营

项目业主应按照项目决策阶段确定的项目总目标，明确项目的运营目标和内容，根据运营模式确定运营单位，安排建设单位会同运营单位做好项目资产的移交工作，运营单位应做好运营前的方案、人员、物资等方面的准备。在运营单位按照规定办理合法运营的必要手续后，项目进入运营期。

一、运营目标和内容

（一）项目运营目标

项目的运营目标主要是按照项目决策时的预期完成项目产出，具体包括产品或服务的品种、数量、质量与时效等。数量是指项目产出是否按计划或约定数量完成，质量是指项目产出是否按计划或约定标准完成，时效是指项目产出是否按计划或约定进度完成。

在上述基础上，经营性项目的运营还应实现项目的财务评价目标，即投资主体的财务目标，通常包括股东财富最大化及财务可持续性。股东财富最大化是项目产权主体投资项目的原始目标，主要通过股东资本金财务内部收益率等指标，判断股东盈利水平的高低。财务可持续性是项目运营期间在财务上的生存能力，拥有足够的经营净现金流是财务可持续的基本条件，主要通过净现金流量、累计盈余资金等指标，分析项目是否能够正常持续运营。

同时，项目运营还应关注能否实现预期的经济社会效益，包括经济影响、生态影响、社会影响、可持续性和满意度等。经济影响是指项目实施对经济发展所带来的直接或间接的正负面影响情况，如对产业升级及区域经济的影响等。生态影响是指项目实施对生态环境所带来的直接或间接的正负面影响情况，如节能减排、环保影响，包括"双碳"目标的达成等。社会影响是指项目实施对社会发展所带来的直接或间接的正负面影响情况，如新增就业、社会荣誉、重大诉讼、公众舆情与群体性事件等。可持续性是指项目的运营既要满足当代人的需求，又不对后代的生存和发展空间构成威胁，是衡量人与自然协调发展的重要概念。满意度是指社会公众（尤其是被服务对象）对项目提供产品或服务质量和效率的满意程度。

（二）项目运营内容

项目运营是指把投入的资源（生产要素）按照特定要求转换为产出（实物产品或无形服务）的过程。不同类型、不同行业的项目，其运营内容差别很大。以制造业和服务业项目为例，通常包括三个阶段：采购原材料、生产运营、交付产品或服务。一些需要面向终端消费者或客户的行业还会增加退货和售后的环节。

采购阶段，是指从一个或多个供应商处购得项目运营所需的原材料，这既是生产运营活动的前序准备步骤，又是成本控制的关键点。采购活动中，首先进行供应商的评估和选取，其次确定原材料的采购数量、类型、规格等。同时，还要关注运输和库存成本、风险管理、质量和可持续性等内容。招标是主要的采购方式，使用财政性资金进行采购的须按照有关规定优先采取招标方式。随着网络信息技术的迅速崛起和"互联网+"理念的日趋深化，电子化采购越来越普遍，全球化采购和绿色采购的理念应用也越来越多。

生产运营阶段，是指组织项目资源按照项目生产运营流程进行产品创造和服务提供的过程，是实现项目目标的主要环节。项目资源包括项目设施、原材料、运营人员等。在此阶段，需要对项目设施进行管理维护和保养维修，减少项目设施故障率，延长项目设施使用寿命，使项目设施能够长期稳定地运行。必要时要对原有设施进行更新和技术改造。不同行业生产运营的具体内容差异很大，以汽车制造为例，生产运营的主要内容包括组织工人利用设施设备对原材料进行冲压、焊接、涂装、总装成汽车，并最终对汽车产品进行检测；以轨道交通为例，生产运营的主要内容包括配置从业人员，编制运行图，对车站、车辆等设施设备进行运行管理，为乘客提供运输服务，并对设施设备进行及时养护维修和更新改造。

交付阶段的主要内容，是将项目生产出的实物产品交付给使用者，或者交付无形服务，标志着项目运营目标的实现。对制造业而言，就是生产出如汽车等有形产品并安排物流配送；对服务业而言，则是提供无形服务，比如医院救治病人。对经营性项目而言，交付阶段也是实现收入的阶段。

有些项目的生产运营阶段和交付阶段的划分并不清晰，甚至是同步发生和进行的，比如交通运输等服务类项目。

对部分涉及产品销售的项目而言，在产出物交付后，运营过程并未结束，还需要对不符合交付标准、存在质量缺陷的产品或服务进行整改处理，即售后退货服务活动。

二、运营模式和管理

（一）项目运营模式

投资主体会因自身战略或拥有的资源、能力差异选择不同的运营模式，主要包含自主运营和交给第三方运营（主要为委托运营）。自主运营是指项目业主独立筹划和组织项目设施的管理、运营及维护等活动；委托运营是指项目业主或资产所有人（委托方）将已经建成的项目设施委托给具有相应资质或能力的第三方（受托方）进行管理、运营及维护，并向受托方支付运营费用或授予受托方向用户收费的权利，以偿付受托方的运营成本及合理回报。其中，项目业主仅将部分运营管理工作委托给第三方的运营模式称为合作运营或联合运营，项目业主和受托单位分别承担项目运营的部分职责和工作。

在委托运营模式中，还有一种特殊的形式：租赁运营。具体是指资产所有人与运营单位（承租方）之间通过订立合同而实现项目设施经营管理权的转移，承租方对项目设施具有占有、使用、收益的权利，并向资产所有人支付租金。比如，一些地方政府为了发展当地经济，往往建好厂房并以优惠的租金提供给工业企业使用；一些宾馆、酒店等也采用租赁经营方式。

项目的运营模式一经确定，其运营管理组织亦随之建立。自主运营模式下，项目业主可以单独成立一家新的单位，也可以交由既有单位负责项目的运营；委托运营模式下，项目业主将按照委托合同监督受托方（运营单位）完成运营工作，实现运营目标。

（二）项目运营管理

投资项目的运营管理是指运营单位和投资主体对项目运营过程各环节的计划、组织、实施、控制和评价，是对项目运营需要的人、财、物、技术和信息等核心资源进行科学配置、精细管理和有效使用的一系列手段和方法。

1. 组织架构

组织架构是指企业按照国家有关法律法规、股东（大）会决议、企业章程，结合企业实际，明确董事会、监事会、经理层和企业内部各层级的机构设置、职责权限、人员编制、工作程序和相关要求的制度安排，是为了实现企业战略目标而进行的分工与协作的组织安排。

在项目运营管理中，运营单位须根据运营目标、结合运营内容，建立起相应的运营组织架构，构建完善的运营管理组织体系，全面负责运营管理工作。通过合理确定运营管理组织体系的层次、部门和岗位，明确决策、执行、监督等方面的职责权限，确保各部门各司其职，各岗位各负其责，形成科学有效的职责分工和制衡机制，并充分发挥协同效应。

2. 制度体系

制度体系是企业管理工作的基础，以一定的标准和规范来调配企业内部的生产要素，用以规范企业各项工作流程和全体员工行为，保障企业战略实现，提升组织执行力。具体而言，是以资源配置、流程梳理、绩效考核等为导向，建立权责清晰、管理科学、治理完善、运行高效、监督有力的制度体系，明确组织机构、职责权限、决策机制、业务规范、运营流程等内容，形成决策、执行、监督各环节相互协调、相互制衡、相互促进的治理机制。通常包括人力资源管理、绩效管理、财务管理、资产管理、风险防控管理和信息化管理等各项制度。

在项目运营管理中，运营单位通过建立清晰的制度体系，规范项目运营管理的各项流程，推动各项运营管理措施有效落实，保障运营管理规范化及高效协同运营，提升运营管理效率和质量。

3. 生产管理

生产管理是计划、组织、控制生产活动的综合管理活动。运营单位通过合理组织生产过程，有效利用生产资源，经济合理地进行生产活动，实现预期生产的品种、质量、产量、出产期限和生产成本等目标。通常包括计划管理、采购管理、制造管理、安全管理、质量管理、效率管理、设备管理、库存管理等模块。其中，质量管理是根本。

需要特别注意的是，在项目运营过程中，运营单位应严格按照《安全生产法》的要求落实主体责任，建立安全生产机制，加强安全生产管理。

4. 财务管理

财务管理是根据财经法规制度，按照财务管理原则，组织企业财务活动，处理财务关系的一项经营管理工作。诸如资产的购置、投资，资本的融通、筹措，以及经营现金流量、利润分配等，一切涉及资金的业务活动都属于财务管理的范畴。

在项目运营管理中，运营单位须严格按照国家统一的会计准则制度，建立规范的财务报表体系，控制经营风险，强化收入、预算和成本管理，重点关注现金流量表和利润表的各项数据变化，有效提升运营管理效益和投入产出效率。

5. 绩效管理

绩效管理是指各级管理者和员工为了达到组织目标共同参与的绩效计划制定、绩效辅导沟通、绩效考核评价、绩效结果应用、绩效目标提升的持续循环过程，其目的是持续提升个人、部门和组织的绩效，共同完成项目的运营目标。

在项目运营管理中，运营单位须以运营目标为导向，有针对性地建立和实施绩效考核制度，科学设置绩效考核指标体系，力争客观、清晰，并尽量予以量化。对项目运营成果、各部门和全体员工的业绩表现全方位开展绩效考核评价工作，根据绩效考核结果进行奖励和惩罚，并将绩效考核结果与改善内部管理有机结合。

6. 风险管理

风险管理是通过风险的识别、预测和衡量，合理使用各种风险应对措施、管理办法、技术手段，对项目风险进行有效的应对和监控，妥善处理风险事件所造成的不利后果，以尽可能降低成本，获得对项目安全生产的保障，使生产能够持续进行。在风险管理中，需要特别关注的是合规管理。

在项目运营管理中，运营单位须以有效防控运营风险为目的，以企业和员工经营管理行为为对象，重点自查所属业务领域和经营环节的各种风险，开展包括制度制定、风险识别、流程审查、风险应对、责任追究、考核评价、风险培训等有组织、有计划的管理活动。

7. 应急管理

所谓应急管理，就是对突发公共事件进行预防、应对、恢复的过程。具体到投资项目运营，应急管理是指对项目生产经营中的各种安全生产事故，可能给项目带来人员伤亡、财产损失的各种外部突发公共事件，以及项目自身发生、可能给社会带来损害的各类突发公共事件的预防、处置和恢复等工作。

在项目运营管理中，运营单位应编制应急预案，明确可能发生事故的具体应对措施；把应急管理纳入运营管理的各个环节，形成上下贯通、多方联动、协调有序、运转高效的应急管理机制；加强项目危险源监控，实现突发公共事件预防与处置的有机结合。

三、运行成本管控

（一）运行成本的概念和内容

1. 运行成本的概念

运行成本是指运营期内为维持产品或服务的正常供应而发生的运行维护费

用。运行成本是项目在运营期的主要现金流出，按生产要素估算法通常包括外购原材料、燃料和动力费，职工薪酬，修理费和其他费用等。其中，其他费用是指从制造费用、管理费用和营业费用中扣除了折旧费、摊销费、修理费、工资及福利费以后的剩余部分。

2. 运行成本的内容

不同类型的投资项目，由于所提供的产品和服务种类不同，其运行成本所包含的具体内容也有一定差异。

基础设施投资项目，以轨道项目为例，其运行成本一般包括人工成本、动力照明及牵引用电等能耗支出、维修维护支出、垃圾清洁清运、物管保洁、安保安检、应急保障等保洁护卫支出。

制造业投资项目，其运行成本按经济用途可划分为制造成本和非制造成本。制造成本是指产品在制造过程中所发生的直接材料成本、直接人工成本和制造费用三类耗费。非制造成本是指与产品制造过程没有直接联系的非生产性成本耗费，如销售费用、管理费用等。

房地产投资项目，开发项目完成后的运营费用主要包括经营期间发生的物业管理费用，以及物料消耗和维修费用等。

其他投资项目，如农业项目的运行成本，一般设置有直接材料、直接人工、机械作业费等直接费用，以及租赁费、保养费等间接费用。

（二）运行成本管控的方法和要点

1. 运行成本管控方法

（1）定额控制法

定额控制法是指依据代表社会平均消耗量水平的定额和价格水平进行需求预测和预算编制，从而实现各项运行成本指标控制的方法。园林绿化、水利设施、公路及隧道、航道等养护定额的出台，为维修养护经费等运行成本的预算编制提供了技术支撑。

（2）目标成本管理

目标成本管理是指根据企业的经营目标，在成本预测、成本决策、测定目标成本的基础上，进行成本分解、控制分析、考核、评价的一系列管理工作。

运营单位采用预算为导向的成本管理模式，进行事前测定、日常控制和事后考核，确保年度经营目标的实现。

（3）成本规制法

成本规制是指政府有关部门通过制定相关规制办法，界定成本规制项目，规范成本开支范围，确定人工成本、能耗支出等成本项目和具体内容，科学建立成本标准。政府采用成本规制方式来规范运行成本，倒逼运营单位在达到政府管理要求的前提下，加强运行成本控制并提高管理效率。

2. 运行成本管控要点

根据运行成本的具体构成，管理和控制成本的要点有：

（1）外购原材料、燃料和动力费

外购原材料、燃料和动力费的管控主要是从预算、采购、消耗等环节入手。预算管理环节以定额控制法为主，通过消耗定额来确立预算成本；采购管理环节主要通过制度化手段来严格采购成本管控，防止职能部门和个人利益化；运行过程中主要采用目标成本管理方式，通过分解预算各项费用指标，分析存在的问题，适时提高生产工艺和运营管理能力，降低原材料、燃料或动力的单位消耗水平。

例如，污水处理厂的电费、药剂费，以及钢铁厂的铁矿石、电费、煤炭等成本费用占比高，项目原材料或燃料与动力消耗量大，定额控制法和目标成本管理方法是运行成本管理和控制的重要方式。

（2）职工薪酬

轨道交通等项目中，工资及福利费的成本费用在日常运行成本中的占比较大，是成本管理和控制的重点内容。控制职工薪酬的关键在于提高劳动生产率，与劳动定额、工时消耗、工时利用率、工作效率等因素有关。管理和控制工资及福利费用的主要方法和途径，是建立企业先进合理的劳动定额，编制定员控制工资总额，从而达到提高劳动生产率的目的；部分尚未出台定额的行业正在探索通过成本规制的方式，核定成本项目和内容。

目前部分地区探索在轨道项目中采用成本规制方法，通过出台运营服务规制办法，界定成本规制项目，确定各项成本项目和具体内容，测算运行成本费用，通过规范成本的核定，提高轨道交通运营管理水平。

（3）修理费

修理费的控制通常采用目标成本管理方法，管理和控制要点主要包括：强化事前决策，充分论证必要性和经济效益；制定合理的总体目标成本体系，在保证完成生产维系任务的前提下，分解制定各项目标成本；围绕目标成本管理，制定降本增效措施，加强各项成本费用的管理，严格控制费用支出。

（4）其他费用

不同行业领域的其他费用的管控要点因行业而异。常见的管控措施包括：依据成本费用计划，编制费用支出预算，进行预算控制；按照管理权限和管理责任相结合的方式进行其他费用的归口管理；各管理部门实行费用控制分级审批制度，控制责任层层分解落实。

四、债务管理和控制

债务管理和控制的核心是通过建立分层次债务管理模式，形成合理的偿债计划，尽量降低利息水平并确保债务的还本付息。通过债务管理，保持合理适度的债务结构和债务规模，有效防范和控制债务风险，发挥最大的经济效益。

（一）债务偿还

1. 债务偿还计划

按照债务形成原因，投资项目的债务主要包括项目建设融资形成的债务和维持经营形成的债务等。项目建设融资所形成债务的偿还期在 1 年或 1 年以上，属于长期负债。维持经营举债指为了扩大再生产或净现金流为负时，通过向外筹集资金以保证正常生产经营活动对资金的需要，通常是短期负债。

制订偿债计划时，应充分考虑项目偿债能力和还本付息需要，梳理各类债务明细，分析债务性质及到期时间，将所有债务纳入计划管理。带息负债需刚性偿还，应提前筹划资金，确保按期支付；对其他经营负债，应该分类逐项分析，按到期日匹配到相应周期的计划中，并按照轻重缓急进行分级管理。在多种债务组合中，通常应优先偿还利率较高的债务。当有外汇借款时，应当先偿还硬货币的债务。

2. 偿债资金来源

运营期内，项目偿债资金来源包括息税折旧摊销前利润扣减所得税后的资金、资产处置收益、债务置换、权益性投资资金及其他来源。息税折旧摊销前利润，是指扣除利息、所得税、折旧、摊销之前的利润。资产处置收益是债务偿还的重要资金来源，实现资产处置的关键因素是企业可处置资产的内容、质量及其流动性。企业债务置换的渠道包括银行借款、发行债券、股东借款和民间借贷，企业能否实现借新还旧主要取决于融资环境、企业再融资能力、股东支持等。权益性投资资金，包括原有股东注资或新引进战略投资者投入的资金，均可用于偿还到期债务。

（二）债务管控要点

1. 债务风险防范

投资项目的举借和偿债主体包括政府主体、企业主体等。政府主体的债务风险，主要是政府投资项目是否严格执行了预算管理和债务管理的规定，是否违规新增地方政府隐性债务等。企业主体的债务风险，主要包括是否遵守项目资本金"穿透原则"、短期偿债能力不足或长期偿债能力不足等。

相关主体应按照量力而行原则适度举债，健全完善债务风险预警机制，开展债务风险动态监测，重点监测资产负债率、已获利息倍数、带息负债比率、现金利息保障倍数、现金比率等重要指标变化，综合债务水平、负债结构、盈利能力、现金保障、资产质量和隐性债务等，对债务风险进行精准识别，提前做好资金安排，强化资金动态平衡计划管理，严防资金链断裂风险。

2. 债务管控方式

偿债主体应根据项目现金流，合理规划安排长短期融资的比重、债务规模和时间区间，做好融资结构与资金安全的平衡、偿债时间与现金流量的匹配。同时，要加强对偿债账户的管理，在偿债能力不均衡时，灵活调整资金支付顺序，及时采取措施解决现金流问题。

当出现资金周转严重困难、经营陷入困境，导致其无法按照原定条件偿还债务时，偿债主体可根据市场化法治化原则，与业务重组、提质增效相结合，积极通过优化债务结构、开展股权融资、实施市场化债转股等方式补充资金，以缓解偿债压力和资金压力。

当出现低成本债务机会时，偿债主体宜采取适当展期、债务重组、债务置换等方式进行债务管理，以低成本债务置换高成本债务，降低利息成本，从而减轻偿债压力、增强债务的可持续性。

第二节 更新改造

在固定资产投资中，新建项目主要是以外延为主的固定资产扩大再生产，而更新改造一般情况下不涉及外延扩大再生产，是从局部到整体对现有生产工艺和设施设备进行更新与改造。

一、更新改造主要情形

（一）更新改造的基本概念

固定资产更新改造，是指以新的固定资产替换因磨损而丧失使用价值的固定资产，或以新技术对原有设备进行技术改造。它是以提高社会综合经济效益为出发点，在保证固定资产简单再生产的基础上，实现以内涵为主的扩大再生产，这既不同于固定资产大修理，也不同于以新建、扩建为主的基本建设。更新改造的目的，是要在技术进步的前提下，通过采用新技术、新工艺、新设备、新材料，提高产品或服务质量，促进产品或服务升级换代，降低能源和原材料消耗，延长原有设施设备的寿命，加强资源综合利用，总体上并不改变生产的产品和提供的服务。

固定资产更新以补偿原有固定资产的损耗、增强其使用效能为主要目的，改造土建工作量一般较小。更新改造的企业决策自主性很强，但受到完成生产任务的限制和有关政策法规的制约，仍具有一定的实施难度。

（二）更新改造的常见情形

1. 厂房、设备和技术到期更新改造

厂房和建筑物改造。厂房、建筑物是劳动借以进行的必要空间，是保证生产正常进行的重要条件。随着新设备和新技术的应用和生产条件的变化，投资主体有必要按照新工艺设备和荷重等级要求，对厂房建筑物进行局部改造，以调整厂房和设备布局，保持先进结构和合理的立体平面布置，从而使其功能更好地适应生产发展和技术进步的需要。

机器设备的更换和改造。对技术上、经济上不宜继续使用的机器设备，以更新改造投资的方式，用新的机器设备进行更换或用先进技术对原有设备进行改造，以改变设备的结构和性能，扩大设备使用范围，从而改善劳动资料质量，提高设备利用率。

技术到期更新改造。在坚持科技进步的前提下，用先进的技术改造落后的技术，用先进的工艺和装备代替落后的工艺和装备，实现内涵扩大再生产，达到增加品种、提高质量、节约能源、降低原材料消耗、提高劳动生产率、提高经济效益的目的。

2. 政府监管标准提高导致的更新改造

出于公共利益保护、安全生产等考虑，相关行业主管部门会根据法律法规的要求，制定规范标准或参照相关标准作为监管标准。如果由于法律变更等新要求，政府监管标准相应提高，导致现有项目设施设备不能满足产品生产或公共服务提供的标准，就必须进行更新改造，实现达标生产或达标提供公共服务。例如，2015 年《水污染防治行动计划》出台后，原有大部分城镇污水处理厂要达到一级 A 排放标准，就要拆除部分原有设施设备，进行更新改造。近几年，生态环境保护不断加强，生态环境标准要求逐步提高，该领域此类更新改造项目较多。

3. 投资项目部分功能改变导致的更新改造

此类更新改造项目是指为适应市场变化的需要而改变部分产品种类，或为满足社会公众或目标客户的服务需要而提升服务品质的改建项目。此类更新改造不改变产品或服务的主要类别，但提升了投资项目的部分功能。部分功能改变类项目主要改变部分建筑物的使用功能，但不改变土地使用权的权利主体和使用期限，保留建筑物的原主体结构。

二、资金筹措和成本控制

（一）更新改造资金筹措

更新改造项目的资金需求主要包括建设投资、建设期利息和流动资金，资金来源主要包括自有资金、融资、政府补助资金等。

自有资金包括企业按照规定计提的固定资产折旧和摊销的留存部分、企业经营形成的各类可利用的自有资金、股东注入企业新的自有资金、资产盘活和处置收益等。其中，企业经营形成的各类可利用的自有资金主要包括未分配利润、计提法定盈余公积金、计提任意盈余公积金等，股东注入企业新的自有资金主要有股东落实资本实缴、增加注册资本或资本公积、吸引其他股东增资等方式。

融资主要通过银行借款、股东借款、发行企业债券等方式进行。值得注意的是，更新改造项目主要采取企业融资方式，采取项目融资的情况较少。

在符合相关要求的前提下，更新改造项目还可依法申请各类政府补助资金。

（二）更新改造成本控制

和新建项目相同，更新改造在决策阶段就应建立全生命周期成本控制的理念，全程按照资金管理办法监控成本。

与新建项目不同，更新改造本质上是非标准化业务，受建筑本体及运营现状的限制，需要针对每个项目量体裁衣，因此成本管理的目标不是一味地省钱，而是追求投资项目综合效益的最大化。

在更新改造的决策和设计阶段，应注重听取运营单位的意见并让其参与图纸会审工作，保障设计方案贴合项目实际，充分考虑与项目运营的结合，尽量减少对项目运营的影响和设计变更，从而降低投资。

与新建项目在空白场地平地而起不同，更新改造需要在项目原有基础上进行，需额外注意前期入场准备工作，落实各项工程配套条件，避免出现施工单位签订合同后无法入场进而索赔的情况。

部分更新改造项目工期紧张，不能及时进行施工图预算批复，工程实施缺乏有效的文件支撑和保障，投资控制的计划性不足，因此应特别加强更新改造工程的过程管理，避免成本失控。

与新建项目"一张蓝图绘到底"不同，更新改造项目受现场已存在的各种条件限制，实施过程和协调工作复杂，不可预见因素更多，更容易出现不能照图施工的情况，需要根据现场实际情况，边改边干，投资控制难度大。因此，在建设过程中须与设计单位及时充分沟通，必要时进行现场二次深化设计，争取实现先优化再施工，避免施工过程大量拆改返工无效投入。

三、项目建设和资产管理

（一）更新改造项目建设管理

1. 更新改造项目决策

在实际运营管理过程中，更新改造和大修的边界不是非常清晰，一般由企业相关部门根据实施难度、金额大小确定，大修一般通过运营成本预算管理实现企业内部决策，更新改造一般通过固定资产预算管理实现企业内部决策。如果确定为更新改造项目，还应按照国家有关规定进行决策管理，并按照"谁投资、谁决策、谁收益、谁承担风险"的原则，由投资主体承担相应的决策责任。

值得注意的是，更新改造项目一旦立项，很少会搁置或中止，可行性研究报告会很快得到实践验证，调整修改的时间空间有限。可行性研究报告编制过程中要充分开展调查研究，做好原有资产运营和更新改造项目建设的有效衔接，重视拆除内容和建设内容统筹，防止重复建设和强化"成本避免"。在法律法规允许的情况下，尽可能由原项目法人作为主体实施更新改造，更有利于工程进度和质量管理，有利于更好发挥经济效益，相对而言是一种更优选择。

2. 更新改造项目设计

更新改造项目的初步设计和施工图设计，不仅要符合新的标准和要求，还要确保与原有设施设备和构筑物保持良好衔接，工业项目更要注重工艺方案优化和效益获得。项目设计过程中要统筹考虑建设工期和项目成本的关系，综合平衡建设成本与建设过程中运营收入减少以及未来效益之间的关系，不是建设成本越低越好，而是要充分考虑更新改造带来的综合效益。

3. 更新改造项目建设

为了更新改造建设和项目运营管理顺利推进，减少磨合风险，更新改造项目可以依法合规直接确定投资主体、施工方或设备供应商等。更新改造项目建设按照正常的新建工程项目规范组织和管理，要制定好实施方案，严格组织实施，加强施工现场管理，避免"偷减省"，尽可能减少对原有设施运营的不利影响；加强合理安排，尽量缩短建设工期，抓好项目竣工验收，力争早日投产使用，尽快发挥更新改造项目投资效益。

（二）更新改造项目资产管理

更新改造项目建成后，要及时完成固定资产转固程序，确定更新改造后固定资产价值，做好档案管理。但需要注意的是，更新改造项目会存在原资产拆除、报废等情形，造成固定资产减值，在建工程转固定资产、确定更新改造后固定资产成本时，要注意核定。固定资产更新改造后，应当按照重新确定的固定资产成本及重新确定的折旧年限计算折旧额。

如果存量资产和更新改造形成的资产是同一产权主体，资产交付使用会相对顺利。如果不是同一主体，应注意两个主体之间做好资产交付使用。实际工作中，两个主体可参考以下三个标准共同判断在建工程是否达到预定可使用状态：一是固定资产实体的建造、购置与安装已完成或基本完成；二是有设计标准或验收标准的，经检验符合设定的标准；三是需要试生产或试运营的，试生产产品或试运营结果达到合格标准。同时符合这三项标准的，才能确定为达到预定可使用状态。

第三节　盘活及处置

经过多年投资建设，我国形成了一大批存量投资项目，为推动经济社会发展提供了重要支撑。在当前贯彻新发展理念、构建新发展格局的时代背景下，对存量投资项目进行有效盘活及处置，有利于提升项目运营水平，拓宽社会投资渠道，合理扩大有效投资，降低企业负债水平和防范政府债务风险。

一、盘活及处置的内涵

投资项目的盘活及处置都是对存量固定资产的后续处理。投资项目盘活通常发生在项目运营阶段，是指项目投资主体采取适当措施，使得闲置或低效运营的项目资产重新或更好地发挥效益，或者为其他投资项目筹集建设资金。投资项目处置是指因为项目客观因素或者经营者主观因素，通过移交、清算等方式对项目所有权及相关资产进行处理，或因项目整体功能重新规划而适当改变原有功能或赋予新功能的行为。投资项目处置发生在投资项目的结束阶段，标志着项目生命周期的完结。

二、盘活及处置的意义

投资项目盘活及处置的意义主要体现在五个方面：一是提升存量投资项目运营管理水平，优化项目产出；二是最大限度地获取投资项目的经济价值，实现投资利益最大化；三是降低政府债务风险和企业负债水平，优化投资主体资产负债结构，增强投资的可持续性；四是拓宽社会投资渠道，开始新的资源利用周期，在社会层面促进资源的合理配置，提高资源利用效益，促进经济社会发展；五是妥善处理投资项目的资产负债、法律关系等各种未尽事项，实现善始善终。

三、盘活及处置的方式

投资项目盘活及处置的主要方式有资产证券化、并购重组、产权转让、综合开发利用、项目移交、项目清算等。不动产投资信托基金（REITs）是近几年在国内兴起的一种重要的盘活存量资产方式。

（一）资产证券化

1. 内涵

资产证券化，就是将原始权益人（卖方）不流通的存量资产或可预见的未来收入构造和转变成为在资本市场上可销售和流通的金融产品的过程。主要有抵押贷款证券化（MBS）和资产支持证券化（ABS）两种形式。

盘活投资项目主要涉及中国证监会主管的企业资产证券化产品。所谓资产证券化，是指非金融企业将流动性较差但预计能产生稳定现金流的企业资产，通过精巧的结构安排，整合其风险、收益要素并提高其信用等级，将组合资产的预期现金流收益转换成可出售和流通、信用等级较高的债券或受（收）益凭证型证券，即资产支持证券化（ABS），从而实现企业融资的一种方式。

2. 适用情形

资产证券化被广泛应用于任何具有合理的价值、能够产生合理的可预测的未来现金流量的资产。从资产证券化的发展经验来看，用作基础资产的资产种类是逐步扩大的，先是信贷类资产，然后扩大到债权资产、实物资产等，而我国的资产证券化还扩大到了未来的债权，如基础设施的收费权、收益权等。

根据 2014 年中国证监会《证券公司及基金管理公司子公司资产证券化业务管理规定》对基础资产的定义，资产证券化的基础资产一般须具备以下几个特征：在法律上能够准确、清晰地予以界定，权属明确；未来现金流独立、稳定、可评估，以满足后续还本付息的要求；能够合法、有效地转让。

我国对于资产证券化基础资产实行负面清单管理。根据 2014 年中国证券投资基金业协会的《资产证券化业务基础资产负面清单指引》，以下八类资产不宜进行资产证券化：

（1）以地方政府为直接或间接债务人的基础资产。

（2）以地方融资平台公司为债务人的基础资产。

（3）矿产资源开采收益权、土地出让收益权等产生现金流的能力具有较大不确定性的资产。

（4）有下列情形之一的与不动产相关的基础资产：因空置等原因不能产生稳定现金流的不动产租金债权；待开发或在建占比超过 10% 的基础设施、商业物业、居民住宅等不动产或相关不动产收益权。当地政府证明已列入国家保障房计划并已开工建设的项目除外。

（5）不能直接产生现金流、仅依托处置资产才能产生现金流的基础资产。

（6）法律界定及业务形态属于不同类型且缺乏相关性的资产组合。

（7）违反相关法律法规或政策规定的资产。

（8）最终投资标的为上述资产的信托计划受益权等基础资产。①

3. 基本流程

完整的资产证券化流程如下：一是发起人（即 ABS 交易中把 ABS 资产转让出去并获得融资的企业）将证券化资产出售给一家特殊目的机构（SPV），或者由 SPV 主动购买可证券化的资产，然后将这些资产汇集成资产池。二是以该资产池所产生的现金流为支持，在金融市场上发行有价证券融资。三是用资产池产生的现金流来清偿所发行的有价证券。

（二）基础设施 REITs

1. 内涵

基础设施领域不动产投资信托基金（以下简称"基础设施 REITs"）作为一种国际通行、行之有效的存量资产盘活工具，是以收益稳定的基础设施项目为底层资产、在证券交易所公开发行交易的标准化、权益型金融产品，其实质是成熟基础设施项目的上市。

开展基础设施 REITs 是投融资机制的一项重大探索创新，有利于扩大直接融资比重，降低宏观杠杆率，防范化解企业债务风险；有利于吸引社会资本盘活基础设施存量资产，将回收资金用于新的项目建设，形成"资产—资金—投资—资产"的良性循环；有利于推动储蓄向投资转化，促进资金"脱虚向实"，提高金融服务实体经济质效；有利于支持国家重大战略实施，促进实现"十四五"经济社会发展目标，构建新发展格局。

2. 适用情形

2020 年 4 月，基础设施 REITs 试点正式启动。国家发展改革委相继发布《关于进一步做好基础设施领域不动产投资信托基金（REITs）试点工作的通知》《关于规范高效做好基础设施领域不动产投资信托基金（REITs）项目申报推荐工作的通知》等文件，对基础设施 REITs 试点区域、行业、基本条件、申报推荐程序等进行了系统规定。

---

① 参见《中国证券投资基金业协会关于发布〈资产支持专项计划备案管理办法〉及配套规则的通知》（中基协函〔2014〕459 号）附件二《资产证券化业务基础资产负面清单指引》，2014 年 12 月 24 日。

（1）试点区域。全国各地区符合条件的项目均可申报。重点支持位于京津冀协同发展、长江经济带发展、粤港澳大湾区建设、长三角一体化发展、海南全面深化改革开放、黄河流域生态保护和高质量发展等国家重大战略区域，符合"十四五"有关战略规划和实施方案要求的基础设施项目。

（2）试点行业。基础设施REITs试点涵盖交通、能源、市政、生态环保、仓储物流、产业园区、新型基础设施、消费基础设施、保障性租赁住房等多个基础设施领域，探索在水利、旅游等其他基础设施领域开展试点。

（3）基本条件。拟发行REITs的基础设施项目，应权属清晰、资产范围明确，投资管理手续依法合规，项目成熟稳定且具有可转让性，资产规模符合要求，发起人（原始权益人）和相关参与方也应符合要求。

截至2023年6月底，共有28个项目首次发行上市，4个项目完成扩募，覆盖产业园区、高速公路、污水处理、垃圾焚烧发电、仓储物流、保障性租赁住房、清洁能源（光伏发电、风力发电、天然气发电）等重点领域，支持基础设施和实体经济发展成效显著。已上市项目共发售基金975亿元，其中用于新增投资的净回收资金约410亿元，可带动新项目总投资超过4700亿元。

3. 基本流程

基础设施REITs试点包括项目前期培育、发展改革部门推荐、中国证监会交易所产品审核、份额发售及挂牌上市、项目发行后管理等阶段。

（1）项目前期培育。发起人（原始权益人）、基金管理人等有关单位梳理资产，选择运营相对稳定、手续较为完善的项目，作为储备资产，做好必要的重组工作，确保基础设施项目权属清晰、运营良好、手续齐备。

（2）发展改革部门推荐。发起人（原始权益人）选择符合条件的项目，经省级发展改革委审核同意后向国家发展改革委上报申报材料。国家发展改革委对项目进行综合评估，确定拟向中国证监会推荐的项目。

（3）中国证监会交易所产品审核。基金管理人、资产支持证券管理人向中国证监会、交易所申报公募基金、资产支持专项计划全套产品文件。审核通过后，交易所出具基金发行、专项计划挂牌的无异议函，中国证监会同意基础设施基金注册发行。

（4）份额发售及挂牌上市。基金管理人和原始权益人依次确定战略投资者、网下投资者和公众投资者，并进行基金发售和上市。基金管理人将募集资金支付给原始权益人，收购持有基础设施资产的项目公司100%股权，基金产品享有基础设施项目的全部收益。

（5）项目发行后管理。发起人（原始权益人）按要求用好回收资金，尽快形成有效投资。运营管理机构做好基础设施资产运营管理，保障项目运营良好稳定。基金管理人做好基金管理，保障投资者利益。

（三）并购重组

在符合法律法规前提下，企业通过兼并重组等方式盘活存量项目，是常规的经营活动，有利于提升资产质量和规模效益。

1. 内涵

并购重组是一个集合概念，分为并购和重组。在我国，并购是指收购和兼并，是境内并购企业通过受让现有股权、认购新增股权，或收购资产、承接债务等方式以实现合并或实际控制已设立并持续经营的目标企业或资产的交易行为。① 在会计处理上，合并是指将两个或者两个以上单独的企业合并形成一个报告主体的交易或事项。② 重组是指对企业资产进行分析、剥离、出售、整合等。

2. 适用情形

投资项目并购重组一般适用以下情形：

（1）形成协同效应。通过并购重组引入财务、建设、运营、技术等方面的优质战略合作方，使得合并企业实现优势互补，提高项目建设运营效率。

（2）降低交易费用。尤其在信息与议价成本方面，并购重组能够大幅度地降低交易费用，实现降本增效。

（3）提高市场份额。通过并购重组改善市场格局，提高企业市场份额和

① 参见《中国银监会关于印发〈商业银行并购贷款风险管理指引〉的通知》（银监发〔2015〕5号）第三条，2015年2月10日发布。

② 参见《企业会计准则第20号——企业合并》（财会〔2006〕3号）第二条，2006年2月15日发布。

盈利能力，进一步提升企业竞争力。

德国柏林水务公司于 2003 年并购合肥王小郢污水处理厂，是我国固定资产投资领域并购重组的一个经典案例。合肥王小郢污水处理厂是安徽省第一座大型污水处理厂，也是当时全国规模最大的氧化沟工艺的污水厂。

2002 年 11 月，国家经贸委、财政部、国家工商总局和国家外汇管理局联合发布《利用外资改组国有企业暂行规定》，规定了国有企业（除金融企业和上市公司）向外资转让国有产权、股权、债权和资产的有关政策，为德国柏林水务公司参与并购合肥王小郢污水处理厂提供了依据和基础。

2003 年 8 月，合肥市政府决定将王小郢污水处理厂作为公用事业改革的探索和试点，通过国际化公开招标，以 TOT（转让—运营—移交）模式转让王小郢污水处理厂的资产权益，实行 23 年的特许经营。德国柏林水务和本土企业东华科技组成的联合体成功中标。在此后十几年的运营期内，凭借着柏林水务的运营经验和东华科技的先进技术，王小郢污水处理厂运营平稳，污水处理效率提升，转让后年度污水处理价格平均涨幅低于 CPI 涨幅，项目公司的财务实力和技术实力不断增强，投资方回报实现稳定增长。

3. 基本流程

并购和重组的实施程序类似，通常包括准备阶段、实施阶段、整合阶段。（1）准备阶段。包括制订并购重组计划、明确标的公司、开展尽职调查和可行性分析。（2）实施阶段。包括与标的企业签订合作意向书、资产评估、制定并购重组方案、谈判、签约。（3）整合阶段。包括资产交接、财务整合、人力资源整合、资产整合、企业文化整合等。

（四）产权转让

1. 内涵

产权转让是指财产所有权及其所包括的财产占有权、使用权和支配权在不同主体（所有者）之间的变更；或在财产所有权并不转移或者不完全转移的情况下，其占有、使用、支配和利益分享等权利在不同经营者之间的转移。通过产权转让，转让人获得资金，受让人通常具有更强的项目运营能力，从而实现"双赢"局面。

2. 适用情形

产权转让一般适用于以下情形：

（1）有获取盘活资金实现新增投资的需求。通过转让存量项目产权，转让方一次性融入大笔资金，可用于新增项目投资。

（2）资产权属明晰，无产权争议。存量项目资产应权属界定清晰，产权明确，易于变更登记，防止转让过程中产生权属争议。

（3）提高存量项目的运营管理水平。存量项目产权转让后，新引入投资者为确保长期投资利益最大化，通常会改进原有设施，采用先进的运营方式和经营管理方法，提高项目运营管理效率。

3. 基本流程

除政策法规规定可以不采用公开竞价方式的情形外，国有产权转让通常采用公开竞价方式；对受让方有特殊要求或征集受让方只有一家的国有产权、非国有产权，多采用协议转让的方式。在符合国家政策法规、国有经济布局和结构调整需要的前提下，经协商一致，也可采用无偿划转方式。

公开竞价流程主要包括：（1）可行性研究。企业国有产权转让应当做好可行性研究。（2）内部审议。转让双方按照内部决策程序进行审议，并形成书面决议。（3）清产核资和审计。转让方组织转让标的企业开展清产核资，委托会计师事务所实施全面审计。（4）资产评估。转让方委托资产评估机构进行资产评估。（5）公开征集。转让方应公开披露有关企业国有产权转让信息，广泛征集受让方。（6）公开竞价。经公开征集产生两个以上受让方时，转让方应当与产权交易机构协商，根据转让标的的具体情况采取拍卖或者招投标方式组织实施产权交易。（7）签订协议。根据公开竞价结果，签订转让协议，公布转让结果。公开竞价主要有招标、拍卖、挂牌三种方式。

协议转让流程和公开竞价流程在前4个步骤完全相同，只是在公开征集阶段，如果经公开征集只产生一个受让方，或者按照有关规定经国有资产监督管理机构批准，可以采取协议转让的方式。然后由转让方与受让方就交易事项进行谈判，签订转让协议。

无偿划转流程主要包括：（1）可行性研究。企业国有产权无偿划转应当做好可行性研究。（2）内部审议。划转双方应当在可行性研究的基础上，按照内部决策程序进行审议，并形成书面决议。（3）制订债务处置方案。划出方应当就无偿划转事项通知本企业（单位）债权人，并制订相应的债务处置方案。（4）清产核资和审计。划转双方应当组织被划转企业按照有关规定开展审计或清产核资，以中介机构出具的审计报告或经划出方国资监管机构批准的清产核资结果作为企业国有产权无偿划转的依据。（5）签订无偿划转协议。划转双方协商一致后，签订企业国有产权无偿划转协议。

（五）综合开发利用

1. 内涵

综合开发利用是指通过对项目整体功能的重新规划，适当改变原有功能或赋予新功能的盘活处置方式。整体功能转变或提升之后，项目运营内容发生较大变更，其提供的服务、产品等均产生重大改变。通常而言，综合开发利用既包括项目整体功能转变模式，也包括以丰富项目业态、提高运营效益、增加运营收入为目的的综合开发模式，如地铁上盖物业、污水处理设施下沉等。

2. 适用情形

综合开发利用主要适用于以下情形，即已形成的资产或根据规划拟形成的资产的原有使用属性，未能使得其所依附的资产（如土地、厂房、交通枢纽等）释放最大限度的利用价值和开发潜能，从而需要改变原有使用属性，赋予新的使用功能。

北京798艺术园区改造是项目整体功能转变模式的典型案例。北京798艺术园区位于北京市朝阳区大山子地区，新中国成立初期是重要的电子工业基地，又称"北京华北无线电联合器材厂"，属于国家战略工程，代号718，下设718、798等厂。随着后工业时代的到来，工厂所生产的产品开始没落，工业用地逐渐闲置，甚至面临拆迁。

2000年以来，798厂区因其独特的建筑风格、宽敞的厂房，以及低廉的租金，吸引艺术家大量进驻。政府方经过调研，重新调整区域规划，并成立了北京798艺术区管理委员会，负责艺术区的统筹协调、监督管理、产业促进和接待服务。经过系统化改造，798艺术区既保留了工业时代的痕迹，又融入了现代文化和创意元素，使得区域重获新生，经济和社会效益显著，是项目整体功能转变模式的经典案例。

3. 基本流程

项目综合开发利用的基本流程主要包括：（1）调研。调研项目自身情况、产业现状、区域发展需求和相关政策法规。（2）决策。根据调研信息进行可行性研究，作出是否及如何进行项目综合开发利用的决策。（3）报经审核，取得批复。若项目综合开发利用涉及政府审批内容，应及时报政府审核，取得批复。（4）项目规划调整。报经相关政府部门进行规划调整，满足项目综合开发利用的用地规划要求。（5）成立专门管理机构。根据项目体量、性质、运营需求等因素，可以成立专门的管理机构，负责项目统筹协调、监督管理、产业促进和接待服务等工作。（6）项目资产改造。在完成决策、审批手续后，根据项目综合开发利用要求，对项目资产进行必要的改造。（7）招商、运营。项目改造完成后，组织实施产业招商，项目以全新功能投入运营。

（六）项目移交

1. 内涵

项目移交是指在特许经营（BOT）项目合作期限结束或者项目合同提前终止后，项目公司将全部项目设施及相关权益以合同约定的条件和程序移交给项目实施机构或者政府指定的其他机构。

项目移交时，项目公司必须确保项目符合政府方回收项目的基本要求，尽可能减少移交对公共产品或服务供给的影响，确保项目持续运营。

2. 适用情形

项目移交主要适用两种情形：

（1）特许经营项目合作期限结束，项目公司将项目移交给项目实施机构或者政府指定的其他机构；

（2）特许经营项目合同提前终止，项目公司将项目移交给项目实施机构或者政府指定的其他机构。

广西来宾 B 电厂项目是我国首个经国家批准的 BOT 试点项目，于 2015 年成功实现项目到期移交。1995 年，国家计委选取了四个项目开展 BOT 试点，来宾 B 电厂是其中之一。1997 年 9 月，广西政府和中标方法国电力联合体签订特许经营协议，项目开工建设。2000 年 10 月，项目建成投入运营。2015 年 9 月 3 日，特许经营期结束，项目正式移交广西政府。成功移交后，法方获得合理利润并退出项目，广西政府收获了净值约为 12 亿元的 72 万千瓦机组火电厂。

3. 基本流程

项目移交的基本流程主要包括：（1）制订移交方案。明确项目移交的工作机构和工作机制。（2）评估与测试。正式移交前，对项目的资产状况进行评估并对项目状况能否达到合同约定的移交条件和标准进行测试。（3）办理移交手续。项目公司或相关方按约定办理移交相关的资产过户和合同转让等手续。（4）承担移交费用（含税费）。由项目公司、违约方或者政府方和项目公司共同承担移交手续的相关费用。

（七）项目清算

1. 内涵

清算，是指终结已解散或宣告破产的法人、非法人的一切法律关系，处理剩余财产的程序。法人解散或被宣告破产、非法人解散的，应依法完成清算。[1] 根据项目公司资产能否足额清偿债务，清算可以分为一般清算和破产清算。

2. 适用情形

根据《公司法》《企业破产法》，以成立项目公司形式实施投资项目为例，投资项目清算适用于以下五种情形：

（1）项目公司章程规定的营业期限届满或者公司章程规定的其他解散事由出现。

（2）项目公司股东会或者股东大会决议解散。

---

[1]　参见《中华人民共和国民法典》第一编第三章第一节第六十八条，2020 年 5 月 28 日发布。

（3）项目公司依法被吊销营业执照、责令关闭或者被撤销。

（4）项目公司经营管理发生严重困难，继续存续会使股东利益受到重大损失，通过其他途径不能解决的，持有公司全部股东表决权百分之十以上的股东，请求人民法院解散公司。

（5）项目公司不能清偿到期债务，并且资产不足以清偿全部债务或者明显缺乏清偿能力的，债权人向人民法院提出对项目公司进行破产清算。人民法院受理申请破产清算后，项目公司无法进行重整，依法宣告项目公司破产。①

3. 基本流程

项目清算分为一般清算和破产清算。一般清算流程主要包括：（1）成立清算组。自行清算情形下，项目公司为有限责任公司的，清算组由股东组成，项目公司为股份有限公司的，清算组由董事或股东大会确定的人员组成。法院指定清算情形下，清算组由申请人、股东、高管及有关中介机构组成。（2）通知债权人，发布公告。（3）清产核资，编制清算方案，报股东会、股东大会或者人民法院确认。（4）若公司资产不足以清偿债务，清算组应当依法向人民法院申请宣告破产。（5）公司清算结束后，清算组应当制作清算报告，报股东会、股东大会或者人民法院确认，并报送公司登记机关，申请注销公司登记。

破产清算流程主要包括：（1）破产宣告。人民法院宣告债务人破产，及时将裁定送达债务人和管理人，通知已知债权人，并予以公告。（2）变价。管理人按照债权人会议通过的或者人民法院裁定的破产财产变价方案，适时变价出售破产财产。（3）分配。破产财产在优先清偿破产费用和共益债务后，依法依次清偿职工工资、社会保险、补偿金、所欠税款，以及普通破产债权。（4）破产程序终结。管理人在最后分配完结后，及时向人民法院提交破产财产分配报告，并提请裁定终结破产程序。

---

① 参见《中华人民共和国公司法》第十章第一百八十条、第一百八十二条，2018 年 10 月 26 日修正；《中华人民共和国企业破产法》第一章第二条，2006 年 8 月 27 日。

第四节　项目监管

按照深化投融资体制改革的有关要求，要加强投资项目事中事后监管，完善投资项目监管机制，加强投资项目审计监督，建立后评价制度，健全政府投资责任追究制度。根据《政府投资条例》，政府投资项目应实施绩效管理。

一、监督检查

对投资项目进行监督检查的监管主体主要有投资管理部门、行业主管部门和其他有关部门三类，其监管依据、监管方式、法律责任各有不同。

（一）投资管理部门监管

1. 监管依据

对于政府投资项目，主要依据《政府投资条例》《中央预算内直接投资项目管理办法》《中央预算内投资资本金注入项目管理办法》和其他有关规章制度，由投资主管部门和相关部门对政府投资项目进行监督检查。在部门分工合作方面，按照"谁审批谁监管、谁主管谁监管"的原则，对政府投资项目分别履行相应的监管责任。

对于企业投资项目，主要依据《企业投资项目核准和备案管理条例》《企业投资项目核准和备案管理办法》《企业投资项目事中事后监管办法》等法规制度，由各级发展改革部门对企业投资项目进行监督管理。各级发展改革部门开展项目事中事后监管，应当与规划、环保、国土、建设、安全生产等主管部门的事中事后监管工作各司其职、各负其责，并加强协调配合。

2. 监管方式

投资项目监督检查方式为在线监测、现场核查等。在线监测是指通过投资在线审批监管平台开展在线监管，该平台是面向各类投资项目的执法监管系统。现场核查是指根据在线监测和其他渠道掌握的问题线索，对投资项目开展现场检查。

3. 法律责任

政府投资项目监督检查中，如发现超越审批权限审批项目、对不符合规定的项目予以批准、未按照规定核定或者调整投资概算、为不符合规定的项目安排政府投资补助和贷款贴息资金等问题，依据《政府投资条例》追究相关责任。对地方政府及其有关部门违法违规举借债务筹措投资资金，以及项目未按照规定使用财政投资资金等问题，依照与预算相关的法律法规追究法律责任。在项目法人的监督检查方面，对未经批准或者不符合规定的建设条件开工建设项目，未经批准变更建设地点、建设规模，以及擅自增加投资概算的，应责令改正，并依法追究责任。

企业投资项目监督检查中，企业未办理核准、备案手续开工建设或者未按照核准、备案内容等进行建设的，建设产业政策禁止投资建设项目的，提供虚假备案信息的，由核准、备案机关责令限期改正，并依法追究责任。

（二）行业主管部门监管

1. 交通运输主管部门

依据《公路法》，各级交通主管部门对辖区内的公路项目履行管理、监督职责，负责维护公路建设秩序和对公路建设的监督管理。依据《港口法》，各级港口行政管理部门对辖区内的港口进行管理，并按照国务院关于港口管理体制的规定，实施港口经营许可。依据《航道法》，各级交通主管部门对辖区内航道建设项目进行监督管理，保障航道建设工程的质量和安全。

交通主管部门主要对市场准入、运输安全生产、交通收费权、交通设施经营等方面实施监管。对交通设施建设市场实行准入管理，对市场参与主体逐步建立信用管理体系。交通设施建设工程实行政府监督、法人负责、社会监理、企业自检的质量管理制度。交通设施经营应当向交通行政管理部门书面申请取得经营许可，并按照规定的技术规范和操作规程进行养护。

法律责任方面，对未经交通主管部门批准擅自施工的，违反法律或者国务院有关规定擅自经营的，对交通设施造成损害的，依法追究责任。

2. 水利主管部门

依据《水法》，国务院水行政主管部门负责全国水资源的统一管理和监督工作，县级以上水行政主管部门负责本行政区域内水资源的管理和监督工作。依据《防洪法》，县级以上水行政主管部门负责本行政区域内防洪的组织、协调、监督、指导等日常工作。依据《水土保持法》，县级以上水行政主管部门负责对水土保持情况进行监督检查。流域管理机构在其管辖范围内可以行使国务院水行政主管部门的监督检查职权。

水利部门主要在行业规划、水量分配、建设防洪、水土保持等方面实施监管。行业规划监管方面，建设水工程，必须符合流域综合规划，未取得规划同意书的，不得开工建设。水量分配监管方面，直接从地下或者江河、湖泊取水的，须向水行政主管部门申请办理取水许可。建设防洪监管方面，在洪泛区、蓄滞洪区内建设非防洪建设项目，应当就洪水对建设项目可能产生的影响和建设项目对防洪可能产生的影响作出评价，编制洪水影响评价报告。水土保持方面，可能造成水土流失的生产建设项目，应当编制水土保持方案，采取水土流失预防和治理措施；可能造成严重水土流失的大中型生产建设项目，应当对水土流失进行监测。

法律责任方面，河湖管理范围内建设妨碍行洪的构筑物，或者从事妨碍河道行洪的活动的，由主管部门责令停止违法行为，限期拆除，恢复原状。擅自修建水工程，责令停止违法行为，限期清除障碍或者采取其他补救措施。

3. 能源主管部门

依据《电力法》，电力管理部门对电力企业和用户执行电力法律、行政法规的情况进行监督检查。

能源主管部门主要在规划、技术标准、经营许可等方面实施监管。规划方面，电力建设项目应当符合电力发展规划，符合国家电力产业政策。技术标准方面，电力建设项目不得使用国家明令淘汰的电力设备和技术。许可监管方面，供电企业在批准的供电营业区内向用户供电，供电企业应办理《电力业务许可证》。

法律责任方面，建设项目不符合电力发展规划、产业政策的，建设项目使用国家明令淘汰的电力设备和技术的，未经许可从事供电或者变更供电营业区的，主管部门责令停止并依法追责。

4. 民航主管部门

依据《民用航空法》《民用机场管理条例》，国务院民用航空主管部门对全国民用航空活动实施统一监督管理，依法对全国民用机场实施行业监督管理。《民用机场建设管理规定》明确，中国民用航空局负责全国民用机场及相关空管工程规划与建设的监督管理，民航地区管理局负责所辖地区民用机场及相关空管工程规划与建设的监督管理。

民航主管部门主要从规划、运行许可等方面进行监管。规划监管方面，民用机场的新建、改建和扩建，应当符合依法制定的民用机场布局和建设规划，符合民用机场标准，并按照国家规定报经有关主管机关批准。许可监管方面，对公众开放的民用机场应当取得机场使用许可证。

法律责任方面，未取得机场使用许可证开放使用民用机场的，责令改正并依法追究责任。

（三）其他有关部门监管

1. 自然资源主管部门

依据《土地管理法》，国务院自然资源主管部门统一负责全国土地的管理和监督工作；县级以上自然资源主管部门对辖区内违反土地管理法律、法规的行为进行监督检查。依据《城乡规划法》，城市和镇应当制定城市规划和镇规划，城市、镇规划区内的建设活动应当符合规划要求；县级以上政府根据本地农村经济社会发展水平，确定应当制定乡规划、村庄规划的区域。

自然资源主管部门主要从耕地保护、征地、土地用途等方面实施监管。耕地保护监管方面，国家保护耕地，严格控制耕地转为非耕地，实行永久基本农田保护制度。建设占用土地，涉及农用地转为建设用地的，应当办理农用地转用审批手续；永久基本农田转为建设用地的，由国务院批准。征地监管方面，县级以上政府拟申请征收土地的，应开展现状调查和社会稳定风险评估，并给予公平、合理的补偿，保障被征地农民原有生活水平不降低、长远生计有保障。土地用途监管方面，在土地利用总体规划制定前已建的不符合土地利用总体规划确定的用途的建筑物、构筑物，不得重建、扩建。在城市规划区内改变土地用途的，在报批前，应当先经有关城市规划行政主管部门同意。

法律责任方面，投资项目涉及非法转让土地的，擅自将农用地改为建设用地的，在非法占用的土地上新建建筑物和其他设施的，责令改正并依法处罚。农村非法占用土地建住宅的，违规批准占用、征收土地的，擅自将集体土地用于非农业建设的，主管部门责令限期改正，并依法追究责任。

2. 生态环境主管部门

依据《环境保护法》，县级以上环境保护主管部门对辖区内环境保护工作实施统一监督管理。《环境影响评价法》规定，设区的市级以上生态环境主管部门负责对建设项目环境影响报告书、环境影响报告表编制单位的监督管理和质量考核。

生态环境部门主要从环境影响评价、排污许可、环境标准等方面实施监管。环境评价监管方面，未依法进行环境影响评价的开发利用规划，不得组织实施；未依法进行环境影响评价的建设项目，不得开工建设。排污许可监管方面，实行排污许可管理的单位和生产经营者应当按照排污许可证的要求排放污染物；未取得排污许可证的，不得排放污染物。标准监管方面，任何单位和个人不得生产、销售或者转移、使用国家淘汰的严重污染环境的工艺、设备和产品；禁止引进不符合我国环境保护规定的技术、设备、材料和产品。

法律责任方面，各类单位和生产经营者违法排放污染物、超过污染物排放标准或者超过重点污染物排放总量控制指标排放污染物的，建设单位未依法提交建设项目环境影响评价文件或者环境影响评价文件未经批准而擅自开工建设的，由主管部门责令停止建设，并可以责令恢复原状。

3. 住房和城乡建设主管部门

依据《建筑法》，县级以上建设行政主管部门监管建筑工程，实行施工许可管理。《建设工程质量管理条例》规定，县级以上主管部门应当加强对建设工程质量的监督管理。《建设工程安全生产管理条例》规定，县级以上建设行政主管部门对区域内的建设工程安全生产实施监督管理。

住房和城乡建设部门主要从施工许可、建设过程监管等方面实施监管。建筑工程开工前，建设单位应向所在地县级以上建设部门申请领取施工许可证。建设过程监管方面，建设单位应当在施工许可证限期内开工；因故不能按期开工的，在建的建筑工程因故中止施工的，应当办理相关批准手续。质量与安全方面，建设单位不得以任何理由，要求建筑设计单位或者建筑施工企业在工程设计或者施工作业中，违反法律、行政法规和建筑工程质量、安全标准，降低工程质量。

在法律责任方面，未经批准擅自施工的，责令改正。违规发包的，责令改正，处以罚款。未取得资质证书承揽工程的，责令停止违法行为。违规转包的，承担违规责任。

4. 安全生产主管部门

依据《安全生产法》《建设项目安全设施"三同时"监督管理办法》，县级以上应急管理部门对辖区内安全生产工作建设项目安全设施"三同时"进行监督管理。

安全生产监管主要从生产条件、管理机构、管理人员、特殊事项审查和验收等方面实施监管。生产经营单位应当具备规定的安全生产条件，建立全员安全生产责任制。矿山、金属冶炼、建筑施工、运输单位和危险物品的生产、经营、储存、装卸单位，应当设置安全生产管理机构或者配备专职安全生产管理人员。对涉及安全生产的事项需要审查批准或者验收的，必须严格依照规定的安全生产条件和程序进行审查。

法律责任方面，承担安全评价、认证、检测、检验职责的机构出具失实报告的，生产经营单位未履行管理责任的，主要负责人有相关违法行为导致发生生产安全事故的，依法依规追究责任。

建设项目安全设施"三同时"，是指建设项目安全设施必须与主体工程同时设计、同时施工、同时投入生产和使用。生产经营单位是建设项目安全设施建设的责任主体。不符合"三同时"要求的，安全生产监管部门对与此相关的行政许可一律不予审批，同时责令生产经营单位立即停止施工，限期改正违法行为，对有关生产经营单位和人员依法给予行政处罚。

5. 节能主管部门

依据《节约能源法》《节能监察办法》，县级以上管理节能工作的部门负责本辖区内节能监察工作的统筹协调和指导，加强对节能法律、法规和节能标准执行情况的监督检查。《固定资产投资项目节能审查办法》规定，固定资产投资项目节能审查意见是项目开工建设、竣工验收和运营管理的重要依据。

二、绩效评价

为全面实施预算绩效管理，建立科学、合理的项目绩效评价管理体系，提高公共资源配置效率和财政资金使用效益，由项目法人单位、项目主管部门、财政部门及投资主管部门等不同管理主体，对投资项目开展绩效评价。

（一）绩效评价依据

2018 年，《中共中央　国务院关于全面实施预算绩效管理的意见》提出，力争用 3—5 年时间建成全方位、全过程、全覆盖预算绩效管理体系，实现预算和绩效管理一体化。将各级政府收支预算、各部门和单位预算收支、政策和项目全面纳入绩效管理。

2019 年，《政府投资条例》提出，政府投资项目应实施绩效管理。《国家发展改革委关于加强中央预算内投资绩效管理有关工作的通知》提出，要切实加强中央预算内投资绩效管理，提高中央预算内投资效益。

2020 年，财政部《项目支出绩效评价管理办法》对绩效评价适用范围、适用依据、对象、内容、指标、评价标准及方法、组织管理及实施等内容进行了详细规定。《第三方机构预算绩效评价业务监督管理暂行办法》对第三方机构参与投资项目绩效评价进行了规范。

（二）绩效评价方式和实施

投资项目的绩效评价分为单位自评、部门评价和财政评价三种方式。单位自评是指使用预算内资金的政府投资项目法人单位对预算批复的项目绩效目标完成情况进行自我评价。部门评价是指投资项目的预算部门（一般是项目的行业主管部门）根据相关要求，运用科学、合理的绩效评价指标、评价标准和方法，对本部门的项目组织开展的绩效评价。财政评价是财政部门对预算部门的项目组织开展的绩效再评价。

绩效评价标准通常包括计划标准、行业标准、历史标准等，用于对绩效指标完成情况进行比较。单位自评采用定量与定性评价相结合的比较法，总分由各项指标得分汇总形成。财政评价和部门评价的方法主要包括成本效益分析法、比较法、因素分析法、最低成本法、公众评判法、标杆管理法等。根据评价对象的具体情况，可采用一种或多种方法。绩效评价结果采取评分和评级相结合的方式，具体分值和等级可根据不同评价内容设定。同类项目绩效评价指标和标准应具有一致性，便于评价结果相互比较。财政评价和部门评价结果主要以绩效评价报告的形式体现，绩效评价报告应当依据充分、分析透彻、逻辑清晰、客观公正。

投资项目按年度实施绩效评价。对于实施期5年及以上的项目，应适时开展中期和实施期后绩效评价。绩效评价可委托第三方机构实施，以提高评价的客观性和公正性。委托第三方开展绩效评价的，要体现委托人与项目实施主体相分离的原则。

国家发展改革委负责设置中央预算内投资专项绩效目标，包括绩效指标和指标值；有关单位申请中央预算内投资计划时，应填报专项投资计划绩效目标；国家发展改革委在下达中央预算内投资计划时同步下达绩效目标；国家发展改革委每年对绩效目标实现情况组织开展自评，形成年度评估报告。

（三）绩效评价结果应用和责任追究

在绩效评价工作完成后，应及时将评价结果反馈到被评价部门，并明确整改时限。财政评价结果作为安排政府预算、完善政策和改进管理的重要依据。根据项目绩效评价结果，对使用财政资金严重低效无效并造成重大损失的项目责任人，要按照相关规定追责问责。对绩效评价过程中发现的资金使用单位和个人的财政违法行为，依照《预算法》《财政违法行为处罚处分条例》等有关规定追究责任。国家发展改革委将绩效评估结果作为优化中央预算内投资安排的重要参考。

三、价格和成本监管

我国价格制定方式包括市场调节价、政府指导价、政府定价。国家实行并完善主要由市场决定价格的机制，同时对重要公用事业、公益性服务和自然垄断经营的商品和服务实行政府定价或者政府指导价。

（一）定价

按照《价格法》，政府在必要时可以对部分商品和服务实行政府指导价或者政府定价。政府指导价、政府定价的定价权限和具体适用范围，以中央和地方定价目录为依据。现行《中央定价目录》主要包括输配电、油气管道运输、基础交通运输、重大水利工程供水、重要邮政服务、重要专业服务、特殊药品及血液等7类16项。

政府依据《价格法》《政府制定价格行为规则》，制定或者调整价格水平。国家根据不同行业特点，逐步建立商品和服务的定价机制，实现商品和服务价格调整机制化。

（二）成本监审与价格调整

成本监审是指定价机关通过审核经营者成本，核定政府制定价格成本的行为。各级政府依据《价格法》《政府制定价格成本监审办法》对政府制定价格的商品和服务进行成本监审，提高政府价格决策科学性。成本监审项目实行目录管理，成本监审包括制定价格前监审和定期监审两种形式。

政府定价实施后，定价机关对价格的执行情况进行跟踪调查和监测，并适时进行后评估。政府定价主要依据成本监审结果进行调整，依据《政府制定价格行为规则》履行相应的调整程序。

四、审计监督

审计是投资项目管理的重要监督机制。审计可分为外部审计和内部审计。外部审计一般是指政府审计；内部审计是指单位、企业内部专职审计人员进行的审计。

（一）外部审计

根据《审计法》《审计法实施条例》《国家审计准则》等，政府审计是指审计机关依法独立检查被审计单位的会计凭证、会计账簿、财务会计报告以及其他与财政收支、财务收支有关的资料和资产，监督被审计单位财政收支、财务收支以及有关经济活动的真实性、合法性、效益性。审计内容主要包括：各级人民政府预算执行情况、决算草案以及其他财政收支情况，国家的事业组织和使用财政资金的其他事业组织的财务收支情况，国有企业、国有金融机构和国有资本占控股地位或者主导地位的企业、金融机构的资产、负债、损益以及其他财务收支情况，政府投资和以政府投资为主的建设项目的预算执行情况和决算，其他关系国家利益和公共利益的重大公共工程项目的资金管理使用和建设运营情况，以及国有资源、国有资产情况等。

（二）内部审计

依据《审计署关于内部审计工作的规定》，内部审计是指单位内部对本单位及所属单位财政财务收支、经济活动、内部控制、风险管理实施独立、客观的监督、评价和建议，以促进单位完善治理、实现目标的活动。比如，依据《关于深化中央企业内部审计监督工作的实施意见》，国资委明确要求中央企业要完善内部审计管理体制机制，对重大决策、重要项目安排和大额资金使用情况进行全过程跟踪审计。

五、后评价

投资项目后评价是对项目已实施或完成事项的目的、执行过程、效益、作用和影响进行系统、客观的分析和总结的一种经济活动。后评价需要运用规范、科学、系统的评价方法与指标，通过项目实施前后对比分析，找出差距及原因，总结经验教训，提出相应对策建议，并反馈到项目参与各方，形成良性项目决策机制。

投资项目后评价是在项目建设完成并运行一段时间之后所进行的评价。从项目全生命周期角度考虑，项目后评价主要包括建设阶段的中间跟踪评价和后评价，运营阶段的中间评价，以及项目结束评价。项目决策阶段的项目评估是项目后评价的基础，是后评价时比照的依据。不同于项目绩效评价主要聚焦于财政预算资金的效益，项目后评价是从项目决策、建设和运营全方位的角度，对项目实施的综合评价。

（一）后评价的依据

2004年，《国务院关于投资体制改革的决定》要求建立政府投资项目后评价制度。2008年，国家发展改革委发布《中央政府投资项目后评价管理办法

（试行）》，对中央政府投资项目实施后评价工作进行统一规范。2014 年，《中央政府投资项目后评价管理办法》《中央政府投资项目后评价报告编制大纲（试行）》发布，完善了政府投资项目后评价制度。2019 年，《政府投资条例》进一步明确对已建成政府投资项目进行后评价。

（二）后评价的实施

政府投资项目后评价的组织和管理，按照项目审批权限，由各级投资主管部门负责。各级投资主管部门通过制订项目后评价年度计划，确定需要评价的项目名单。在完成项目自我总结评价报告后，委托第三方机构承担项目后评价任务。

项目后评价的常用方法有逻辑框架法、对比法、层次分析法、因果分析法等。各评价方法之间不是排他和相抵触的，可以在同一个项目后评价工作中综合选择应用。投资项目后评价主要内容包括项目投资决策、建设、运营全过程总结与评价，项目效果、效益和影响评价，项目目标实现程度评价，项目可持续能力评价，项目主要经验教训与对策建议等。

（三）后评价成果与反馈

后评价的反馈机制是后评价成败的关键环节之一。通过信息反馈机制，将政府投资项目的后评价结果反馈到投资决策部门、项目主管部门、项目出资人及项目执行单位。投资项目后评价成果总结的经验教训以及提出的对策建议，可以为投资项目决策、规划编制与调整、相关政策制定提供依据，使后评价项目的有益经验得到推广，教训得以吸取，错误不再重复，管理更加完善。

第八章　投资项目财务和资产管理

从投资项目全生命周期来看，项目财务和资产管理包括从项目决策、项目建设直至项目运营和资产处置全过程的财务和资产管理工作。以高质量发展为要求，项目财务和资产管理正在由投资核算型向治理控制型转变。这就需要从资产财务管理制度、核算体系、项目预算、资金支付、建设成本管理、资产交付和产权管理等方面夯实基础工作，高效使用项目资金，保证项目安全，形成有效资产。

第一节　投资项目财务管理

投资项目财务管理是政府、企事业单位组织项目财务活动、处理项目财务关系的一项经济管理工作，是投资项目管理的重要组成部分。现在，投资项目财务管理正在由传统的会计核算向全程深度参与业务发展过程转变，包括建立健全统一的财务核算和报告体系，围绕项目管理建立健全相应的财务管理制度等。

一、会计核算体系

财务管理的核心工作之一就是会计核算。会计是以货币为主要计量单位，反映和监督一个单位的经济活动。会计是随着人类社会生产的发展和经济管理的需要产生、发展并不断完善起来的，逐步由简单的计量与记录行为，发展成为以货币单位综合地反映和监督经济活动过程的一种经济管理工作，并在参与单位经营管理决策、促进经济高质量发展方面发挥积极作用。

（一）会计规范体系构成

随着社会经济的不断发展，需要规范统一的会计制度，保证会计资料真实、完整，加强企业经营管理和财务管理，维护社会主义市场经济秩序。将这些对会计进行制约、限制和引导的规范加以总结与概括，就形成了我国会计规范体系。

1. 会计法律规范

会计法律规范是国家相关机构制定，借助强制手段予以实施的一种重要行为准则。其具有多样化作用，可以有效调节和约束会计行为，促使会计行为合法化、规范化，以维护社会经济秩序，促使一系列经济活动顺利开展。如《会计法》《企业财务会计报告条例》等。

2. 准则制度规范

《会计法》第八条明确规定，"国家实行统一的会计制度。国家统一的会计制度由国务院财政部门根据本法制定并公布"。国家统一的会计制度，是指国务院财政部门根据《会计法》制定的关于会计核算、会计监督、会计机构和会计人员，以及会计工作管理的制度，具体形式为各种准则、制度、办法等。这是广义上的会计制度，包括财务管理和会计核算制度。狭义的会计制度，仅指会计核算制度。

现阶段，国家统一的会计核算制度包括会计准则和统一会计制度两大体系。会计准则主要有《政府会计准则》《企业会计准则》及相关准则解释。统一会计制度主要有《政府会计制度》《企业会计制度》《民间非营利组织会计制度》等。

3. 其他文件规范

除国务院财政部门制定的会计制度外，依照《会计法》和国家统一的会计制度，有关部门制定的对会计核算和会计监督有特殊要求的具体办法或者补充规定。如《投资公司会计核算办法》《会计人员管理办法》《会计档案管理办法》《企业内部控制基本规范》《企业内部控制应用指引》《行政事业单位内部控制规范（试行）》《基本建设项目建设成本管理规定》《建设工程价款结算暂行办法》等。

（二）会计规范体系建设

我国会计规范体系的建设与发展，可以划分为以下几个阶段：

第一阶段（1949—1978 年）：高度集中的计划经济体制下的会计规范建设。

这一阶段，政府会计建立了与计划经济体制相适应的预算会计模式，实行单一的收付实现制基础、单一的收支决算报告。企业会计方面逐步建立起服务于计划经济体制下国家集中统一管理的制度规范。

第二阶段（1978—1992 年）：有计划的商品经济体制下的会计规范建设。

财政部于党的十一届三中全会后开始起草我国首部《会计法》，并于 1985 年颁布实施。这开启了我国会计改革法治化进程，明确规定了会计的性质、会计管理的体制和基本要求，以及会计工作的法律责任，建立了具有中国特色的会计模式。

第三阶段（1992—2000 年）：社会主义市场经济体制下的会计规范建设。

为了建立与社会主义市场经济相适应的会计模式，财政部于 1992 年 11 月颁布《企业财务通则》和《企业会计准则》，同时，分行业制定了 13 个全国性的行业会计制度及相关财务制度。1997 年制定《财政总预算会计制度》《行政单位会计制度》《事业单位会计准则（试行）》《事业单位会计制度》等。

第四阶段（2000 年至今）：社会主义市场经济体制下统一的国家会计制度建设。

1999 年全国人大对《会计法》进行第二次修订，这次修订的重大突破之一就是以法律形式明确规定国家实行统一的会计制度。次年，财政部颁布《企业会计制度》。2006 年我国建成系统的企业会计准则体系，并取得了成功经验。2013 年党的十八届三中全会决定全面深化改革，提出"建立权责发生制政府综合财务报告制度"。2016 年以来财政部陆续发布《政府会计准则——基本准则》、政府会计具体准则等一系列准则和制度。

至此，我国初步形成了以国家统一的会计制度为核心，会计准则和会计制度并存的会计规范体系。

二、会计制度关于投资项目的规定

(一) 各类投资项目会计制度规范的适应

为了加强财务管理，规范财务行为，真实、完整地提供会计信息，通常需要按投资项目类型、核算主体来选择与其相适应的会计制度，如表 2 所示。

表 2　各类投资项目会计制度规范的适应

投资项目类型	核算主体	适应的规则、准则和制度规范
企业投资项目	企业	《企业财务通则》《企业会计准则》《企业会计制度》
	金融企业	《企业财务通则》《企业会计准则》
	小企业	《企业财务通则》《小企业会计准则》
	民间非营利组织	《民间非营利组织会计制度》
政府投资项目	行政部门	《行政单位财务规则》《政府会计准则》《政府会计制度》
	事业单位	《事业单位财务规则》《政府会计准则》《政府会计制度》

数据来源：根据公开资料整理。

此外，行政事业单位、国有和国有控股企业使用财政资金的基本建设执行《基本建设财务规则》（财政部令第 81 号，2017 年修订），行政事业单位执行《行政事业单位内部控制规范（试行）》，企业执行《企业内部控制应用指引第 11 号——工程项目》。

(二) 投资项目会计核算制度规定

1. 项目独立核算

《基本建设财务规则》规定，行政事业单位的固定资产投资项目，以及国有和国有控股企业使用财政资金的固定资产投资项目，应当"按项目单独核算，按照规定将核算情况纳入单位账簿和财务报表"。2019 年发布的《国务院关于加强固定资产投资项目资本金管理的通知》，要求"设立独立法人的投资项目，其所有者权益可以全部作为投资项目资本金。对未设立独立法人的投资项目，项目单位应设立专门账户，规范设置和使用会计科目，按照国家有关财务制度、会计制度对拨入的资金和投资项目的资产、负债进行独立核算，并据此核定投资项目资本金的额度和比例"。

2. 企业投资项目准则适应

一般情况下，企业投资项目形成的资产按《企业会计准则第4号——固定资产》要求进行核算。但有一些特殊的资产，需要按其他会计准则要求进行核算，主要有：

（1）当企业投资项目形成的资产为赚取租金或资本增值（房地产买卖的差价），或两者兼有而持有的房地产，且能够单独计量和出售。这类资产在会计准则中为投资性房地产，执行《企业会计准则第3号——投资性房地产》。

（2）当企业投资项目形成的资产为生物资产，执行《企业会计准则第5号——生物资产》。生物资产分为消耗性生物资产、生产性生物资产和公益性生物资产。消耗性生物资产，是指为出售而持有的或在将来收获为农产品的生物资产，包括生长中的大田作物、蔬菜、用材林以及存栏待售的牲畜等。生产性生物资产，是指为产出农产品、提供劳务或出租等目的而持有的生物资产，包括经济林、薪炭林、产畜和役畜等。公益性生物资产，是指以防护、环境保护为主要目的的生物资产，包括防风固沙林、水土保持林和水源涵养林等。

（3）当企业投资项目为石油天然气开采活动，执行《企业会计准则第27号——石油天然气开采》。石油天然气开采活动包括矿区权益的取得以及油气的勘探、开发和生产等阶段。

（4）资产运营过程中，会计核算主体要判断是否存在资产减值。资产减值，是指资产的可收回金额低于其账面价值。有关资产减值的处理执行《企业会计准则第8号——资产减值》。

3. 政府投资项目准则适应

一般情况下，政府投资项目由负责编报基本建设项目预决算的单位即建设单位，作为会计核算主体。《政府会计准则制度解释第2号》规定，建设单位应当按照《政府会计制度》规定在相关会计科目下分项目对基本建设项目进行明细核算。

项目涉及多个主体难以明确识别会计核算主体的，项目主管部门应当按照

《基本建设财务规则》相关规定确定建设单位。建设项目按照规定实行代建制的，代建单位应当配合建设单位做好项目会计核算和财务管理的基础工作。有关会计核算时，主要准则有：

（1）当投资项目形成的资产为房屋及构筑物、专用设备、通用设备等，执行《政府会计准则第 3 号——固定资产》。使用年限超过 1 年（不含 1 年）的大批同类物资，如图书、家具、用具、装具等，也应当确认为固定资产。

（2）当投资项目形成的资产为公共基础设施，执行《政府会计准则第 5 号——公共基础设施》。公共基础设施，是指政府会计主体为满足社会公共需求而控制的，同时具有以下特征的有形资产：是一个有形资产系统或网络的组成部分；具有特定用途；一般不可移动。主要包括市政基础设施、交通基础设施、水利基础设施和其他公共基础设施。

（三）投资项目财务管理规定

财政部 2016 年公布的《基本建设财务规则》，适用于行政事业单位的基本建设财务行为，以及国有和国有控股企业使用财政资金的基本建设财务行为。在该财务规则下，行政事业单位需要按《行政事业单位内部控制规范（试行）》、企业需要按《企业内部控制应用指引第 11 号——工程项目》等规章制度要求，建立和完善各项目建设单位的工程项目管理制度，特别是概预算编制与审核、工程价款支付、竣工决算与审计、工程资金安全等。

三、建设单位内部财务管理

根据国家会计制度的规定，项目建设单位应当确定内部财务管理体制，建立健全财务管理制度，加强财务监督和财务信息管理。

（一）项目建设单位内部财务管理制度

项目建设单位内部财务管理制度一般包括：

（1）单位内部财务管理体制制度。主要规范：财务机构的设置办法；明确单位财务负责人、财务部门、各职能部门在财务管理方面的职责和权限；对财务人员业务素质、条件、继续教育培训等的规定。

（2）资金管理制度。主要规定项目单位的资金授权、批准、审验等相关管理制度，筹资、投资、营运等各环节的资金管理职责权限和岗位分离要求，责任归属等。

（3）投资项目资产管理制度。主要规定核算项目的货币资金、往来款项、存货、对外投资、固定资产、无形资产的管理方法、程序、权限要求及责任等。基本建设项目较多的单位，可以单独制定建设项目内部资产管理制度。

（4）成本费用管理制度。主要规定项目单位内部各支出项目、范围、标准、审批程序、权限与责任等。

（5）收入利润管理制度。主要规定项目收入利润的预测、日常管理，收入款项的结算和收回，以及利润分配的方法、程序、比例及其内部分配的使用范围、标准、审批程序、责任等。

（6）财务报告与评价制度。主要规范项目单位应编制的财务预算、报告的种类及格式、内容、报送程序、报送时间，以及财务评价指标体系的建立、财务分析方法的确定、财务指标计算口径和评价方法等。

（二）内部财务管理制度通常要求

项目建设单位要围绕项目管理来制定内部财务管理制度，做到单位经济活动的决策、执行和监督相互分离。主要有：

（1）不相容岗位相互分离。合理设置内部控制关键岗位，明确划分职责权限，实施相应的分离措施，形成相互制约、相互监督的工作机制。

（2）内部授权审批控制。明确各岗位办理业务和事项的权限范围、审批程序和相关责任，建立重大事项集体决策和会签制度。相关工作人员应当在授权范围内行使职权、办理业务。

（3）归口管理。根据本单位实际情况，按照权责对等的原则，采取成立联合工作小组并确定牵头部门或牵头人员等方式，对有关经济活动实行统一管理。

（4）预算控制。强化对经济活动的预算约束，使预算管理贯穿于单位经济活动的全过程。

（5）财产保护控制。建立资产日常管理制度和定期清查机制，采取资产记录、实物保管、定期盘点、账实核对等措施，确保资产安全完整。

（6）会计控制。建立本单位财会管理制度和会计机构，提高会计人员业务水平，强化会计人员岗位责任制，规范会计基础工作，加强会计档案管理，明确会计凭证、会计账簿和财务会计报告处理程序。

（7）单据控制。要求项目建设单位根据国家有关规定和单位的经济活动业务流程，在内部管理制度中明确界定各项经济活动所涉及的表单和票据，要求相关工作人员按照规定填制、审核、归档、保管单据。

（8）信息内部公开。建立健全经济活动相关信息内部公开制度，根据国家有关规定和单位的实际情况，确定信息内部公开的内容、范围、方式和程序。

第二节　投资项目资金管理

投资项目资金管理是政府机关、企事业单位针对各类投资项目，依照适用法律及财务管理、会计核算制度体系，对项目建设资金筹集、使用的各个环节实施管理的经济活动或行政管理行为。具体包含项目预算的制定、决策与执行，项目资金在各类法人之间的拨付、支付管理，建设成本的确认与控制，建设期内收入的确认与使用管理，工程价款的结算与支付管理，项目竣工决算的编制与审核管理，以及项目结余资金的确定与使用管理等。

一、项目预算管理

（一）政府投资项目预算管理

政府投资项目预算管理应遵守《基本建设财务规则》所提出的基本原则和管理机制。在基本建设管理框架下，项目建设单位应当以批准的概算为基础，按照项目实际建设资金需求编制项目总体预算及年度预算，并控制在批准的概算总投资规模、范围和标准以内；项目建设单位应当细化项目预算，分解项目各年度预算和财政资金预算需求；涉及政府采购的，应当按照规定编制政府采购预算。

根据《政府投资条例》，政府投资项目系使用预算安排的资金所进行的固定资产投资建设活动，因此项目建设资金预算与财政预算管理的衔接至关重要，应按有关规定纳入项目主管部门的部门预算或国有资本经营预算统一管理。具体而言，项目建设单位应当根据项目概算、建设工期、年度投资和自筹资金计划、以前年度项目各类资金结转情况等，提出项目财政资金预算建议数，按照规定程序经项目主管部门审核汇总报财政部门；而后根据财政部门下达的预算控制数编制预算，细化编制单位预算草案，由项目主管部门审核汇总报财政部门（即"二上"程序），经法定程序审核批复后执行。

财政资金应当遵循专款专用原则，严格按照批准的项目预算执行，不得挪用、挤占、截留或超批复内容使用资金。对发生停建、缓建、迁移、合并、分立、重大设计变更等变动事项和其他特殊情况确需调整的项目，项目建设单位应按照规定程序报项目主管部门审核后，向财政部门申请调整项目财政资金预算。

从外部管理角度来看，围绕政府投资项目所使用的财政预算资金，财政部门应加强审核和执行管理，严格预算约束，对项目概（预）算执行情况等开展财政评审，对已安排拨付的财政资金开展支出绩效评价，以项目以前年度财政资金预算执行情况、项目预算评审意见和绩效评价结果作为重要依据安排对项目的后续预算支出；项目财政资金未按预算要求执行的，按照有关规定调减或者收回。项目主管部门则应按照预算管理规定，督促和指导项目建设单位做好项目财政资金预算编制、执行和调整，严格审核有关申请，及时掌握项目预算执行动态，跟踪分析项目进度，按照要求向财政部门报送执行情况。

（二）企业投资项目预算管理

企业投资项目一般基于企业法人的财务管理制度，参考财政部印发的《管理会计应用指引》体系，以现金流管理为核心，遵循"全面预算管理"理念，实施固定资产投资的项目预算管理。企业投资项目预算管理强调战略导向原则，要求项目预算管理目标与项目投资收益目标、企业战略发展目标相结合；强调融合性原则，要求完善组织与人力资源的支撑体系，特别是加强财务部门、资金使用部门等的信息沟通与协同配合。

在预算编制环节，企业应基于项目的重要性和成本效益考虑，制定项目预算管理制度，指定分管领导、设置项目概预算专职人员；强调综合平衡性原则，在项目预算编制环节强化对政策、行业、市场等外部环境，以及企业自身管理能力、风格等方面的基础性分析，合理配置企业自有资金与外源性融资资金的筹集和使用；应在充分调研论证的基础上，强调项目预算编制的明细化和标准化，实现项目预算与会计核算科目的配比性。

在预算执行环节，企业应分解落实项目实施各阶段的预算执行计划，明确项目各阶段的预算控制目标；以项目预算执行计划和目标为依据，运用挣值法、价值工程法等工具，定期对项目预算执行情况进行监测核查、比对与指标分析、绩效考核。

在预算调整环节，企业应依据外部环境变化、项目实施进展和项目方案优化要求等，不断修正和完善项目各阶段的预算执行计划和预算控制目标；可采用滚动预算方式，以项目执行前一阶段的预算调整，作为下一阶段项目预算控制的目标，按照时间或项目单元编制，依次分解，滚动预算。

二、资金拨付管理

（一）财政资金拨付管理

根据《基本建设财务规则》，政府投资项目的建设资金是指为满足项目建设需要筹集和使用的资金，按照来源分为财政资金和自筹资金。其中，项目拟使用的财政资金对应预算草案由主管部门审核汇总报财政部门，并经法定程序审核批复后，由财政部门按预算管理规定，分类执行下达资金。

（二）财政资金以外的资金拨付管理

项目建设单位或企业法人所筹集的资本金中，除已存在于项目建设单位或企业法人账面的可利用资金外，由股东方实施股本出资的，其资金拨付依照项目建设单位或企业法人及其股东的财务管理制度进行，其拨付时间（即实缴注册资本的计划安排）应按各股东方协议约定执行，并满足固定资产投资进度需求和债务融资有关政策规定；从资本市场筹措的，应按照金融、证券监管机构所发布的"募集资金管理制度"等适用法律落实拨付管理。

（三）来自金融机构的融资资金拨付管理

投资项目采取固定资产贷款方式筹集资金的，贷款银行与项目法人单位应按照国务院银行业监管部门关于固定资产贷款及项目融资等政策规定，落实贷款资金的支付。依照《固定资产贷款管理暂行规定》，贷款人应通过"贷款人受托支付"或"借款人自主支付"的方式对贷款资金的支付进行管理与控制，必要时可以与借款人在借款合同中约定专门的贷款发放账户。无论采取何种方式，项目均应满足与贷款同比例的资本金足额到位、项目实际进度与已投资额相匹配的要求。

贷款人受托支付是指贷款人根据借款人的提款申请和支付委托，将贷款资金支付给符合合同约定用途的借款人交易对手。单笔金额超过项目总投资的5%或超过500万元人民币的贷款资金支付，应采用贷款人受托支付方式。采用该支付方式的，贷款人在必要时可以要求借款人、独立中介机构和承包商等共同检查设备建造或者工程建设进度，并根据出具的、符合合同约定条件的共同签证单进行贷款支付。

借款人自主支付是指贷款人根据借款人的提款申请将贷款资金发放至借款人账户后，由借款人自主支付给符合合同约定用途的借款人交易对手。采用借款人自主支付的，贷款人应要求借款人定期汇总报告贷款资金支付情况，并通过账户分析、凭证查验、现场调查等方式核查贷款支付是否符合约定用途。

采取其他外源性债务融资方式的，资金拨付管理机制依照适用法律及相关融资协议执行和管理。

（四）项目法人对外资金拨付管理

投资项目实施过程中，项目法人对外资金拨付（支付）行为主要包括工程价款的支付、建设期内工程价款之外的其他成本支付，以及债务融资的本息偿还等。项目法人在办理各项具体资金支付业务时，应当明确支出款项的用途、金额、预算、限额、支付方式等内容，并附原始单据或相关证明，履行严格的授权审批程序后，方可安排资金支出。

具体各类资金支付的管理机制为：关于工程价款的结算与支付，应依照国家有关政策拟定工程承发包合同并加以执行，接受项目所属行业的行政主管部门的监督管理。其他建设成本对应的资金支付管理，应主要根据相关商务合同及适用法律执行。针对债务融资的本息支付，应当加强筹资业务的会计系统控制，建立筹资业务的记录、凭证和账簿，按照国家统一会计准则制度，正确核算和监督资金筹集、本息偿还、股利支付等相关业务。

三、建设成本管理

（一）政府投资项目的建设成本管理

政府投资项目建设成本是指按照批准的建设内容由项目建设资金安排的各项支出，包括建筑安装工程投资支出、设备投资支出、待摊投资支出和其他投资支出。其中，建筑安装工程投资支出是指项目建设单位按照批准的建设内容发生的建筑工程和安装工程的实际成本；设备投资支出是指项目建设单位按照批准的建设内容发生的各种设备的实际成本；待摊投资支出是指项目建设单位按照批准的建设内容发生的，应当分摊计入相关资产价值的各项费用和税金支出；其他投资支出是指项目建设单位按照批准的建设内容发生的房屋购置支出，基本畜禽、林木等的购置、饲养、培育支出，办公生活用家具、器具购置支出，软件研发和不能计入设备投资的软件购置等支出。

政府投资项目的建设成本管理机制，首先体现为总额控制。项目建设单位应当根据批准的项目概（预）算、年度投资计划和预算、建设进度等控制项目投资规模。项目建设单位在决策阶段应当明确建设资金来源，落实建设资金，合理控制筹资成本。

项目建设单位应当严格控制建设成本的范围、标准和支出责任。根据《基本建设财务规则》和2016年财政部印发的《基本建设项目建设成本管理规定》，财政资金用于项目前期工作经费部分，在项目批准建设后，列入项目建设成本；但没有被批准或者批准后又被取消的项目，财政资金如有结余，应全部缴回国库。建设成本中归属"待摊投资支出"的建设管理费，在竣工财务决算中要单列其实际支出额，财政资金占项目资本比例超过50%的基建项目，其建设管理费应实施总额控制管理，分年度据实列支。

项目建设单位应通过以下方式寻求建设成本的有效控制：建设项目前期要

积极引入市场机制、严格控制支出，依法选择可研、环评、设计、勘察、工程施工、监理等单位，降低投资成本；严格按照批准的设计条件进行施工建设，依照规定的标准和程序实施工程变更和价款调整；积极配合财政部门开展的财政投资评审工作，根据批复（批转）意见及时进行整改等。

（二）企业投资项目的建设成本管理

就企业投资项目而言，根据《企业会计准则第4号——固定资产》，企业为购建某项固定资产达到预定可使用状态前所发生的一切合理且必要的支出，可理解为项目建设成本。针对自行建造的固定资产，建设成本包含工程物资成本、人工成本、缴纳的相关税费、应予资本化的借款费用，以及应分摊的间接费用等。

企业投资项目成本管控，可从财务内控及造价管理等角度在项目层面建立成本控制系统，强化成本预算约束。

从财务管理角度，参考财政部印发的《管理会计应用指引》体系，一般采取以下方式实施建设成本管控：项目费用定额管理，即根据项目自身特点，制定项目费用定额表，如物资消耗费、工时定额等，形成项目执行成本控制的依据（采取目标成本法等）；项目合同管理，是指项目执行过程中财务部门参与相关合同的论证、签订、审查和履行、变更、解除等，负责审查并履行合同支付职能，定期了解合同方的资信和履约能力，建立合同管理台账；项目执行成本原则上不得随意变更，因特殊情况需要调整时，须根据相应的批报程序，报原审核部门核定，按照先批准、后变更的原则进行处理。

同时，借鉴"全面造价管理"理念，实施全过程、全要素造价管理。全过程造价管理强调在建设工程策划决策及建设实施各阶段全覆盖造价管理机制或手段；全要素造价管理指在控制工程本身建造成本的同时，兼顾工期成本、质量成本、安全与环境成本，实现集成式成本控制管理。企业可以委托具备相应资质的中介机构开展造价咨询工作。

四、建设期收入管理

（一）政府投资项目的基建收入管理

对于政府投资项目而言，《基本建设财务规则》将其建设期内收入界定为

"基建收入"，指在基本建设过程中形成的各项工程建设副产品变价收入、负荷试车和试运行收入，以及其他收入。其中，工程建设副产品变价收入包括矿山建设中的矿产品收入，油气、油田钻井建设中的原油气收入，林业工程建设中的路影材收入，以及其他项目建设过程中产生或者伴生的副产品、试验产品的变价收入；负荷试车和试运行收入包括水利、电力建设移交生产前的供水、供电、供热收入，原材料、机电轻纺、农林建设移交生产前的产品收入，交通临时运营收入等；其他收入包括项目总体建设尚未完成或者移交生产，但其中部分工程简易投产而发生的经营性收入等。

符合验收条件而未按照规定及时办理竣工验收的经营性项目所实现的收入，不得作为项目基建收入管理。

政府投资项目所取得的基建收入中，扣除相关费用并依法纳税后，其净收入按照国家财务、会计制度的有关规定处理。项目发生的各项索赔、违约金等收入，首先用于弥补工程损失，结余部分按照国家财务、会计制度的有关规定处理。

（二）企业投资项目的建设期收入管理

企业投资项目在建设期内形成的收入，在现行适用法律及会计制度体系内无特别的规范性概念，其总体范畴可参考基建收入。具体建设期各类收入应根据具体收入性质，分别按《企业会计准则第14号——收入》等财经制度规定及时入账，及时办理结算，建立各项业务收入管理档案，明确应收账款责任，确保及时全额收回资金；不得账外设账，严禁收款不入账、设立"小金库"。根据现行税法有关规定，投资项目试生产、试运营期间的收入应依法进行企业所得税汇算清缴，且不得冲减工程建设成本。

房地产开发类投资项目中，商品房预售收入属于典型的建设期收入。根据《城市商品房预售管理办法》（建设部令第95号），该等预售所得的款项，必须用于有关的工程建设，县级以上政府住房和城乡建设管理部门负责制定相关制度并对商品房预售资金的收缴、使用实施监督。常见的管理机制和监管方式为，要求房地产开发企业在项目所在地银行机构设立"商品房预售资金专用存款账户"，账户内资金实行封闭式管理，有关支出应经监管银行审核。

五、工程价款结算管理

(一) 工程价款结算的概念

针对各类投资项目，工程价款结算均指依据对建设工程的发承包合同价款进行约定和依据合同约定进行工程预付款、工程进度款、工程竣工价款结算的活动。

项目建设单位（发包人）应当与工程承包人订立书面合同，对涉及工程价款结算的下列事项进行约定：预付工程款的数额、支付时限及抵扣方式；工程进度款的支付方式、数额及时限；工程施工中发生变更时，工程价款的调整方法、索赔方式、时限要求及金额支付方式；发生工程价款纠纷的解决方法；约定承担风险的范围和幅度以及超出约定范围和幅度的调整办法；工程竣工价款的结算与支付方式、数额及时限；工程质量保证（保修）金的数额、预扣方式及时限；安全措施和意外伤害保险费用；工期及工期提前或延后的奖惩办法；与履行合同、支付价款相关的担保事项。

(二) 工程价款结算与支付的程序

根据 2004 年《财政部 建设部关于印发〈建设工程价款结算暂行办法〉的通知》，2022 年财政部、住房和城乡建设部《关于完善建设工程价款结算有关办法的通知》等有关规定，项目建设单位应当严格按照合同约定和工程价款结算程序支付工程款。合同未作约定或约定不明的，发、承包双方应依照有关法律、法规和规章制度，有关部门发布的工程造价计价标准、计价办法等规定，以及补充协议、变更签证、现场签证等双方认可的其他有效文件，进行协商处理。依法实行监理的工程项目，工程价款结算过程中涉及监理工程师签证事项，应按工程监理合同约定执行。

关于预付款的结算与支付：包工包料工程的预付款按合同约定拨付，原则上预付比例不低于合同金额的 10%、不高于合同金额的 30%，重大工程项目按年度工程计划逐年预付；发包人应在双方签订合同后 1 个月内或不迟于约定的开工日期前的 7 天内预付工程款；预付的工程款必须在合同中约定抵扣方式，并在工程进度款中进行抵扣。

工程进度款的结算与支付包括"按月"和"分段"两种操作方式，工程建设过程中，发、承包双方应按合同约定的方法和时间对已完工程量进行动态确认，根据确定的工程计量结果，承包人向发包人提出支付工程进度款申请的14天内，发包人应按不低于工程价款的60%、不高于工程价款的90%向承包人支付工程进度款，但政府机关、事业单位、国有企业建设工程进度款支付应不低于已完成工程价款的80%。

工程完工后，双方应按照约定的合同价款、合同价款调整内容及索赔事项，进行工程竣工结算。承包人编制单项工程竣工结算报告后，发包人应按适用法律规定期限或合同约定期限内完成审查，给予确认或者提出修改意见；项目竣工总结算在最后一个单项工程竣工结算审查确认后15天内汇总，送发包人后30天或合同约定期限内审查完成。针对政府投资项目，竣工价款结算一般应当在项目竣工验收后2个月内完成，大型项目一般不得超过3个月。发包人应根据确认的竣工结算报告向承包人支付工程竣工结算价款，但预留不超过工程价款结算总额3%的质量保证金，待约定缺陷责任期到期后清算返还；资信好的施工单位可以用银行保函替代工程质量保证金。

投资建设项目发、承包人之间针对工程价款结算、支付发生争议的，可选择双方协商确定（和解）、按合同条款约定的办法提请调解，以及向有关仲裁机构申请仲裁或向人民法院起诉等途径解决。

（三）工程价款结算的监督管理

针对政府投资项目，项目主管部门应当会同财政部门加强工程价款结算的监督，重点审查工程招投标文件、工程量及各项费用的计取、合同协议、施工变更签证、人工和材料价差、工程索赔等。针对企业投资项目，项目所属行业的行政主管部门有权对本地各类建设工程的计价、结算、支付实施过程监督和备案管理。工程竣工后，发、承包双方未能及时办清工程竣工结算的，工程不得交付使用，有关部门不予办理权属登记。

六、竣工财务决算管理

（一）竣工财务决算的概念

针对政府投资项目，竣工财务决算是正确核定项目资产价值、反映竣工项目建设成果的文件，是办理资产移交和产权登记的依据。根据 2016 年财政部《基本建设项目竣工财务决算管理暂行办法》等政策规定，竣工财务决算主要包括竣工财务决算报表、竣工财务决算说明书、竣工财务决（结）算审核情况及相关材料。部分行业领域的适用法律规定，竣工财务决算中还应包含工程竣工图、工程造价对比分析等内容。

依据《企业财务通则》，企业投资项目也应当在交付使用后一个年度内办理竣工决算，具体决算编制、审核及应用机制由项目法人企业内部管理制度确定。

（二）竣工财务决算的编制

政府投资项目竣工后，项目建设单位应当及时编制项目竣工财务决算，并按照规定报送项目主管部门，项目设计、施工、监理等单位应当配合项目建设单位做好相关工作。建设周期长、建设内容多的大型项目，单项工程竣工具备交付使用条件的，可以编报单项工程竣工财务决算，项目全部竣工后应当编报竣工财务总决算。具体而言，项目完工可投入使用或者试运行合格后，应当在 3 个月内编报竣工财务决算；特殊情况确需延长的，中小型项目不得超过 2 个月，大型项目不得超过 6 个月。

在编制项目竣工财务决算前，项目建设单位应当认真做好各项清理工作，包括账目核对及账务调整、财产物资核实处理、债权实现和债务清偿、档案资料归集整理等。项目建设单位要认真执行有关财务核算办法，严肃财经纪律，实事求是地编制基本建设项目竣工财务决算，做到编报及时，数字准确，内容完整。其中，竣工财务决算报表、竣工财务决算说明书应按有关政策规定体例编制；竣工财务决算应汇总项目全部基本建设支出，其中的待摊投资支出应按合理比例分摊计入交付使用资产价值、转出投资价值和待核销基建支出。

企业投资项目竣工财务决算的编制，由项目法人企业的投融资管理、预算管理、财务管理等制度加以明确和规范。

（三）竣工财务决算的审核与批复

政府投资项目竣工财务决算的审核、批复管理职责和程序要求由同级财政部门确定。财政部门和项目主管部门对项目竣工财务决算实行先审核、后批复的办法，可以委托预算评审机构或者有专业能力的社会中介机构进行审核。对符合条件的，应当在6个月内批复。经营性项目的项目资本金中，财政资金所占比例未超过50%的，项目竣工财务决算可以不报财政部门或者项目主管部门审核批复。

财政部门和项目主管部门审核项目竣工财务决算时，应重点审查工程价款结算与支付情况、待摊费用支出情况、概（预）算执行情况、项目资金使用情况、建设过程中历次检查和审计所提出重大问题的整改落实情况、竣工财务决算内容质量、尾工工程及预留费用情况、项目履行基本建设程序的情况等。

项目竣工财务决算审核批复环节中审减的概算内投资，按投资来源比例归还投资者。项目主管部门应当加强对尾工工程建设资金监督管理，督促项目建设单位抓紧实施尾工工程，及时办理尾工工程建设资金清算和资产交付使用手续。

企业投资项目竣工财务决算审查机制，根据项目法人企业的投融资管理、财务管理及审计制度加以明确和规范。根据财政部颁布的《企业内部控制应用指引第11号——工程项目》等要求，企业应当组织审核竣工决算并加强竣工决算审计，未实施竣工决算审计的工程项目不得办理竣工验收手续。

七、结余资金管理

（一）政府投资项目结余资金管理

政府投资项目结余资金是指项目竣工结余的建设资金，不包括工程抵扣的增值税进项税额资金。根据《基本建设财务规则》等有关规定，建设项目在编制竣工财务决算前要认真清理结余资金，结余资金最终额度由项目主管部门或财政部门批复的项目竣工财务决算确定。建设周期长、建设内容多的大型项目，单项工程竣工财务决算可单独报批，单项工程结余资金在整个项目竣工财务决算中一并处理。

政府投资项目的结余资金，按经营性项目和非经营性项目区别处理。具体项目的经营性和非经营性性质划分，由项目主管部门会同财政部门根据项目建设目的、运营模式和盈利能力等因素核定。核定为经营性项目的，结余资金转入单位的相关资产。核定为非经营性项目的，结余资金首先用于归还项目贷款，如仍有结余，其中按照项目资金来源属于财政资金的部分，依照预算管理制度有关规定收回财政。项目终止、报废或者未按照批准的建设内容建设形成的剩余建设资金中，按照项目实际资金来源比例确认的财政资金应当收回财政。

（二）企业投资项目结余资金管理

企业投资项目在竣工决算时确认的结余资金，来源于企业自有资金的，根据企业财务制度或内部决策，确定资金划转去向、用途及会计处理方式；来源于固定资产贷款（自主支付机制下账户余额）或其他外源性债务融资的，按贷款合同或相关融资协议约定处理。

国内各类上市公司募集资金投资项目存在结余资金的，应依照证券交易所颁布的监管要求、规范运作指引等适用法规政策，规范使用和管理该等资金，并按要求落实信息披露。

第三节　政府投资资金管理

政府投资资金按项目安排，以直接投资方式为主，对确需支持的经营性项目，主要采取资本金注入方式，也可以适当采取投资补助、贷款贴息等方式。

一、资金下达

（一）投资计划下达（预算编制）

根据财政部颁发的《预算管理一体化规范（试行）》（财办〔2020〕13号），资金下达统一执行"先有项目再安排预算"原则，即具备实施条件的项目由业务主管部门经评审论证和内部审批程序后，统一报财政部门，财政部门审核通过的项目，进入预算储备项目库。进入项目库的项目才可以根据项目进度编制资金使用计划（编制预算），申请资金拨付。

根据《政府投资条例》，国家发展改革委对其负责安排的政府投资编制政府投资年度计划，国务院其他有关部门对其负责安排的本行业、本领域的政府投资编制政府投资年度计划，县级以上人民政府有关部门按照本级人民政府的规定编制政府投资年度计划。政府投资年度计划应当和本级预算相衔接。财政部门应当根据经批准的预算，按照法律、行政法规和国库管理的有关规定，及时、足额办理政府投资资金拨付。

（二）资金拨付

政府投资资金为国家预算资金，其资金拨付应遵循《预算法》《预算管理一体化规范（试行）》等相关法律及财务制度。各级政府财政部门对预算资金拨付的管理要遵循《预算法实施条例》规定的基本原则：（1）按照预算拨付，即按照批准的年度预算和用款计划拨付资金；（2）按照规定的预算级次和程序拨付，即根据用款单位的申请，按照用款单位的预算级次、审定的用款计划和财政部门规定的预算资金拨付程序拨付资金；（3）按照进度拨付，即根据用款单位的实际用款进度拨付资金。

财政资金按照国库集中支付制度有关规定和合同约定，综合考虑项目财政资金预算、建设进度等因素进行拨付和管理。各级国库根据《国家金库条例》《国家金库条例实施细则》，凭本级政府财政部门签发的拨款凭证或者支付清算指令，于财政部门通知拨款的当日将款项转入或汇往有关单位在银行的存款账户。只办理转账，不支付现金。

中央预算支出采取实拨资金和限额管理两种方式。中央级行政事业经费，实行限额管理。地方预算支出，采用实拨资金的方式；如果采用限额管理，财政应随限额拨足资金，不由银行垫款。

二、日常管理

（一）基本要求

根据《基本建设财务规则》，项目建设单位取得的财政预算资金，区分以下情况处理：经营性项目具备企业法人资格的，按照国家有关企业财务规定处理。不具备企业法人资格的，属于国家直接投资的，作为项目国家资本管理；属于投资补助的，国家拨款时对权属有规定的，按照规定执行，没有规定的，由项目投资者享有；属于有偿性资助的，作为项目负债管理。经营性项目取得的财政贴息，项目建设期间收到的，冲减项目建设成本；项目竣工后收到的，按照国家财务、会计制度的有关规定处理。非经营性项目取得的财政资金，按照国家行政、事业单位财务、会计制度的有关规定处理。

（二）全面实施预算绩效管理

2018 年《中共中央 国务院关于全面实施预算绩效管理的意见》明确要求，政策和项目全面纳入绩效管理，从数量、质量、时效、成本、效益等方面，综合衡量政策和项目预算资金使用效果。对实施期超过一年的重大政策和项目实行全周期跟踪问效，建立动态评价调整机制。财政部门、项目主管部门根据设定的项目绩效目标，运用科学合理的评价方法和评价标准，对项目建设全过程中资金筹集、使用及核算的规范性、有效性，以及投入运营效果等进行评价。

（三）不同方式投资资金的管理

1. 直接投资资金

非经营性项目的直接投资应依据《政府会计准则》《政府会计制度——行政事业单位会计科目和报表》进行财务核算。收到预算内直接投资资金的建设单位，按照政府会计制度将该资金确认为"财政拨款收入"，最终结转到净资产类相关科目。

2. 资本金注入资金

经营性投资项目应由企业作为项目法人，实行独立核算、自负盈亏。因此，以资本金注入方式安排的财政预算资金，项目建设单位收到该资金时，需要按权益类科目进行财务核算。当项目资本金等于所设公司注册资本时，收到的资本金注入资金确认为政府出资人代表缴纳的注册资本，计入"实收资本"核算；当项目资本金超过所设公司注册资本时，收到的资本金注入资金对应注册资本的部分计入"实收资本"核算，超出部分计入"资本公积"核算。

中央预算内投资所形成的资本金属于国家资本金，由政府出资人代表行使所有者权益，依据《企业会计准则第 2 号——长期股权投资》作为项目的权益投资进行会计处理。根据《中央预算内投资资本金注入项目管理办法》，政府出资人代表原则上应为国有资产管理部门、事业单位、国有或国有控股企业。政府出资人代表对项目建成后中央预算内投资形成的国有产权，根据《公司法》、国有资产有关法律法规及项目法人章程规定，行使有关权利并履行相应义务。

3. 投资补助和贴息资金

中央预算内投资补助是指国家发展改革委对符合条件的地方政府投资项目和企业投资项目给予的投资资金补助。中央预算内投资贴息是指国家发展改革委对符合条件，使用了中长期贷款的投资项目给予的贷款利息补贴。投资补助、贴息资金均为无偿投入。根据《企业会计准则第 16 号——政府补助》，与资产相关的政府补助，应当冲减相关资产的账面价值或确认为递延收益；与企业日常活动相关的政府补助，应当按照经济业务实质，计入其他收益或冲减相关成本费用。

财政将贴息资金拨付给贷款银行，由贷款银行以政策性优惠利率向企业提供贷款的，一是以实际收到的借款金额作为借款的入账价值，按照借款本金和该政策性优惠利率计算相关借款费用；二是以借款的公允价值作为借款的入账价值并按照实际利率法计算借款费用，实际收到的金额与借款公允价值之间的差额确认为递延收益；选择了上述两种方法之一后，应当一致地运用，不得随意变更。财政将贴息资金直接拨付给企业，企业应当将对应的贴息冲减相关借款费用。

4. 地方政府债券

地方各级预算按照量入为出、收支平衡的原则编制，不列赤字。经国务院批准的省、自治区、直辖市的预算中必需的建设投资的部分资金，可以在国务院确定的限额内，通过发行地方政府债券举借债务的方式筹措。省、自治区、直辖市依照国务院下达的限额举借的债务，列入本级预算调整方案，报本级人民代表大会常务委员会批准。举借的债务应有偿还计划和稳定的偿还资金来源，只能用于公益性资本支出，不得用于经常性支出。地方各级财政部门依据预算调整方案及专项债券发行规定的预算科目和用途，使用专项债券资金。

三、资金调整

项目建设单位应当严格执行项目财政资金预算。对发生停建、缓建、迁移、合并、分立、重大设计变更等变动事项和其他特殊情况确需资金调整的项目，项目建设单位应当按照规定程序报项目主管部门审核后，向财政部门申请调整项目财政资金预算。项目财政资金未按预算要求执行的，将调减或者收回。

对于采用直接投资、资本金注入、投资补助和贴息等不同方式安排的中央预算内投资资金，其调整方式和程序也有较大区别。

（一）直接投资项目资金调整

直接投资项目主要通过概算调整的方式来调整资金安排，包括概算调增（减）和概算构成调整。直接投资项目由于政策调整、价格上涨、地质条件发生重大变化等原因，项目确需调整投资概算的，由项目单位提出调整方案，按照规定程序报原概算核定部门核定。申请调整概算的项目，对于使用预备费可以解决的，应不予调整概算；对于确需调整概算的，可进行评审后核定调整。概算调增幅度超过原批复概算百分之十的，概算核定部门原则上先商请审计机关进行审计，并依据审计结论进行概算调整。

（二）资本金注入项目资金调整

资本金注入项目建设投资原则上不得超过经核定的投资概算。因国家政策调整、价格上涨、地质条件发生重大变化等原因确需增加投资概算的，项目法人提出调整方案及资金来源，按照规定的程序报原初步设计审批部门或者投资概算核定部门核定。申报调整概算时，如果需要追加中央预算内投资的，须报经国家发展改革委同意。因增加投资概算拟变更运营补贴、政府付费、使用者付费等其他支持事项、合作条件的，应当征得相关主管部门同意。

（三）补助和贴息项目资金调整

项目的投资补助和贴息金额原则上应当一次性核定，对于已经足额安排的项目，不得重复申请。同一项目原则上不得重复申请不同专项资金。因不能开工建设或者建设规模、标准和内容发生较大变化等情况，导致项目不能完成既定建设目标的，项目单位和省级发展改革部门应当及时报告情况和原因，国家发展改革委可以根据具体情况进行相应调整。根据国家发展改革委《关于进一步规范打捆切块项目中央预算内投资计划管理的通知》，由省级发展改革部门分解的打捆、切块项目，如调整后项目仍在原打捆、切块专项内的，由省级发展改革部门进行调整，调整结果应当及时报国家发展改革委备案；如调整到其他打捆、切块专项的项目，或调整为国家发展改革委直接下达具体项目的，应由省级发展改革部门报国家发展改革委进行调整。打捆、切块项目投资计划不能跨省（区、市）调整。

为充分发挥政府投资资金的引导带动作用，加强和改进中央预算内投资资金管理工作，国家发展改革委对于不同用途和领域的专项资金分别出台了中央预算内投资专项管理办法，在下达投资计划的同时明确投资方式和资金调整制度。

（四）地方政府专项债券资金调整

地方政府专项债券发行后确需调整债券资金用途的，按照 2021 年财政部发布的《地方政府专项债券用途调整操作指引》，地方财政部门按程序报批，经省级人民政府或省级人大常委会批准后实施，并应及时披露相关信息。专项债券资金使用，坚持以不调整为常态、调整为例外。专项债券支持的项目结余资金，由财政收回用于偿还相应项目的债务本金和利息。

第四节　投资项目资产管理

投资项目的资产管理，是指各项目建设单位对其所使用或控制的资产，依据法律法规和单位制度规定进行经营和管理，实现项目资产稳定有效运行。资产交付使用后，通常需要根据不同的资金来源和投资单位性质进行权属管理，也会基于监督管理和经济活动的需要对资产进行价值管理。

一、资产形成与产权管理

（一）投资项目的资产形成

投资项目的资产形成是指将建设投资中的各分项分别形成固定资产、无形资产、流动资产。按项目建设单位性质办理产权登记和进行产权管理。

1. 投资项目的资产确认

投资项目的资产确认，是指将建设投资中符合资产定义并满足一定条件的资源确认为资产。如果资产的各组成部分具有不同使用年限或者以不同方式提供产品或服务，应当将各组成部分分别确认为单项资产。依据资产的所有权、占有权、使用权归属分类，投资项目的资产可以分为企业资产和行政事业性国有资产。

（1）企业资产

企业资产是指企业拥有或控制的能以货币计量的经济资源。如果在建工程已达到预定可使用状态，但尚未办理竣工决算的，自达到预定可使用状态之日起，根据工程预算、造价或者工程实际成本等，按估计的价值形成固定资产，待办理竣工决算后，再按实际成本调整原来的估计价值。如果购买现有资产，应当在达到可使用状态时形成固定资产。依据《企业会计准则》，应将符合无形资产定义并符合无形资产确认条件的资源确认为无形资产入账。

（2）行政事业性国有资产

行政事业性国有资产是指各级行政事业单位占有、使用的，依法确认为国家所有，能以货币计量的各种经济资源的总称。各部门及其所属单位采用建设方式配置资产的，应当在建设项目竣工验收合格后及时办理资产交付手续，并在规定期限内办理竣工财务决算，期限最长不得超过 1 年。各部门及其所属单位对已交付但未办理竣工财务决算的建设项目，应当按照国家统一的会计制度确认资产价值。《行政事业性国有资产管理条例》规定：各部门及其所属单位对无法进行会计确认入账的资产，可以根据需要组织专家参照资产评估方法进行估价，并作为反映资产状况的依据。

2. 投资项目的资产计量

投资项目的资产计量是指用货币来确认各类资产的入账价值。

依据《企业会计准则》，投资外购的固定资产成本应包括购买价款、相关税费，使固定资产达到预定可使用状态前所发生的可归属于该项资产的运输费、装卸费、安装费和专业人员服务费等。投资建造的固定资产成本应由建造该项资产达到预定可使用状态前所发生的必要支出构成，包括建筑安装工程投资、设备投资、待摊投资、其他投资等支出。

依据《企业会计准则》，投资外购的无形资产成本应包括购买价款、相关税费，以及直接归属于使该项资产达到预定用途所发生的其他支出。投资自行研发的无形资产成本应包括自满足《企业会计准则》规定的确认条件后至达到预定用途前所发生的支出总额，但是对于以前期间已经费用化的支出不再调整。

参照《建设项目经济评价方法与参数（第三版）》，流动资产应包括存货、库存现金、应收账款和预付账款。其他资产主要包括长期待摊费用和其他长期资产。

（二）投资项目的产权管理

投资项目的产权管理是为了达成项目最佳目标而对资产产权进行有效控制和支配的活动。产权管理是投资项目形成资产之后的重要工作，高效的产权管理有助于提供资产的完整信息、改进财务绩效、促进项目的可持续性。产权按具体实现形态可以分为所有权、占有权、使用权、收益权和处置权等，产权管理要明确出资人、资产使用人、资产收益人等权益和责任主体。国有投资项目要按照国有资产监督管理的有关要求，建立现代产权制度，加强项目产权管理，并按照以下框架组织产权管理活动。

1. 构建现代企业制度、完善企业法人治理结构

投资项目应根据"产权清晰、权责明确、政企分开、管理科学"的原则，按照《公司法》《企业国有资产法》等法律法规，构建现代企业制度，完善企业法人治理结构，明确相关主体的权利和责任，健全企业资产经营管理者激励约束机制。

2. 重视产权登记、资产评估工作

产权登记和资产评估是产权管理重要的基础性工作，也是建立现代产权制度的基础。产权登记的主要作用是依法确认资产权属关系，企业通过产权登记取得的资产产权登记表证是确认企业产权归属的法律凭证。占有资产的企业在对外投资、资产划转、产权转让、合并分立、企业改制等经济活动中，要严格按照有关规定办理产权登记。资产评估是维护产权合法权益的重要手段，评估结果是资产作价的基础依据。占有资产的企业发生产权变动行为时应当认真做好资产评估工作，聘请具有相应资质的评估机构进行资产评估，并按照规定程序办理核准和备案手续。

3. 规范国有产权转让行为，防止国有资产流失

在国有资本合理流转过程中，严格规范企业国有产权转让行为，加强对产权转让的全过程管理。一是要严格履行内部决策和审批程序；二是要按规定做好清产核资、财务审计和资产评估，并以评估值作为转让价格的参考依据；三是要坚持产权转让进入市场并公开披露有关转让信息，广泛征集受让方，杜绝暗箱操作；四是要选取适当的转让方式，确保国有资产不流失；五是要注意保护职工权益；六是要及时进行转让鉴证和产权变更登记，做好转让收益管理。

4. 大力发展股份制，优化企业产权结构

股份制是公有制的主要实现形式，也是提高国有资本运营效率的有效途径。从搞活国有企业、大力发展混合所有制经济要求出发，加快股份制改革步伐，促进形成不同产权主体间多元投资、互为补充的产权结构，提高国有资本的控制力。在股份制改革中，各国有企业要严格按照有关规定做好行为审批、清产核资、资产评估、股权界定等各项工作；股份公司设立后，国有企业要严格履行股东职责，正确行使股东权利，认真做好股权收益收缴等工作。

5. 加强监督管理工作，实现资产保值增值

依据《企业国有资产监督管理暂行条例》，国有资产监督管理机构根据授权，依法履行出资人职责，对企业国有资产进行监督管理。国有资产监督管理机构应依法对所出资企业财务进行监督，建立和完善国有资产保值增值指标体系，维护国有资产出资人的权益；国有及国有控股企业应当加强内部监督和风险控制，依照国家有关规定建立健全财务、审计、企业法律顾问和职工民主监督等制度；国有独资企业、国有独资公司应当按照规定定期向国有资产监督管理机构报告财务状况、生产经营状况和国有资产保值增值状况。

二、资产交付管理

（一）资产交付管理的概念

资产交付是投资项目从项目建设到投入运营（使用）的转折点，是项目开始发挥经济效益和社会效益的起点。资产交付的及时性、准确性、完整性对于经营性项目能否取得既定投资收益，对于非经营性项目能否发挥既定效益都至关重要。

根据《基本建设财务规则》（2017年修正），资产交付是指项目竣工验收合格后，将形成的资产交付或者转交生产使用单位的行为。交付使用资产包括固定资产、流动资产、无形资产等。资产交付的重要前置条件是施工单位与建设单位之间的竣工验收。《民法典》规定，建设工程竣工经验收合格后，方可交付使用；未经验收或者验收不合格的，不得交付使用。

资产交付的过程也是形成交付使用资产的过程，交付使用资产属于会计成本科目，是建设单位和使用单位记账的依据。在资产交付环节，建设单位要清点各项资产数量，落实各项资产实际成本，根据有关投资科目的明细进行编制和记录。

（二）资产交付的时间节点及程序

资产交付是指项目竣工验收合格后，将形成的资产交付或者转交生产使用单位的行为。项目竣工验收合格后应当及时办理资产交付使用手续，并依据批复的项目竣工财务决算进行账务调整。因此，基本建设项目资产交付时间节点为项目竣工验收合格后，凭项目验收报告进行交付。

针对建设周期长、建设内容多的大型项目，单项工程竣工具备交付使用条件的，可以编报单项工程竣工财务决算并进行资产交付，避免因基本建设项目建设周期长而先行完工的资产建设项目迟迟不予验收或交付导致的账实不符等情况。基本建设项目要进行竣工财务决算报表的审计，并取得上级主管部门对竣工财务决算报表的复核批复。如果资产已经交付，竣工财务决算审计报告以及上级主管部门复核要求对项目竣工财务决算报表进行纠正和调整的，项目已交付资产应当同时进行资产卡片和账务的调整。

在项目资产交付过程中，主要以项目实施部门、使用部门、资产管理部门为主，监管部门履行监督职责，根据资产管理有关制度，对照项目交付资产清单，结合施工合同、采购合同等，进行数量、品牌、规格型号、使用说明等方面的核实、清点和确认，然后由财务部门和资产部门同步进行资产入账登记。

（三）交付使用资产的财务管理

交付使用资产作为会计科目是在建设项目全部完成时使用，先将建设项目全部转入该科目，然后将待摊费用分配到各个资产后，再从该科目转入固定资产科目。竣工决算环节有"交付使用资产明细表"，使用单位留存，作为登记固定资产、流动资产、无形资产和递延资产的依据；建设单位留存，作为"交付使用资产"科目的依据。

1. 政府投资项目资产交付

非经营性项目发生的江河清障疏浚、航道整治、飞播造林、退耕还林（草）、封山（沙）育林（草）、水土保持、城市绿化、毁损道路修复、护坡及清理等不能形成资产的支出，以及项目未被批准、项目取消和项目报废前已发生的支出，作为待核销基建支出处理；形成资产产权归属本单位的，计入交付使用资产价值；形成资产产权不归属本单位的，作为转出投资处理。

非经营性项目发生的农村安全饮水工程、农村危房改造工程、游牧民定居工程、渔民上岸工程等涉及家庭或者个人的支出，形成资产产权归属家庭或者个人的，作为待核销基建支出处理；形成资产产权归属本单位的，计入交付使用资产价值；形成资产产权归属其他单位的，作为转出投资处理。

非经营性项目为项目配套建设的专用设施，包括专用道路、专用通信设施、专用电力设施、地下管道等，产权归属本单位的，计入交付使用资产价值；产权不归属本单位的，作为转出投资处理。

非经营性项目移民安置补偿中由项目建设单位负责建设并形成的实物资产，产权归属集体或者单位的，作为转出投资处理；产权归属移民的，作为待核销基建支出处理。项目取消和报废等不能形成资产的支出，以及设备采购和系统集成（软件）中包含的交付使用后运行维护等费用，按照国家财务、会计制度的有关规定处理。

经营性项目为项目配套建设的专用设施，包括专用铁路线、专用道路、专用通信设施、专用电力设施、地下管道、专用码头等，项目建设单位应当与有关部门明确产权关系，并按照国家财务、会计制度的有关规定处理。

2. 企业投资项目资产交付

企业投资项目资产交付管理应参照政府投资项目执行。《企业会计通则》规定，企业在建工程项目交付使用后，应当在一个年度内办理竣工决算。竣工决算完成之前，达到预定可使用状态的工程项目需要暂估入账，属于会计估计，应合理充分地估计资产价值。已达到预定可使用状态但尚未办理竣工决算的固定资产，应当按照估计价值确定其成本，并计提折旧；待办理竣工决算后，再按实际成本调整原来的暂估价值，但不需要调整原已计提的折旧额。

（四）房地产项目分户交付和物业管理

1. 房地产项目分户交付

住宅房地产在投入使用之前，应首先进行分户验收，再进行整体竣工验收。房地产开发项目的设计、施工，必须符合国家的有关标准和规范。《城市房地产管理法》规定，房地产开发项目竣工，经验收合格后，方可交付使用。住房城乡建设部颁布的《关于做好住宅工程质量分户验收工作的通知》要求，住宅工程整体竣工验收前先进行分户验收，分户验收合格后，建设单位必须按户出具《住宅工程质量分户验收表》，并作为《住宅质量保证书》的附件，一同交给住户。分户验收不合格，不能进行住宅工程整体竣工验收。另外，许多城市实施房地产交付使用备案制度，房地产开发企业完成竣工验收后去相关政府部门办理备案，完成备案后分户交付购房者，并将公共区域和公共设施交付物业管理公司。

2. 房地产项目物业管理

房地产项目交付使用阶段一个重要的参与方是物业管理企业。《物业管理条例》规定，物业管理是指业主通过选聘物业服务企业，由业主和物业服务企业按照物业服务合同约定，对房屋及配套的设施设备和相关场地进行维修、养护、管理，维护物业管理区域内的环境卫生和相关秩序的活动。通常情况下，负责选聘物业服务企业的业委会在交付使用阶段尚未成立，因此《物业管理条例》提出了"前期物业管理"的概念，即由建设单位选聘物业服务企业。建设单位与物业买受人签订的买卖合同应当包含前期物业服务合同约定的内容。物业服务企业承接物业时，应当对物业共用部位、共用设施设备进行查验。

前期物业管理参与物业共有部位、共用设施设备的查验，不仅是为未来提供优质服务奠定基础，也是代表物业买受人对公共资产的验收和接管。随着物业管理理念的提升，前期物业管理有进一步向前延伸的趋势，提出了"物业管理从图纸开始"的理念，也就是将物业管理的思想注入物业的规划、设计、施工进程中，提出设计和施工方面存在的问题和解决的办法，从而减少物业返修工作量，确保物业使用质量，为日后漫长的物业管理奠定基础。

三、审计与资产评估

在资产全生命周期管理过程中，通常会基于监督管理的需要，根据企业会计准则及会计核算、披露的有关要求，进行审计和资产评估。

（一）投资项目资产管理中的审计

从国内外审计的历史和现状来看，审计按不同主体划分为政府审计、内部审计和注册会计师审计，并相应地形成了三类审计组织机构，共同构成审计监督体系。

政府审计，是指审计机关依法独立检查被审计单位的会计凭证、会计账簿、财务会计报告，以及其他与财政收支、财务收支有关的资料和资产，监督财政收支、财务收支真实、合法和效益的行为。

内部审计，是由各单位内部设置的专门机构或人员实施的审计。内部审计是对本单位及所属单位财政财务收支、经济活动、内部控制、风险管理实施独立、客观的监督、评价和建议，以促进单位完善治理、实现目标的活动。

注册会计师审计，是由经政府有关部门审核批准的注册会计师组成的会计师事务所依法接受委托、独立执业、有偿为社会提供专业服务的活动。

1. 政府审计要求

根据《审计法实施条例》，有关资产管理中的政府审计监督主要包括：

（1）审计机关对政府投资和以政府投资为主的建设项目的预算执行情况和决算、对其他关系国家利益和公共利益的重大公共工程项目的资金管理使用和建设运营情况进行审计监督。对建设项目进行审计时，可以对直接有关的设计、施工、供货等单位取得建设项目资金的真实性、合法性进行调查。

（2）审计机关对国有资源、国有资产进行审计监督。

（3）审计机关对国际组织和外国政府援助、贷款项目的财务收支进行审计监督。

对国有资产单位的审计要求，通常有：

（1）审计监督全覆盖。国有资产单位要按照国家法律法规建立国有资产管理的审计制度，厘清政府审计、出资人审计和单位内部审计之间的职责分工，实现对单位国有资产审计监督全覆盖。

（2）开展经济责任审计。政府审计机构对国有单位领导人员履行经济责任情况审计，包括离任必审、任中审计、任期轮审等，实现任期内至少一次的经济责任审计。

（3）进行国有单位经常性审计。政府审计机构对国有单位重大财务异常、重大资产损失及风险隐患、境外资产等开展专项审计，对重大决策部署和投资项目、重要专项资金等开展跟踪审计。

2. 内部审计工作

资产管理单位依照有关法律法规、内部审计工作规定和内部审计职业规范，结合本单位实际情况，建立健全党委（党组）、董事会（或主要负责人）领导下的内部审计工作制度，明确内部审计工作的领导体制、职责权限、人员配备、经费保障、审计结果运用和责任追究等，构建符合资产监管要求和公司治理需要的内部审计制度体系。

内部审计机构应当按照国家有关规定和本单位的要求，履行下列职责：

（1）对本单位及所属单位贯彻落实国家重大政策措施情况进行审计；

（2）对本单位及所属单位发展规划、战略决策、重大措施及年度业务计划执行情况进行审计；

（3）对本单位及所属单位财政财务收支进行审计；

（4）对本单位及所属单位固定资产投资项目进行审计；

（5）对本单位及所属单位的自然资源资产管理和生态环境保护责任的履行情况进行审计；

（6）对本单位及所属单位的境外机构、境外资产和境外经济活动进行审计；

（7）对本单位及所属单位经济管理和效益情况进行审计；

（8）对本单位及所属单位内部控制与风险管理情况进行审计；

（9）对本单位内部管理的领导人员履行经济责任情况进行审计；

（10）协助本单位主要负责人督促落实审计发现问题的整改工作；

（11）对本单位所属单位的内部审计工作进行指导、监督和管理；

（12）国家有关规定和本单位要求办理的其他事项。

3. 注册会计师承办的审计事项

资产管理单位可以根据法律法规要求和本单位需要委托注册会计师承办如下审计事项：

（1）审查单位的财务报表，出具审计报告；

（2）针对单位内部控制设计与运行的有效性进行审计，出具审计报告；

（3）验证企业资本，出具验资报告；

（4）办理单位合并、分立、清算事宜中的审计业务，出具有关报告；

（5）法律、行政法规规定的其他审计、鉴证业务。

（二）投资项目资产管理中的资产评估

资产评估是指评估机构及其评估专业人员根据委托对不动产、动产、无形资产、企业价值、资产损失或者其他经济权益进行评定、估算，并出具评估报告的专业服务行为。资产管理过程中，资产评估事项主要有如下几种情况。

1. 应当进行资产评估的行为

根据《国有资产评估管理办法》《国有资产评估管理若干问题的规定》

《中央行政事业单位国有资产处置管理办法》，单位有下列行为之一的，应当对相关国有资产进行评估，并按照国有资产评估管理有关规定进行核准或者备案：

（1）整体或部分改建为有限责任公司或者股份有限公司；

（2）以非货币资产对外投资；

（3）合并、分立、清算；

（4）除上市公司以外的原股东股权比例变动；

（5）除上市公司以外的整体或者部分产权（股权）转让；

（6）资产转让、置换、拍卖；

（7）整体资产或者部分资产租赁给非国有单位；

（8）确定涉讼资产价值；

（9）法律、行政法规规定的其他需要进行评估的事项。

国有资产占用单位有下列行为之一的，应当对相关非国有资产进行评估，并按照国有资产评估管理有关规定进行核准或者备案：

（1）收购非国有资产；

（2）与非国有单位置换资产；

（3）接受非国有单位以实物资产偿还债务。

其他非国有资产占用单位有上述行为时，当事人认为需要的，可以进行资产评估。

2. 可以不进行资产评估的行为

（1）经各级人民政府及其授权部门批准，对整体企业或者部分资产实施无偿划转。

（2）国有独资企业、行政事业单位下属的独资企业（事业单位）之间的合并、资产（产权）划转、置换和转让。

（3）《中央行政事业单位国有资产处置管理办法》规定，国家设立的中央级研究开发机构、高等院校将其持有的科技成果转让给国有全资企业的，可以不进行资产评估；转让给非国有全资企业的，由单位自主决定是否进行资产评估；通过协议定价的，应当在本单位公示科技成果名称和拟交易价格。

3. 会计准则要求的评估事项

《企业会计准则第 8 号——资产减值》要求，企业应当在资产负债表日判断资产是否存在可能发生减值的迹象。资产存在减值迹象的，应当估计其可收回金额。此时，会计核算单位需要委托评估机构开展以财务报告为目的的资产和负债公允价值或者特定价值评估。

附录 2：中国投资建设大事记（1978—2022 年）

1978 年

7 月 6 日至 9 月 9 日，国务院召开务虚会，研究如何加快我国四个现代化建设进度的问题，提出要放手利用国外资金，大量引进国外先进技术设备。

12 月 18 日至 22 日，党的十一届三中全会在北京召开，作出把党和国家工作中心转移到经济建设上来、实行改革开放的历史性决策。

12 月 23 日，上海宝山钢铁总厂举行动工典礼。

1979 年

1 月 31 日，中共中央、国务院决定在广东蛇口建立全国第一个对外开放工业区——蛇口工业区。7 月 2 日，蛇口炸山填海，被称为中国改革开放的"第一炮"。

4 月 20 日，国家建委发布《关于基本建设推行合同制的意见》，提出"采取经济办法，充分运用合同制来管理基本建设"。

7 月 1 日，五届全国人大二次会议通过《中华人民共和国中外合资经营企业法》。

8 月 28 日，国务院批转国家计委、国家建委、财政部《关于基本建设投资试行贷款办法的报告》《基本建设贷款试行条例》，决定将基本建设投资逐步由财政拨款改为银行贷款，由中国人民建设银行负责办理，简称"拨改贷"。同时将建设银行升格为国务院直属单位，由国家建委、财政部代管，以财政部为主。

9 月 13 日，五届全国人大常委会第十一次会议原则通过《中华人民共和国环境保护法（试行）》。

1980 年

4 月 17 日，国际货币基金组织（IMF）理事会正式恢复我国的代表权。

5 月 4 日，国家建委、国家计委、财政部等发布《关于扩大国营施工企业经营管理自主权有关问题的暂行规定》。

5 月 15 日，世界银行执行董事会正式恢复我国在世界银行、国际开发协会和国际金融公司的代表权。

11 月 18 日，国务院批转国家计委、国家建委、财政部和中国人民建设银行《关于实行基本建设拨款改贷款的报告》，决定从 1981 年起，凡是实行独立核算、有还款能力的企业，进行基本建设所需要的投资，除尽量利用企业自有资金外，一律改为银行贷款。"拨改贷"实施力度进一步加大。

1981 年

1 月 21 日，国务院发布《技术引进和设备进口工作暂行条例》，规定所有技术引进和设备进口项目都要编制项目建议书和可行性研究报告。

5 月 11 日，国家计委、国家建委、国家经委、国务院环境保护领导小组颁发《基本建设项目环境保护管理办法》。

12 月 15 日，国家建委、财政部、国家劳动总局、中国人民建设银行发布《关于施工企业推行经济责任制的若干规定》，要求尚未实行独立核算的施工单位，逐步改为独立核算盈亏的经济单位，并实行经济责任制。

1982 年

3 月 8 日，五届全国人大常委会第二十二次会议通过关于国务院机构改革问题的决议，决定撤销国家建委，将其主管的业务分别划归新组建的城乡建设环境保护部和国家计委等。

4 月 5 日，为适应国际金融组织向我贷款，更有效地利用外资，开展工程技术咨询服务工作，并向海外承揽工程咨询业务，国家进出口管理委员会批准成立中国国际工程咨询公司。

9 月 1 日，中国共产党第十二次全国代表大会在北京召开。邓小平在开幕词中第一次提出了"建设有中国特色的社会主义"这一崭新命题。

12 月 15 日，国务院发布《国家能源交通重点建设基金征集办法》。

1983 年

2 月 2 日，国家计委发布《关于建设项目进行可行性研究的试行管理办法》，明确可行性研究是建设前期工作的重要内容，是基本建设程序的组成部分。

3 月 3 日，国家计委、国家经委、劳动人事部、中国人民建设银行发布《基本建设项目包干经济责任制试行办法》，要求凡是列入国家计划的项目，都要逐步实行建设包干经济责任制。

3 月 15 日，国务院办公厅转发国家计委、国家经委《关于技术改造和技术进步工作的分工意见》，明确了国家计委和国家经委在技术改造管理上的职责分工。

6 月 7 日，城乡建设环境保护部发布《建筑安装工程招标投标试行办法》，规定建筑安装工程可以通过招标择优选定施工单位。

10 月 4 日，国家计委发布《基本建设设计工作管理暂行办法》《基本建设勘察工作管理暂行办法》，确定了工程设计、勘察单位技术经济责任制，逐步建立基本建设的工程技术服务市场。

1984 年

4 月 20 日，国务院明确中国人民建设银行不再是国务院直属单位，改为独立经营、独立核算的全国性金融经济组织，是管理基本建设投资的国家专业银行。

7 月 14 日，云南鲁布革水电站的引水隧洞工程作为水利电力部第一个对外开放、利用世界银行贷款的工程，实行新中国成立以来的第一次国际公开招标，与日本大成建设公司签订合同。

8 月 18 日，国家计委发布《关于简化基本建设项目审批手续的通知》，将需要国家审批的基本建设大中型项目审批程序，由项目建议书、可行性研究报告、设计任务书、初步设计和开工报告五道程序，简化为项目建议书、设计任务书两道程序，即"五道改两道"。

9 月 18 日，国务院发布《关于改革建筑业和基本建设管理体制若干问题的暂行规定》，全面推行建设项目投资包干责任制，大力推行工程招标承包制，建立工程承包公司和城市综合开发公司，勘察设计全面推行技术经济承包责任制。

12 月 14 日，国家计委、财政部、中国人民建设银行发布《关于国家预算内基本建设投资全部由拨款改为贷款的暂行规定》，全面推行"拨改贷"改革。

1985 年

2 月 8 日，国务院发布《城市维护建设税暂行条例》，扩大和稳定城市维护建设资金的来源。

6 月 14 日，国家计委、城乡建设环境保护部发布《工程设计招标投标暂行办法》，鼓励设计竞争。

7 月 20 日，国家计委向国务院报送《关于加强中国国际工程咨询公司的报告》，提出凡新上国家大中型项目和限额以上技改项目的可行性研究报告，先经中国国际工程咨询公司评估论证，再由国家计委研究决定是否列入国家计划。该报告经国务院领导同志同意，"先评估后决策"制度正式确立。

1986 年

4 月 12 日，六届全国人大四次会议通过《中华人民共和国外资企业法》。

6 月 25 日，六届全国人大常委会第十六次会议通过《中华人民共和国土地管理法》，确立了以土地公有制为基础、耕地保护为目标、用途管制为核心的土地管理基本制度。

10 月 11 日，国务院发布《关于鼓励外商投资的规定》，改善投资环境，更好地吸收外商投资，引进先进技术。

1987 年

3 月 27 日，国务院发布《企业债券管理暂行条例》，为企业直接融资开辟了新渠道。

3 月 30 日，国务院发布《关于放宽固定资产投资审批权限和简化审批手续的通知》，进一步简政放权，放宽审批权限，简化审批手续。

12 月 1 日，深圳经济特区举行新中国成立以来首次国有土地使用权公开拍卖。

1988 年

4 月 13 日，七届全国人大一次会议通过《中华人民共和国中外合作经营企业法》。

7 月 16 日，国务院发布《关于印发投资管理体制近期改革方案的通知》，在扩大企业投资决策权、建立基本建设基金制、成立国家专业投资公司、充分发挥市场和竞争机制作用等方面提出改革意见，是改革开放之后第一个全面系统的投资管理体制改革方案。

7 月 25 日，建设部发布《关于开展建设监理工作的通知》，开始建立建设监理制度。

8 月 24 日，国务院办公厅复函国家计委，国务院同意成立国家能源投资公司、国家交通公司、国家原材料投资公司、国家机电轻纺投资公司、国家农业投资公司、国家林业投资公司。

9 月 24 日，国务院发布《关于清理固定资产投资在建项目、压缩投资规模、调整投资结构的通知》，决定开展一次全社会固定资产投资清理工作，成立国务院清理固定资产投资项目领导小组，办公室设在国家计委。

1989 年

3 月 20 日，七届全国人大二次会议上的政府工作报告《坚决贯彻治理整顿和深化改革的方针》提出，从 1989 年起，用两年或者更长一些的时间，努力实现治理整顿所要达到的目标，即消除经济过热、遏制通货膨胀，压缩投资规模，逐步缓解供求矛盾。

5 月 12 日，国务院发布《关于加强国有土地使用权有偿出让收入管理的通知》，明确了土地使用权有偿出让收入在中央和地方的分成比例，并规定留归地方财政的 60% 主要用于城市建设和土地开发，开启了城市建设的土地融资模式。

10 月 12 日，国务院发布《关于全面彻底清查楼堂馆所的通知》。

12 月 26 日，七届全国人大常委会第十一次会议通过《中华人民共和国城市规划法》。

1990 年

4 月 8 日，中共中央、国务院作出开发开放上海浦东的重大决策。

5 月 19 日，国务院发布《城镇国有土地使用权出让和转让暂行条例》，明确了划拨和出让两种土地提供方式。

8 月 20 日，中国大陆兴建最早的高速公路——沈大高速公路（沈阳至大连）全线建成并开放通车。

11 月 26 日，新中国成立以来在中国大陆开业的第一家证券交易所——上海证券交易所正式成立。

1991 年

4 月 16 日，国务院发布《固定资产投资方向调节税暂行条例》，开征"固定资产投资方向调节税"。

8 月 23 日，建设部、国家计委印发《建设项目选址规划管理办法》。

12 月 4 日，国家计委印发《关于报批项目设计任务书统称为报批可行性研究报告的通知》，将国内投资项目的设计任务书和利用外资项目的可行性研究报告统一称为可行性研究报告，取消设计任务书的名称。

1992 年

1 月 18 日至 2 月 21 日，邓小平先后赴武昌、深圳、珠海、上海视察，沿途发表了重要谈话。南方谈话是把改革开放和现代化建设推进到新阶段的又一个解放思想、实事求是的宣言书。

4 月 3 日，七届全国人大五次会议表决通过《国务院关于提请审议兴建长江三峡工程的议案》，赞成 1767 票，占全部票数的 67.1%。兴建三峡工程决议的通过，充分体现了决策的科学化、民主化。

7 月 23 日，国务院发布《全民所有制工业企业转换经营机制条例》，大力促进以企业为投资主体的改革，规定企业享有投资决策权和留用资金支配权。

10 月 12 日至 18 日，中国共产党第十四次全国代表大会在北京举行，确立了建立社会主义市场经济体制的改革目标，中国的改革开放和现代化建设事业进入新的发展阶段。

11 月 9 日，国家计委发布《关于建设项目实行业主责任制的暂行规定》。

1993 年

11 月 14 日，中共十四届三中全会通过《中共中央关于建立社会主义市场

经济体制若干问题的决定》，确立了社会主义市场经济体制的基本框架，指出
要使市场在国家宏观调控下对资源配置起基础性作用。

12 月 15 日，国务院发布《关于实行分税制财政管理体制的决定》，决定
改革地方财政包干体制，进行分税制改革，理顺中央与地方的分配关系，适当
增加中央财力，增强中央政府的宏观调控能力。

12 月 25 日，国务院发布《关于金融体制改革的决定》，实现政策性金融
与商业性金融分离，组建国家开发银行、中国农业发展银行和中国进出口信贷
银行三大政策性银行，国家各专业银行（中国工商银行、中国农业银行、中
国银行和中国人民建设银行）尽快转变为国有商业银行。

1994 年

3 月 22 日，八届全国人大二次会议通过《中华人民共和国预算法》。

3 月 25 日，国务院印发《90 年代国家产业政策纲要》，这是我国第一部
系统完整的产业政策文件。

3 月 27 日，国务院印发《关于组建国家开发银行的通知》，决定组建国家
开发银行，将 6 个国家专业投资公司并入国家开发银行。

8 月 18 日，国务院发布《基本农田保护条例》。

12 月 16 日，建设部、国家体改委发布《全面深化建筑市场体制改革的意
见》，提出大力推行招标投标，强化市场竞争机制。

1995 年

1 月 16 日，外经贸部发布《关于以 BOT 方式吸引外商投资有关问题的通
知》。

6 月 20 日，国家计委、国家经贸委、外经贸部联合发布《外商投资产业
指导目录》。

7 月 12 日，国务院批转国家计委、财政部、国家经贸委《关于将部分企
业"拨改贷"资金本息余额转为国家资本金意见的通知》，启动"贷改投"
工作。

8 月 21 日，国家计委、电力工业部和交通部发布《关于试办外商投资特
许权项目审批管理有关问题的通知》，决定开展外商投资特许权项目试点。此

后，国家计委选择广西来宾 B 电厂、成都第六水厂、长沙电厂和广东淀白高速公路等项目开展采用 BOT 方式吸引外商投资试点。

1996 年

4 月 6 日，国家计委发布《关于实行建设项目法人责任制的暂行规定》，要求国有单位经营性基本建设大中型项目在建设阶段必须组建项目法人，实行项目法人责任制。

6 月 28 日，中国人民银行发布《贷款通则》。

8 月 23 日，国务院发布《关于固定资产投资项目试行资本金制度的通知》，对经营性投资项目试行资本金制度。

1997 年

4 月 15 日，中共中央、国务院发布《关于进一步加强土地管理切实保护耕地的通知》，正式确立土地用途管理制度。

10 月 20 日，国家计委与中国建设银行等四大银行联合发布《关于完善和规范商业银行基本建设贷款管理的若干规定》，规定基本建设银行贷款逐步实行由项目业主和贷款银行互相择优选择。

11 月 1 日，八届全国人大常委会第二十八次会议通过《中华人民共和国建筑法》，调整和规范各类建筑活动。

1998 年

5 月 12 日，国家发展计划委员会、财政部发布《关于中央级基本建设经营性基金本息余额转为国家资本金的实施办法》，决定将 1989 年至 1996 年的中央级基本建设经营性基金本息余额转为国家资本金。

7 月 3 日，国务院发布《关于进一步深化城镇住房制度改革加快住房建设的通知》，停止住房实物分配，逐步实行住房分配货币化。

8 月 29 日，九届全国人大常委会第四次会议审议通过国务院提交的《关于增发 1998 年国债和调整中央财政预算方案》，同意增发 1000 亿元国债，用于加快基础设施建设，应对亚洲金融危机。

11 月 29 日，国务院发布《建设项目环境保护管理条例》。

12 月 27 日，国务院发布《土地管理法实施条例》。

1999 年

2 月 13 日，国务院办公厅印发《关于加强基础设施工程质量管理的通知》，提出建立工程质量终身负责制。

8 月 30 日，九届全国人大常委会第十一次会议通过《中华人民共和国招标投标法》。

12 月 17 日，财政部、国家税务总局、国家发展计划委员会印发《关于暂停征收固定资产投资方向调节税的通知》，从 2000 年 1 月 1 日起暂停征收固定资产投资方向调节税。

2000 年

1 月 30 日，国务院发布《中华人民共和国建设工程质量管理条例》。

5 月 1 日，国家发展计划委员会颁布《工程建设项目招标范围和规模标准规定》。

7 月 1 日，国家发展计划委员会发布《工程建设项目自行招标试行办法》《招标公告发布暂行办法》。

7 月 31 日，国务院办公厅转发国家发展计划委员会《国家重大建设项目稽察办法》。

11 月 8 日，贵州省洪家渡水电站、引子渡水电站、乌江渡水电站扩机工程同时开工建设，标志中国西电东送工程全面启动。

2001 年

7 月 5 日，国家发展计划委员会等 7 部委联合发布《评标委员会和评标方法暂行规定》。

10 月 22 日，国土资源部发布《划拨用地目录》，明确划拨用地项目范围。

11 月 11 日，在卡塔尔首都多哈，中国签署加入世界贸易组织（WTO）的议定书，成为其第 143 个成员。

12 月 11 日，国家发展计划委员会发布《关于促进和引导民间投资的若干意见》，提出要逐步放宽投资领域，鼓励和引导民间投资。

2002 年

1 月 4 日，国家发展计划委员会办公厅印发《关于出版〈投资项目可行性研究指南（试用版）〉的通知》。

3 月 8 日，国务院办公厅转发建设部、国家发展计划委员会和监察部联合制定的《关于健全和规范有形建筑市场的若干意见》。

6 月 29 日，九届全国人大常委会第二十八次会议通过《中华人民共和国政府采购法》。

7 月 4 日，西气东输一线工程（新疆轮南至上海）开工典礼在北京人民大会堂举行。

10 月 28 日，九届全国人大常委会第三十次会议通过《中华人民共和国环境影响评价法》。

12 月 27 日，世界上最大的水利工程——南水北调工程正式开工。

2003 年

2 月 17 日，建设部发布《建设工程工程量清单计价规范》，从 7 月 1 日起实施工程量清单计价模式，这是我国推行工程建设市场化与国际惯例接轨的重要步骤。

3 月 10 日，十届全国人大一次会议审议通过国务院机构改革方案，决定将国家发展计划委员会改组为国家发展和改革委员会，不再保留国家经济贸易委员会，把技术改造工作划归国家发展改革委管理，不再划分技术改造和基本建设项目。

8 月 27 日，十届全国人大常委会第四次会议通过《中华人民共和国行政许可法》。

2004 年

3 月 19 日，建设部发布《市政公用事业特许经营管理办法》。

7 月 16 日，国务院发布《关于投资体制改革的决定》，按照"谁投资、谁决策、谁收益、谁承担风险"的原则，确立企业投资主体地位，对企业投资项目实行核准制和备案制，对政府投资项目实行审批制，奠定了现行投资管理体制的根基。

9 月 15 日，国家发展改革委发布《企业投资项目核准暂行办法》。

10 月 9 日，国家发展改革委发布《外商投资项目核准暂行管理办法》《境外投资项目核准暂行管理办法》。

11 月 25 日，国家发展改革委发布《关于实行企业投资项目备案制指导意见的通知》。

12 月 2 日，国家环境保护总局、国家发展改革委发布《关于加强建设项目环境影响评价分级审批的通知》。

2005 年

2 月 19 日，国务院发布《关于鼓励支持和引导个体私营等非公有制经济发展的若干意见》，简称"非公经济 36 条"。这是改革开放以来首部以促进非公有制经济发展为主题的国务院文件。

2 月 28 日，国家发展改革委发布《国际金融组织和外国政府贷款投资项目管理暂行办法》。

6 月 8 日，国家发展改革委发布《中央预算内投资补助和贴息项目管理暂行办法》。

7 月 26 日，财政部发布《中央预算内固定资产投资贴息资金财政财务管理暂行办法》《中央预算内固定资产投资补助资金财政财务管理暂行办法》。

7 月 27 日，国家发展改革委发布《关于审批地方政府投资项目的有关规定（暂行）》。

12 月 2 日，经国务院批准，国家发展改革委发布《产业结构调整指导目录（2005 年本）》。

12 月 27 日，国务院批准财政部提出的《政府收支分类改革方案》。新的收支分类体系包括收入分类、支出功能分类和支出经济分类三部分，不再按基建费、行政费、事业费等经费性质设置科目。

2006 年

7 月 1 日，青藏铁路全线通车。

7 月 3 日，国家发展改革委、建设部发布修改后的《关于建设项目经济评价工作的若干规定》《建设项目经济评价方法》《建设项目经济评价参数》。《建设项目经济评价方法与参数（第三版）》出版发行。

7 月 13 日，美国《财富》杂志公布 2005 年度全球 500 强企业名单，中国铁路工程总公司、中国铁道建筑总公司和中国建筑总公司入围。这是中国建筑企业首次亮相全球 500 强。

7 月 18 日，国务院国资委发布《中央企业投资监督管理暂行办法实施细则》。

8 月 31 日，国务院发布《关于加强土地调控有关问题的通知》，将国有土地使用权出让总价款全额纳入地方预算，实行"收支两条线"管理。

2007 年

4 月 14 日，国务院发布《关于鼓励和规范企业对外投资合作的意见》。

10 月 28 日，十届全国人大常委会第三十次会议通过《中华人民共和国城乡规划法》，规定城镇规划管理实行"一书两证"（选址意见书、建设用地规划许可证和建设工程规划许可证），乡村规划管理实行乡村建设规划许可证制度。

11 月 17 日，国务院办公厅发布《关于加强和规范新开工项目管理的通知》。

2008 年

4 月 18 日，京沪高速铁路开工典礼在北京举行。

10 月 7 日，中共中央政治局常委会会议专题听取有关国际金融危机情况和应采取应对措施的汇报。此前，由 2007 年美国次贷危机引发的国际金融危机全面爆发。

11 月 5 日，国务院常务会议研究确定进一步扩大内需促进经济平稳较快增长的十项措施，简称"国十条"。实施这十项措施，到 2010 年底约需投资 4 万亿元。

11 月 7 日，国家发展改革委发布《中央政府投资项目后评价管理办法（试行）》。

2009 年

1 月 14 日，国务院常务会议审议通过《汽车产业调整和振兴规划》，此后陆续审议通过了钢铁、纺织、装备制造、船舶工业、电子信息、轻工、石化、有色金属和物流业等产业调整振兴规划，统称为十大产业调整振兴规划。

3 月 16 日，商务部发布《境外投资管理办法》，下放企业境外投资核准权限。

5 月 25 日，国务院发布《关于调整固定资产投资项目资本金比例的通知》，降低基础设施、基础产业、民生工程等项目资本金比例，同时提高"两高一资"等项目资本金比例。

7 月 18 日，中国银监会发布《项目融资业务指引》。

7 月 23 日，中国银监会发布《固定资产贷款管理暂行办法》。

2010 年

4 月 11 日，国务院发布《关于坚决遏制部分城市房价过快上涨的通知》，简称"新国十条"。该年的楼市调控力度之强为历史罕见。

5 月 7 日，国务院发布《关于鼓励和引导民间投资健康发展的若干意见》，又称"民间投资 36 条"。这是改革开放以来首部以鼓励和引导民间投资发展为主题的国务院文件。

6 月 10 日，国务院发布《关于加强地方政府融资平台公司管理有关问题的通知》，要求清理核实并妥善处理融资平台公司债务，加强融资平台公司的融资管理。

9 月 17 日，国家发展改革委发布《固定资产投资项目节能评估和审查暂行办法》，将投资项目节能评估和审查作为独立工作纳入投资建设程序。

12 月 21 日，国务院发布《全国主体功能区规划》。

2011 年

1 月 21 日，国务院发布《国有土地上房屋征收与补偿条例》，取消行政强制拆迁。

9 月 28 日，国务院办公厅发布《关于保障性安居工程建设和管理的指导意见》，提出到"十二五"期末，全国保障性住房覆盖面达到 20% 左右。

10 月 20 日，财政部发布《2011 年地方政府自行发债试点办法》，上海市、浙江省、广东省、深圳市成为地方政府自行发债试点。

11 月 20 日，国务院发布《中华人民共和国招标投标法实施条例》。

2012 年

1 月 4 日，国家统计局发布《关于民间固定资产投资定义和统计范围的规定》。从当年 4 月开始，国家统计局按月发布民间固定资产投资数据。

6 月 1 日，国家发展改革委、财政部发布《关于安排政府性资金对民间投资主体同等对待的通知》。

8 月 16 日，国家发展改革委发布《国家发展改革委重大固定资产投资项目社会稳定风险评估暂行办法》。

12 月 24 日，财政部、国家发展改革委、中国人民银行、中国银监会发布《关于制止地方政府违法违规融资行为的通知》，明确不得以委托单位建设并承担逐年回购（BT）责任等方式举借政府性债务。

2013 年

5 月 15 日，国务院发布《关于取消和下放一批行政审批项目等事项的决定》，取消 13 类企业投资项目的核准事项，下放 12 类企业投资项目的核准权限。

7 月 19 日，中国人民银行宣布，自 7 月 20 日起全面放开金融机构贷款利率管制。我国利率市场化迈出重要一步。

9 月 7 日、10 月 3 日，习近平总书记分别在哈萨克斯坦纳扎尔巴耶夫大学、印度尼西亚国会发表演讲，先后提出共同建设"丝绸之路经济带"与"21 世纪海上丝绸之路"，即"一带一路"倡议。

9 月 30 日，《中国（上海）自由贸易试验区外商投资准入特别管理措施（负面清单）（2013 年）》发布。这是中国第一次用负面清单管理外商对华投资。

11 月 12 日，党的十八届三中全会审议通过《中共中央关于全面深化改革若干重大问题的决定》。该决定提出，要使市场在资源配置中起决定性作用和更好发挥政府作用。

12 月 13 日，国务院发布《政府核准的投资项目目录（2013 年本）》，取消和下放部分核准事项。

2014 年

1 月 29 日，国家发展改革委发布《中央预算内直接投资项目管理办法》。

8 月 31 日，十二届全国人大常委会第十次会议审议通过《中华人民共和国预算法》修正案。

9 月 21 日，国务院发布《关于加强地方政府性债务管理的意见》，建立规范的地方政府举债融资机制，对地方政府债务实行规模控制和预算管理。

10 月 31 日，国务院发布《政府核准的投资项目目录（2014 年本）》。

11 月 16 日，国务院发布《关于创新重点领域投融资机制鼓励社会投资的指导意见》，充分发挥社会资本特别是民间资本的积极作用。

12 月 10 日，国务院办公厅印发《精简审批事项规范中介服务实行企业投资项目网上并联核准制度的工作方案》，实行企业投资项目核准的"串联"改"并联"。

12 月 28 日，国家发展改革委发布《中央预算内投资计划编制管理暂行办法》。

2015 年

3 月 28 日，经国务院授权，国家发展改革委、外交部、商务部联合发布《推动共建丝绸之路经济带和 21 世纪海上丝绸之路的愿景与行动》。

4 月 25 日，经国务院同意，国家发展改革委、财政部、住房城乡建设部、交通运输部、水利部、中国人民银行发布《基础设施和公用事业特许经营管理办法》。

8 月 10 日，国务院发布《整合建立统一的公共资源交易平台工作方案》。

10 月 2 日，国务院发布《关于实行市场准入负面清单制度的意见》，市场准入负面清单以外的行业、领域、业务等，各类市场主体皆可依法平等进入。

11 月 12 日，财政部发布《政府投资基金暂行管理办法》。

12 月 18 日至 21 日，中央经济工作会议在北京举行，会议强调要更加注重供给侧结构性改革，抓好去产能、去库存、去杠杆、降成本、补短板五大任务。

12 月 25 日，亚洲基础设施投资银行正式成立。

2016 年

4 月 26 日，财政部公布《基本建设财务规则》。

5 月 19 日，国务院发布《清理规范投资项目报建审批事项实施方案》。

7 月 5 日，中共中央、国务院发布《关于深化投融资体制改革的意见》，这是新中国成立以来第一份由党中央国务院印发实施的投融资体制改革文件。

9 月 3 日，十二届全国人大常委会第二十二次会议通过《关于修改〈中华人民共和国外资企业法〉等四部法律的决定》，探索对外商投资实行准入前国民待遇加负面清单的管理模式。

11 月 27 日，国家发展改革委发布《固定资产投资项目节能审查办法》，明确提出能源消耗总量和强度"双控"管理要求。

11 月 29 日，国土资源部发布修正后的《建设项目用地预审管理办法》。

11 月 30 日，国务院发布《企业投资项目核准和备案管理条例》，将企业投资项目核准制和备案制全面纳入法治化轨道。

12 月 5 日，国家发展改革委发布《中央预算内投资补助和贴息项目管理办法》。

12 月 12 日，国务院发布《政府核准的投资项目目录（2016 年本）》。

12 月 30 日，国家发展改革委发布《政府出资产业投资基金管理暂行办法》。

2017 年

3 月 8 日，国家发展改革委发布《企业投资项目核准和备案管理办法》。

5 月 25 日，国家发展改革委等 18 个部门联合发布《全国投资项目在线审批监管平台运行管理暂行办法》。

9 月 1 日，国务院办公厅发布《关于进一步激发民间有效投资活力促进经济持续健康发展的指导意见》。

10 月 5 日，国务院发布《机关团体建设楼堂馆所管理条例》。

11 月 6 日，国家发展改革委发布《工程咨询行业管理办法》。

2018 年

2 月 28 日，党的十九届三中全会审议通过《中共中央关于深化党和国家机构改革的决定》和《深化党和国家机构改革方案》，将国家发展改革委的组织编制主体功能区规划职责、住房城乡建设部的城乡规划管理职责等改由新组建的自然资源部承担。

4 月 27 日，中国人民银行、中国银保监会、中国证监会、国家外汇管理局联合印发《关于规范金融机构资产管理业务的指导意见》，被称为"资管新规"。

7 月 31 日，中共中央政治局召开会议，指出当前经济运行稳中有变，外部环境发生明显变化，要做好"六稳"工作，即稳就业、稳金融、稳外贸、稳外资、稳投资、稳预期。

9 月 1 日，中共中央、国务院印发《关于全面实施预算绩效管理的意见》。

10 月 10 日，中央财经委员会第三次会议决定全面启动规划建设川藏铁路。

10 月 11 日，国务院办公厅发布《关于保持基础设施领域补短板力度的指导意见》。

12 月 21 日，经中共中央、国务院批准，国家发展改革委、商务部发布《市场准入负面清单（2018 年版）》，全面实施市场准入负面清单制度。

12 月 29 日，十三届全国人大常委会第七次会议通过《中华人民共和国环境影响评价法》修正案。

2019 年

3 月 15 日，十三届全国人大二次会议通过《中华人民共和国外商投资法》，自 2020 年 1 月 1 日起施行，原来的"外资三法"同时废止。

3 月 15 日，国家发展改革委、住房城乡建设部联合印发《关于推进全过程工程咨询服务发展的指导意见》。

4 月 14 日，国务院公布《政府投资条例》，界定政府投资范围，规范政府投资决策，严格政府投资监管。

4 月 23 日，十三届全国人大常委会第十次会议通过《中华人民共和国建筑法》《中华人民共和国城乡规划法》修正案。

5 月 10 日，中共中央、国务院印发《关于建立国土空间规划体系并监督实施的若干意见》，将主体功能区规划、土地利用规划、城乡规划等融合为统一的国土空间规划，实现"多规合一"。

6 月 10 日，中共中央办公厅、国务院办公厅印发《关于做好地方政府专项债券发行及项目配套融资工作的通知》，允许将专项债券作为符合条件的重大项目资本金。

7 月 30 日，中共中央政治局召开会议，提出"加快推进信息网络等新型基础设施建设"。

8 月 26 日，十三届全国人大常委会第十二次会议通过《中华人民共和国土地管理法》《中华人民共和国城市房地产管理法》修正案。

9 月 17 日，自然资源部发布《关于以"多规合一"为基础推进规划用地"多审合一、多证合一"改革的通知》。

10 月 30 日，国家发展改革委发布《产业结构调整指导目录（2019 年本)》。

11 月 20 日，国务院印发《关于加强固定资产投资项目资本金管理的通知》，进一步完善投资项目资本金制度。

2020 年

1 月 16 日，京沪高铁公司在上海证券交易所主板挂牌上市。

4 月 17 日，中共中央政治局召开会议，提出在加大"六稳"工作力度的同时，全面落实"六保"任务，即保居民就业、保基本民生、保市场主体、保粮食能源安全、保产业链供应链稳定、保基层运转。

4 月 24 日，中国证监会、国家发展改革委发布《关于推进基础设施领域不动产投资信托基金（REITs）试点相关工作的通知》，基础设施公募 REITs 试点正式启动。

5 月 14 日，中共中央政治局常务委员会召开会议，提出"要深化供给侧结构性改革，充分发挥我国超大规模市场优势和内需潜力，构建国际国内双循环相互促进的新发展格局"。

8 月 3 日，国务院公布修订后的《预算法实施条例》。

8 月 20 日，住房城乡建设部、中国人民银行在北京召开重点房地产企业座谈会，明确重点房地产企业资金监测和融资管理规则，为房地产企业财务指标划定"三道红线"。

9 月 17 日，国家发展改革委、工业和信息化部、安全部等联合印发《固定资产投资项目代码管理规范》。

12 月 16 日至 18 日，中央经济工作会议在北京举行，会议首次提出强化反垄断和防止资本无序扩张。

2021 年

6 月 19 日，国家发展改革委发布《中央预算内投资资本金注入项目管理办法》。

6 月 21 日，首批 9 单基础设施公募 REITs 试点项目在沪深证券交易所挂牌上市。

6 月 29 日，国家发展改革委印发《关于进一步做好基础设施领域不动产投资信托基金（REITs）试点工作的通知》，将保障性租赁住房、清洁能源项目等纳入基础设施 REITs 试点范围。

9 月 11 日，经国务院同意，国家发展改革委印发《完善能源消费强度和总量双控制度方案》。

9 月 22 日，中共中央、国务院印发《关于完整准确全面贯彻新发展理念做好碳达峰碳中和工作的意见》。

10 月 30 日，国务院印发《2030 年前碳达峰行动方案》。

12 月 3 日，中老铁路通车。这是第一条采用中国标准、中老合作建设运营，并与中国铁路网直接连通的跨国铁路。

12 月 27 日，经党中央、国务院同意，国家发展改革委、商务部联合发布《外商投资准入特别管理措施（负面清单）（2021 年版）》。

2022 年

3 月 12 日，经党中央、国务院批准，国家发展改革委、商务部印发《市场准入负面清单（2022 年版）》。

4 月 16 日，国家发展改革委发布《投资咨询评估管理办法》。

5 月 19 日，国务院办公厅发布《关于进一步盘活存量资产扩大有效投资的意见》。

5 月 24 日，国务院印发《扎实稳住经济的一揽子政策措施》，包括财政、货币金融、稳投资促消费、保粮食能源安全、保产业链供应链稳定、保基本民生六个方面 33 项措施。

6 月 29 日，国务院常务会议确定政策性开发性金融工具支持重大项目的举措，扩大有效投资、促进就业和消费。

8 月 31 日，全国首批 3 只保障性租赁住房 REITs 挂牌上市。

10 月 16 日至 22 日，中国共产党第二十次全国代表大会在北京召开。大会提出要全面建成社会主义现代化强国、实现第二个百年奋斗目标，加快构建新发展格局，着力推动高质量发展。

10 月 28 日，经国务院同意，国家发展改革委发布《关于进一步完善政策环境加大力度支持民间投资发展的意见》。

10 月 28 日，经国务院同意，国家发展改革委、商务部发布《鼓励外商投资产业目录（2022 年版）》。

11 月 11 日，中国人民银行、中国银保监会联合印发《关于做好当前金融支持房地产市场平稳健康发展工作的通知》。

后 记

本书写作过程中，得到了来自国家有关部委、咨询机构、建筑企业、科研院所、金融机构等多方面专家、人士的支持和帮助。

诚挚感谢住房和城乡建设部卫明，国家发展改革委投资研究所刘立峰、李泽正，中国国际工程咨询公司李开孟、徐成彬，中国招标投标协会李小林，中国新兴建设集团张建、张磊，中交基础设施养护集团王晓东、刘岩，中信银行任德金，石油和化学工业规划院牛新祥，电力规划设计总院凡鹏飞，天津理工大学杨飞雪，云南云岭工程造价咨询有限公司张继峰，国信国际工程咨询集团公司李强，北京翰简咨询管理有限公司雷爱先，中咨环球（北京）工程咨询有限公司张启龙，立信会计师事务所李璟等，不辞辛劳参与本书有关章节的审稿修改，或就相关内容提出有益观点和专业建议。诚挚感谢中国工程咨询协会为本书撰写所提供的支持和帮助。诚挚感谢电力规划设计总院苗竹、中建二局王天宝为本书内容核校工作所付出的努力。

特别感谢人民出版社对本书的大力支持，感谢责任编辑曹春的严谨态度、敬业精神和热心帮助。

责任编辑:曹　春

封面设计:汪　莹

图书在版编目(CIP)数据

投资项目管理:中国指南/韩志峰等 著. —北京:人民出版社,2023.7

ISBN 978－7－01－025647－4

Ⅰ.①投…　Ⅱ.①韩…　Ⅲ.①投资项目-项目管理　Ⅳ.①F830.593

中国国家版本馆 CIP 数据核字(2023)第 076848 号

投资项目管理:中国指南

TOUZI XIANGMU GUANLI ZHONGGUO ZHINAN

韩志峰　赵成峰　等　著

人民出版社 出版发行

(100706　北京市东城区隆福寺街 99 号)

北京盛通印刷股份有限公司印刷　新华书店经销

2023 年 7 月第 1 版　2023 年 7 月北京第 2 次印刷

开本:710 毫米×1000 毫米 1/16　印张:20.75

字数:328 千字

ISBN 978－7－01－025647－4　定价:88.00 元

邮购地址 100706　北京市东城区隆福寺街 99 号

人民东方图书销售中心　电话 (010)65250042　65289539